传统知识的可持续发展与国际法

任　虎　著

華東理工大學出版社
EAST CHINA UNIVERSITY OF SCIENCE AND TECHNOLOGY PRESS
·上海·

图书在版编目(CIP)数据

传统知识的可持续发展与国际法 / 任虎著. —上海：华东理工大学出版社，2022.11

ISBN 978－7－5628－6754－8

Ⅰ. ①传… Ⅱ. ①任… Ⅲ. ①知识产权—可持续性发展—研究—中国②国际法—知识产权法—研究 Ⅳ. ①D923.404②D997.1

中国版本图书馆 CIP 数据核字(2022)第 190180 号

内 容 提 要

本书是作者基于十余年的研究而整理的传统知识可持续发展相关国际法律问题的研究成果，不仅系统阐述了传统知识相关国际法律制度的现状，也用独特的视角分析了传统知识与环境法、国际贸易法、国际投资法、人权法、国家继承法、海洋法等传统知识可持续发展之间的关系，为传统知识可持续发展相关国际法律制度的完善提出了新的思路。全书共9章，涉及传统知识国际保护制度概述、传统知识可持续发展与自由贸易协定、传统中医药可持续发展与国际标准、传统知识可持续发展与跨界民族传统医药知识、传统知识的可持续发展和“一带一路”倡议、传统文化遗产的可持续发展与国家继承、传统知识的可持续发展与气候变化、海洋遗传资源可持续发展与包容性惠益分享、传统知识国际保护与可持续发展。

项目统筹 / 韩　婷
责任编辑 / 韩　婷
责任校对 / 石　曼
装帧设计 / 徐　蓉
出版发行 / 华东理工大学出版社有限公司
地址：上海市梅陇路 130 号，200237
电话：021－64250306
网址：www.ecustpress.cn
邮箱：zongbianban@ecustpress.cn
印　　刷 / 上海中华商务联合印刷有限公司
开　　本 / 710 mm×1000 mm　1/16
印　　张 / 18
字　　数 / 276 千字
版　　次 / 2022 年 11 月第 1 版
印　　次 / 2022 年 11 月第 1 次
定　　价 / 88.00 元

前　言

foreword

犹如各种知识产权相关著作中所阐述的那样，知识产权的保护和科学技术的发展与进步是密不可分的，知识产权的相关政策及法律制度是以西方国家为中心形成和发展的亦是众所皆知的事情。尽管各个国家与地区之间的知识产权保护政策和法律制度存在差别，但“保护创新”应当是当代各国知识产权保护制度所共有的特征。这一特征意味着知识产权的保护至少在一定程度上是一种否定传统、推崇新奇的保护机制。[①] 知识产权制度的这种现实使得发达国家将其知识产权保护标准强加于由传统文化支配的发展中国家和最不发达国家及其国民身上，在乌拉圭回合中《与贸易有关的知识产权协定》（Agreement on Trade-Related Aspects of Intellectual Property Rights，以下简称TRIPs 协定）的签订就是发达国家将其标准强加给发展中国家的一个活生生的例子。

纵观人类历史的形成与发展，知识的积累与发展是基于上一个世纪开发并创造的知识传授给后代后经过实践和加工而使其更加完善的，并且随着时间的推移得以积累，变得更加丰富。在这种知识文化的底蕴中传承下来的精髓——传统知识，在很多人的日常生活中起着非常重要的作用，特别是与大多数发展中国家的粮食和健康问题密不可分。

其实，从某种意义上说，现代科学技术和文化的发展都以传统文明为基础。从科学的角度出发，传统知识是第一资源也是最重要的资源。在过去的一个世纪里，众多科学家对传统知识所蕴含的丰富而有用的信

① 唐广良：《遗传资源、传统知识及民间文学艺术表达国际保护概述》，《知识产权文丛》第 8 卷，中国方正出版社 2002 年版，第 3 页。

息给予了高度评价，也充分认识到科学与传统知识有机结合的必要性。[①]但是关于传统知识的保护相关争论则从传统知识的滥用以及“生物海盗行径”引起的，其中对从印度自由树（Neem Tree）中所采取的物质为基础提起专利申请的美国专利权案则从另一个角度反映了具有尖端研发技术的发达国家和具有丰富传统知识和遗传资源的发展中国家的对立和矛盾。

事实上，地方社区和土著共同体长期以来负责发现和开发在国际上流通的且具有经济价值的药材、保健医药、农业和林业方面的大量资源，并负责进行保存。传统知识在现代生产过程中如医药产业、植物医药品、化妆品以及农业和杀虫剂等方面得以广泛采用。[②] 然而实际上我们无法正确估量传统知识的经济价值，因为传统知识往往是发展其他商品的组成部分，并且大部分基于传统知识而开发的商品还没进入现代的商品市场。[③]

遗传资源（Genetic resources）和民间文学艺术（Expressions of folklore）的国际保护问题已在20世纪70年代起就开始讨论，但是传统知识的国际保护则是90年代后才关注的议题，也主要在世界知识产权组织、世界贸易组织、联合国粮食及农业组织、联合国环境规划署，以及联合国贸易暨发展会议等联合国机构及政府间国际组织中进行讨论。

国内外学者就传统知识国际保护及相关问题做了大量的研究并取得了一定的成果。

---

① 但是在与科学相融之前，首先要对传统知识进行正确评价，因为需要区别传统知识的有用与否、传统知识的保护对象和目的以及土著科学（indigenous science）和土著信仰（indigenous belief）。Douglas Nakashima，“Traditional Knowledge：Resisting and adapting to Globalization”，UNESCO，p. 5，UNCTAT ECXPERT Meeting on Systems and National Experiences for Protecting Traditional Knowledge，Innovation and Practices，Geneva，30 October-November 2000.

② 传统知识与现代产业及现代农业的结合已取得一些成果，如基于植物开发的医药品1985年全年在OECD市场上的销量达430亿美元。Report of the International Seminar on System for the Protection of Traditional Knowledge，New Delhi，3－5，April 2002。

③ Graham Dutfield，“Developing and Implementing National System for protecting Traditional Knowledge：A Review of Experiences in Selected Developing Countries”，pp. 5－6，UNCTAD Expert Meeting，Geneva，2000.

第一，传统知识与国际保护。Carlos M. Correa[1]、Graham Dutfield[2]、唐广良[3]等认为传统知识是现代知识体系的底蕴，但是现行知识产权制度不能充分保护传统知识，因而主张制定特殊制度或扩大现行知识产权制度的保护范围，从而维护传统知识持有人的利益。Stephen R. Munzer[4] 等欧美学者则认为传统知识不符合现行法律体系的保护对象，主张传统知识为公有领域知识，不应予以保护。在国家层面上，发展中国家和发达国家对传统知识国际保护具有不同的主张，前者认为现行知识产权制度不适合于传统知识的保护，因此主张制定特殊制度或扩大现行知识产权制度的保护范围，后者则主张在现行知识产权制度范围内予以保护。即，美国等发达国家主张根据现有的知识产权制度保护传统知识，而印度等发展中国家则主张通过开发新的特殊制度（*Sui generis systems*）来保护传统知识。但在世界知识产权组织的努力下，国际社会就传统知识的国际保护问题已取得基本一致观点，并由政府间委员会（Intergovernmental Committee，IGC）起草小组编拟了有关保护传统知识的国际公约条款草案。虽然诸多内容仍为备选条款，但各方不仅承认了作为保护客体的传统知识及其权利的存在，而且也强调了传统知识的利用和惠益分享的重要性。虽然传统知识的国际保护研究已经进入 WIPO 公约草案起草阶段，但是争议犹存，因此需要继续跟进研究和立足于我国实情开展对策方案研究。

第二，传统知识与国际贸易。制定一项新的特殊制度并非易事，故国家间的贸易规制，特别是自由贸易协定（Free Trade Agreement，FTA）则被很

① Carlos M. Correa, Traditional Knowledge and Intellectual Property：-Issues and Options surrounding the protection of traditional Knowledge, at 4, https：//www. researchgate. net/profile/Baruch_ Brody/publication/ 49659959 _ Traditional _ Knowledge _ and _ Intellectual _ Property/links/02e7e5331b78c7ff15000000/Traditional-Knowledge-and-Intellectual-Property. pdf，最后访问日期：2019 年 5 月 3 日。

② Graham Dutfield, TRIPs-Related Aspects of Traditional Knowledge, *33 Case W. Res. J. Int'l.* 233.（2001）.

③ 唐广良：《遗传资源、传统知识及民间文学艺术表达国际保护概述》，《知识产权文丛》第 8 卷，中国方正出版社 2002 年版。

④ Stephen R. Munzer, The Uneasy Case for Intellectual Property Rights in Traditional Knowledge, *27 Cardozo Arts & Ent LJ 37*, 38（2009）.

多国家认为对传统知识问题施加最后压力的平台。Cortney M. Arnold①、Jakkrit Kuanpoth② 及 Frederick M. Abbott③ 等认为，发展中国家的政策决定者不应签订危害其本国经济及国民健康等利益的 TRIPs Plus 型 FTA，建议发展中国家应从本国利益的平衡角度考虑谨慎与美国签订 FTA。在美国主导的南北型 FTA 中，发展中国家若提出保护传统知识，美国一般予以拒绝；而在南南国家之间进行的 FTA 以及新西兰主导的 FTA 中，则主张将传统知识作为一种权利来保护，但以什么方式进行保护则有区别。虽然西非国家等发展中国家达成了一致意见，要与欧共体签订经济合作协议时提出传统知识作为保护对象的问题，但欧共体表示不会接受这样的建议。虽然对 FTA 中的传统知识保护问题已有初步研究，但未能归纳总结出 FTA 框架下传统知识的法律保护模式及各当事国所持的谈判战略，因此仍需要为我国 FTA 框架下传统知识保护条款的确定进行进一步研究。特别是在“一带一路”倡议下传统知识的保护、传统医药的海外推广，以及传统中医药的标准等问题仍需要进一步研究。

第三，传统知识与惠益分享。传统知识的保护不限于传统知识的“保存”，而在于利用传统知识产生的惠益的分配。秦天宝④、薛达元⑤等认为，传统知识的价值并没有在获取与惠益分享中得到合理的承认和补偿，应确立多元化的惠益类型。Bryan Bachner⑥ 则主张，创设一种“文化可持续性”的控制性替代方式，使得传统知识的获取和惠益分享体现传统知识的可持续性。《生物多样性公约》及《生物多样性公约关于获取遗传资源和公平公正地分享其利用所产生惠益的名古屋议定书》确立了遗传资源和相关传统知识的获取及惠益分享的基本原则，但将与持有人获取传统知识和分享惠益的机

① Cortney M. Arnold, Protecting Intellectual Property in the Developing World: Next Stop—Thailand, Duke Law & Technology Review, 2006, Vol. 10.

② Jakkrit Kuanpoth, Negotiations toward a Free Trade Area: US Demands for greater IPR Privileges. UNCTAD-ICTSD.

③ Frederick M. Abbott, Intellectual Property Provisions of Bilateral and Regional Trade Agreements in Light of U. S. Federal Law, UNCTAD-ICTSD, Feb. 2006.

④ 秦天宝:《遗传资源获取与惠益分享的法律问题研究》，武汉大学出版社 2006 年版。

⑤ 薛达元:《民族地区医药传统知识传承与惠益分享》，中国环境科学出版社 2009 年版。

⑥ Bryan Bachner（白瑞）:《知识产权与中医药》，法律出版社 2010 年版。

制的建立责任交由缔约国承担，并没有建立相应的国际通用机制。因此，在传统知识的惠益分享机制和模式方面，特别是我国相关制度的确立，以及跨界传统知识的获取和惠益分享机制问题仍需要进一步研究和明确。

第四，传统知识与气候变化。利用传统知识应对气候变化属于国际法中传统知识相关的新型研究课题。Salick①、Stigter②、Swiderska③ 等主张，原住民、土著民族的传统知识在适应及减缓气候变化策略、帮助农业生产适应气候变化方面具有重要的参考意义和借鉴价值。龙春林④、成功⑤等认为，我国少数民族及地方社区认知气候变化的传统知识体系，它们在应对气候变化、防止气候灾害等方面具有积极意义。在《联合国气候变化框架公约》下，土著居民及当地社区代表一直参与气候变化公约组织的缔约方会议，其中涉及对气候变化影响土著社区的情况评估以及土著社区适应气候变化的实践，传统知识被认定为科学知识来源的有效补充。因此，在进行气候评估及管理时，特别是涉及社区层面的气候评估时，应当重视传统知识的积极作用，但如何进行制度设计，以及保障制度的顺利实施则需要进一步研究。

第五，传统知识与人权保护。严永和⑥、卫欢⑦认为，传统知识的法律保护具有健康权、发展权、自决权等人权的正当性；Giada Girelli⑧、Jona

---

① Salick J, Byg A. Indigenous peoples and climate change, Oxford: A Tyndall Centre Publication, 2007.

② Stigter C J, Zheng D W, Onyewotu L O Z, et al. Using Traditional Methods and Indigenous Technologiesfor Coping with Climate Variability, ClimateChange, 2005, 70 (1/2).

③ Swiderska, K., Reid, H., Song, Y., Li, J., Mutta, D., Ongogu, P., Mohamed, P., Oros, R., Barriga, S. The role of traditional knowledge and crop varieties in adaptation to climate change and food security in SW China, Bolivian Andes and coastal Kenya. Paper prepared for UNU-IAS workshop Indigenous Peoples, Marginalised Populations and Climate Change: Vulnerability, Adaptation and Traditional Knowledge, Mexico, July 2011.

④ 龙春林、李恒、周翊兰等：《高黎贡山地区民族植物学的初步研究Ⅱ · 独龙族》，《云南植物研究》1999 年第 21 期。

⑤ 成功、龚济达、薛达元等：《云南省陇川县景颇族药用植物传统知识现状》，《云南农业大学学报（自然科学版）》2013 年第 1 期。

⑥ 严永和：《论传统知识知识产权保护的正当性——以人权为视角》，《知识产权》2005 年第 2 期。

⑦ 卫欢：《传统知识法律保护的正当性：以人权保护为视觉》，《太原理工大学学报（社会科学版）》2010 年第 3 期。

⑧ Giada Girelli, Exploring New Territories: The Adoption of Human Rights for the Protection of Indigenous Knowledge and Natural Resources from Biopiracy, *SOAS L. J.* 2017, 4 (1).

Razzaque[①] 则认为在承认和保护土著民族传统知识方面，人权法的研究有助于延长权利的期限和遗传资源的保护。尽管从人权角度分析传统知识的保护，不仅有助于加强传统知识的保护目的，而且有助于确立传统知识的保护机制，但如何协调二者关系，以及建立何种人权保护机制尚需要进一步研究。

综上所述，传统知识可持续发展相关国际法客体范畴及外延仍需要继续研究，特别是 FTA 框架下的传统知识保护、跨界传统知识的获取与惠益分享问题、传统医药的国际标准问题、“一带一路”倡议下的传统中医药推广和保护问题、利用传统知识适应气候变化问题、国家管辖区域以外海洋生物遗传资源的惠益分享问题，以及国内外尚未涉足的可持续发展视域下的传统知识国际保护、传统知识的国家继承等问题是传统知识的利用和保护相关国际法特殊问题，需要有创新的研究思路和方法。

本书是作者基于十余年的研究而整理的传统知识可持续发展相关国际法律问题的研究成果，不仅系统阐述了传统知识相关国际法律制度的现状，也用独特的视角分析了传统知识与环境法、国际贸易法、国际投资法、人权法、国家继承法、海洋法等传统知识可持续发展之间的关系，为传统知识可持续发展相关国际法律制度的完善提出了新的思路。

任虎

2021 年 12 月

① Jona Razzaque and Manisuli Ssenyonjo, Protection of Traditional Knowledge and Human Rights Obligations: The Status of Discussion in International Organizations, N. Q. H. R. 2007, 25 (3).

目　录

contents

第一章　传统知识国际保护制度概述

第一节　传统知识的定义及特征

传统知识国际保护已历经30多年的历史，从是否需要保护的争论焦点问题开始，逐渐取得了大部分国家就保护必要性、保护方式以及共享利益等领域的共识。虽然各国之间仍存在重大意见分歧，同时传统知识国际保护的未来也障碍重重，但是世界知识产权组织等国际组织在国际条约的编纂以及各国在区域贸易协定中约定传统知识相关条款等国家实践推动了国际习惯法的形成。国际法的发展始终以国家实践为核心，不论是传统的习惯法，还是条约法的编纂，国家实践无疑是推动国际法向前发展的动力之渊源。欧美国家主宰的国际社会秩序将淡出历史舞台，更多的发展中国家通过参与国际条约的制定或者国际习惯法的形成，扩大其在国际社会的话语权，传统知识的国际保护亦将体现上述国际法发展的未来趋势。

一、传统知识的定义

纵观人类历史的形成及发展，知识的积累和发展是基于上一个世纪开发并创造的知识传授给后代后经过实践和加工而使其更加完善的，并且随着时间的推移得以积累，更加丰富。在这种知识文化的底蕴中传承下来的精髓——传统知识——在很多人的日常生活中起着非常重要的作用。从科学的角度来讲，传统知识是第一资源也是最重要的资源。过去一个世纪里，众多的科学家对传统知识所蕴含的丰富而有用的信息给予了高度的评价，也充分认识到科学与传统知识有机结合的必要性。但到目前为止，国际社会对“传统知识”的定义尚未取得一致的意见。

1. 国际组织

关于什么是“传统知识”，联合国环境规划署（United Nations Environment Programme，UNEP）、世界知识产权组织（World Intellectual Property Organization，WIPO）、世界贸易组织（World Trade Organization，WTO），以及联合国贸易暨发展会议（United Nations Conference on Trade and Development，UNCTAD）等许多国际组织都着手进行过研究①，但到目前为止对传统知识的定义仍然存在较大分歧，WIPO 还将其作为先行解决的议题进行研究和讨论。② 虽然对传统知识的定义没有形成国际性共识，但是相关国际条约及国际组织的文献均对传统知识的定义、范围及特征做出了一些阐述。即便没有对传统知识形成定义，但这并不意味着在研究和整理此种知识的保护条件时构成障碍。③

WIPO 于 1999 年在日内瓦召开的“知识产权与传统知识”圆桌会议时开始正式使用“传统知识”这一术语。在使用“传统知识”这个术语时，指传统知识是作为产业、科学、文学或艺术领域中知识活动的结果，包括以传统知识为基础的文学、艺术或者科学工作、仪式、发明、科学发现、设计、标志、名称、象征物、秘密以及基于传统知识的革新与创造。④ 2011 年 7 月 18 日至 22 日，在日内瓦召开的知识产权与遗传资源、传统知识和民间文学艺术政府间委员会⑤会议上，与会人员达成一致意见，通过了《保护传

---

① 传统知识在不同的领域具有不同的理解，也出现不同的表达方式，如《联合国土著人民权利宣言》使用“土著知识”（Indigenous knowledge），而联合国人权理事会使用“土著遗产”（Indigenous heritage），联合国教科文组织使用“非物质文化遗产”（Intangible cultural heritage）等。

② B1：关于确立传统知识的用语及定义的议题，2001 年 4 月 28 日，WIPO 政府间会议内容。

③ Carlos M. Correa，“Traditional Knowledge and Intellectual Property-Issues and Options surrounding the protection of traditional Knowledge”，p. 4，https：//www. researchgate. net/profile/Baruch_ Brody/publication/ 49659959 _ Traditional _ Knowledge _ and _ Intellectual _ Property/links/02e7e5331b78c7ff15000000/Traditional-Knowledge-and-Intellectual-Property. pdf，最后访问日期：2019 年 5 月 3 日。

④ WIPO，Intellectual Property Needs and Expectations of Traditional Knowledge Holders，WIPO Report on Fact-finding Missions on Intellectual Property and Traditional Knowledge（1998—1999），p. 25.

⑤ 世界知识产权组织政府间委员会成立于 2000 年 4 月，其主要任务是讨论与遗传资源及传统知识获取与惠益分享相关的知识产权问题，该组织在 2013 年 9 月召开的世界知识产权组织全体会议上就传统知识的相关议题形成一个国际性文件，目前已形成有关保护传统知识和传统文化表现形式的文本草案。

统知识：条款草案》。该草案第一条“保护的客体”中对传统知识作如下定义：传统知识是指一个土著或当地社区内部以传统和世代相传的方式集体创造、保存和传播的知识，其中包括诀窍、技能、创新、做法和学问。因传统范畴的智力活动而产生的知识，其中包括构成土著人民或当地社区传统知识体系一部分的诀窍、技能、创新、做法和学问。在此基础上，于 2013 年 4 月召开的第 24 届会议中发布的《保护传统知识：条款草案》修正案中，对传统知识的概念修改为：“指包括充满活力不断发展的、世代相传或一代一代相传的、存在于经过整理的、口头的，或者其他形式的知识体系中的土著居民和当地社区的诀窍、技能、创新、做法、教导和学问。传统知识特别是与农业、环境、医疗保健、土著和传统医疗知识、生物多样性、传统生活方式、自然资源和遗传资源，以及传统建筑诀窍和施工技术有联系。”①

UNEP 的《生物多样性公约》（Convention on Biological Diversity，CBD）是首次就传统知识的保护及惠益分享问题做出规定的国际公约。CBD 在序言中写道，“认识到许多体现传统生活方式的土著和地方社区同生物资源有着密切和传统的依存关系，应公平分享从利用与保护生物资源及持续利用其组成部分有关的传统知识、创新和实践而产生的惠益。”CBD 第 8 条（j）款要求每一缔约国应尽可能并酌情“依照国家立法，尊重、保存和维持土著和地方社区体现传统生活方式而与生物多样性的保护与持续利用相关的知识、创新和实践并促进其广泛应用，在此等知识、创新和实践的持有者认可和参与下，鼓励公平地分享因利用此等知识、创新和实践而获得的惠益”。尽管 CBD 第 8 条（j）款涉及“生物多样性的保护以及持续使用相关联的包括传统生活方式在内的土著共同体及土著、群落的知识、革新与习惯”，但对传统知识没有明确的定义。CBD 的执行秘书曾指出，“传统知识是指由一群人通过代代相传的、与自然的密切生活加以创造的，是对当地环境的分类体系的观察经验，也是一种用以控制资源利用的自律体系。”② 根据 CBD 的理解，传统知识是从长期的经验发展而来，并且适应了当地文化和环境的知识、创

① WIPO/GRTKF/IC/24/FACILITATORS DOCUMENT REV. 2, Article 1.

② WIPO/GRTKF/IC/1/3, Annex 3, p. 3.

新与实践，属于集体所有，可通过文字，但多半是以口头形式代代相传。其表现形式除了文字记载，还有故事、歌曲、传说、谚语、文化价值观、信仰、仪式、习惯法、土著语言等方式。传统知识也包括培育农作物品种和家畜品系的农业实践等。因此，传统知识更是一门实践科学，尤其体现在农业、渔业、医药、园艺、林业以及环境管理等领域。[①] CBD 对传统知识的定义侧重于与生物资源相关，未涉及生物多样性保护和可持续使用的知识、创新和实践。

联合国《在经受严重干旱以及/或者沙漠化国家，尤其是非洲向沙漠化开展公约》对传统知识做出如下定义，“传统知识由一系列关于生态环境、社会经济环境与文化环境的实用性、规范性的知识所构成。传统知识是以人为中心（由那些经验丰富、能力强并且德高望重的人士总结并加以传授）、有体系的（相连贯且具有整体性）、有先验的（基于经验和实践而形成）、代代相传且具有同等重要文化价值的知识。”[②]

在传统知识的概念方面，TRIPs 协定第 27 条主要涉及生物遗传资源能否申请专利以及申请专利时是否应披露遗传资源和传统知识来源以及相关惠益分享制度，而有关 WIPO 中民间文学和艺术的传统知识则并没有被涵盖。因此，TRIPs 下的传统知识与 CBD 下的传统知识概念比较类似，主要是指与生物及遗传资源相关的传统知识。

2. 国内外学者

国内外学界对传统知识也作出了不同的定义。Grenier 认为，“传统知识或土著知识是在特定地区的人们当中或者围绕他们在特殊环境中存在并发展的传统、土著知识”[③]。韩国学者宋永植等则比较概括地对“传统知识”作出定义，为“基于传统和知识活动的结果派生出的产业、艺术及文学结果的总称”[④]。亦有论文以列举范围的方式作出定义，如“传统知识是包括所有

① https：//www. cbd. int/traditional//intro. shtml，最后访问日期：2015 年 11 月 21 日。

② WIPO/GRTKF/IC/1/3，Annex 3，p. 4.

③ Louise Grenier，Working with Indigenous Knowledge：A Guide for Researchers，Ottawa：IDRC，1998. p. 1，https：//www. idrc. ca/en/book/ working-indigenous-knowledge-guide-researchers，最后访问日期：2019 年 5 月 3 日。

④［韩］宋永植、李相廷：《知识产权法（第 6 版）》，世昌出版社 2000 年版，第 391 页。

以传统方式继承下来的知识的概念，不仅包括传统医药品、传统食品、农业及环境相关的知识，还包括传统美术、传统音乐等传统艺术相关的知识及民间文学艺术”。[①] Swiderska 则认为传统知识是“受社会生态环境影响，土著或地方社区集体拥有的，与传统资源和领土、地方经济、基因、物种和生态系统多样性、文化和精神价值以及传统法密切相关的知识、创新和实践”。[②]

综上所述，本书将传统知识定义为：土著和地方社区世代相传的，是以现代科学技术、人文社会成果为基础的，包括传统文化艺术、传统医药、遗传资源、传统文化遗产等体系化的知识、创新和实践的总和。

二、传统知识的特征

世界知识产权组织政府间委员会于 2004 年 11 月第 7 届会议中所发布的《保护传统知识的政策目标和核心原则草案摘要》[③] 文件中明确所保护的传统知识为：“（1）其产生、保存和传播具有传统和世代相传的特点；（2）与世世代代保存和传播该传统知识的传统或土著社区或人民有显著联系；（3）属于被公认持有该知识的土著或传统社区或人民的文化特征的组成部分，而这些传统社区或人民是通过保管、监护、集体拥有或文化责任，而被公认持有该传统知识的，这种关系可能已正式或非正式地体现在习惯或传统做法、礼仪或法律中。”而于 2006 年 1 月召开的第 9 届会议中所发布的《保护传统知识：经修订的目标与原则》[④] 则说明，上述条款“规定澄清，传统知识要具有根据本规定制止盗用的保护资格，应至少具有哪些特点”。

综上可知，传统知识具有以下几个特征。

---

① ［韩］申贞恩：《遗传资源、传统知识及民间文学艺术相关国际动态及展望》，www.kipo.go.kr/home/portal/html/news/newknowv02.html，最后访问日期：2018 年 8 月 25 日。

② Swiderska K（2006），Banishing the Biopirates：A New Approach to Protecting Traditional Knowledge. Gatekeeper Series No. 129，International Institute for Environment and Development，Environmental Economics Programme，London.

③ 参见 WIPO/GRTKF/IC/7/5. B4.

④ 参见 WIPO/GRTKF/IC/9/5. 关于第四条的说明。

1. 传统知识具有传统性

传统知识在其产生、发展及应用等方面不具备足够的广泛性，而仅限于某些特定的区域、群体或活动、仪式中产生并存续，带有鲜明的传统特征，不符合现代技术标准与法律标准，通常没有固定形式的知识集合或知识片段，基本上是为了满足自身的需求而开发并维系下来的，具有与开发者的群体生活密切相关的特征。①

2. 传统知识具有群体性和整体性

传统知识是一种与相关群体的生产及生活活动共生共存、永远处于不断完善自我的过程中、外延不确定的知识。传统知识及其发展不是单靠社会成员智慧与灵感完成的，而是由其所在的群体，甚至相关联的多个群体在长期的生产与生活活动中共同完成的，因此任何一个单个的成员无权对其主张创造者的权利。②

3. 传统知识具有延续性和承继性

传统知识是在长期的历史过程中自然延续下来，与一个地区、一个民族生产与生活方式的自然演进一同进步和发展的知识，是与相关群体的文化背景、宗教信仰、道德观念等相互关联、相辅相成，并由群体成员自然承袭的知识。③

4. 传统知识具有相对公开性和公有性

对于特定群体而言，传统知识是共同掌握、共同拥有的，且大多与群体的生活自然相伴，没有刻意的保密制度或措施。但公开与公有并不等于每一个群体成员都能掌握和运用，如传统医药知识，可能需要专门的智慧和技能才能加以运用，因此只有一部分群体成员才能掌握。即，我们所谈论的传统知识属于“相对公开”的知识，亦是一个群体中的某些成员掌握和运用的知识，而不是人人皆知、人人会用的基本生活常识。④

---

① 唐广良：《遗传资源、传统知识及民间文学艺术表达国际保护概述》，《知识产权文丛》第 8 卷，中国方正出版社 2002 年版，第 54 页。

② 同上，第 54—55 页。

③ 同上，第 55 页。

④ 同上，第 56 页。

5. 传统知识具有现代社会的经济价值

同现代科学技术一样，作为土著社区等特定群体世代利用、发展和相传的智力成果，传统知识作为一种知识形态具有经济价值，特别是健康、农耕和气候变化相关传统知识具有巨大的商业开发价值，为其所属群体带来增加收入和维持生计等成果。

6. 传统知识的权属关系已正式或非正式确立

传统知识由特定社区或人民通过保管、监护、集体拥有或文化责任，被公认为该社区或人民文化特征的一部分，且这种权属关系已被正式或非正式地确立在该社区或人民群体的习惯或传统做法、礼仪或法律之中。

第二节 传统知识的保护必要性及保护目的

一、传统知识的保护必要性

传统知识是人类发展过程中所积累和囤积起来的宝贵财富，也是文明发展过程中去芜存菁的成果结晶。作为世代流传并不断发展变化的遗产，传统知识之所以需要保护，主要包括以下三个方面原因。

第一，传统知识具有深厚的文化内涵和相当可观的经济价值，其能够为人类带来巨额的财富，具有的经济价值不可小觑。人类的特定群体或相关联的多个群体在长期的生产、生活实践中，为应对自然环境或社会环境的变化和挑战，创造并积累了数量庞大、种类繁多、不胜枚举的传统知识。这些知识诠释了各个群体、社团的发展脉络与相关群体的文化背景、道德观念、自然因素等。而且，经过千百年的变迁和沉淀，通过不同途径在特定群体之间代代相传、共同开发、不断演进，从而形成了现今的成形或不成形的知识产品形态。这个漫长的历史过程让传统知识无不闪耀着人类智慧结晶的光辉，其文化内涵相当深厚。可以说，传统知识就是人类发展进步的精华，能够为我们创造出巨大的财富，其经济价值非常可观。例如，据统计，目前非洲热带森林可药用的野生植物资源十分丰富，其价值至少在 1 470 亿美元[1]。传统知识作为如此珍贵的资源，有必要对其进行保护。

第二，要达到“利益平衡”，必须对传统知识进行保护。在长期的经济文化交流过程中，发达国家与发展中国家始终在谈判桌上进行着较量，双方一直在为自身的利益进行着博弈。发达国家确立的知识产权保护规则认为，一是由于传统知识属于没有明确权利主体的文化现象；二是传统知识的存在一般都超过了一定的期限。基于这两个理由，这种文化成果就属于“公有领域”的范围，所以任何人都可以随意使用，无须征得他人的同意，也无须支付任何费用。但是发展中国家的立场却恰好相反，他们认为传统知识属于文化遗产，他人要使用则必须支付一定的对价。而且，基于发达国家利用发展中国家的传统知识进行投资、开发经营，其所取得的利益也应当与发展中国家分一杯羹。于是在现实中双方就存在明显的利益上的分歧，若能够合理地规范使用者的权利义务，则可以平衡这架利益的天平。

第三，保护传统知识能够有效规范和促进国家之间的交流合作，在一定程度上解决全球的资源环境等问题。目前，全球的资源、环境等问题是各个国家讨论的重点，也是难点。就公共健康问题而言，据统计，全球感染了 HIV/AIDS 病毒的大约有四千万人，其中发展中国家就占了 86%，而且一半以上都集中在非洲撒哈拉以南地区[2]。而且，越是不发达的国家，遏制此类疾病的难度越大。传统知识中占据重要位置的传统医药则有助于解决此类问题。传统医药经过传统社区居民的继承和传播而得以延续至今，是发展中国家的重要资源，对其进行有效保护是解决发展中国家公共健康问题的一条重要途径。如果能对其进行保护，使其能够合理、规范地得到运用，防止发达国家的恶意竞争或者垄断性开发、使用和经营，则能够达到事半功倍的效果。

---

① “面对知识侵权，非洲对西方说不”，《经济参考报》2000 年 12 月 22 日，第 5 版。

② 参见中国红丝带网 .2008 年全球艾滋病疫情报告［EB/OL］. http：//www. chain. net. cn/2008_World_AIDS_Day/2008zyk/21691. htm，最后访问日期：2010 年 12 月 1 日。

二、传统知识的保护目的

1. 经济利益

WHO 统计数据显示，全世界 80%的人口依靠传统医药品满足保健需求，由此可知，传统知识对人们的生活及福利具有很深的影响。传统知识既是为持续发展和减少贫困而获取有用信息的重要来源，也是作为基于传统知识生产和开发并出口产品的出口国创造经济收益的经济来源。如基于传统知识的手工艺品、药材、农产品以及森林商品的国内和国际贸易将创造可观的经济利益。据 UNCTAD 2000 年的统计，全世界 150 种森林商品的交易额达到 110 亿美元。[①]

但是要对传统知识的经济利益做出综合性的正确评价几乎是不可能的。[②]因为传统知识是开发其他商品过程中的重要组成部分，而且从传统知识派生的商品尚未进入现代市场，因此未能包括在国民生产总值的检索中。但是如果派生商品的价格包含传统知识的价值，那么派生商品的价格将非常高昂。此外，传统知识的文化和精神价值是无法估量的。

2. 保存及持续使用

传统知识的保存和持续使用，以及包括传统知识在内的知识和习惯的保存是保护传统知识的另一个目的。在传统知识的保护过程中，保存虽然并非最终目的，但如果不存在传统知识，开发和利用则更无从谈起。传统知识的单纯保存是远远不够的，只有通过持续利用、创造价值对其进行保护才具有实际意义。从这方面来讲，传统知识与知识产权的特征较为相似。运用知识产权是为了使其产生价值，但如果没有产生价值，那么该知识产权就不存在被保护的意义。[③]

---

① Graham Dutfield, "Developing and Implementing National System for protecting Traditional Knowledge: A Review of Experiences in Selected Developing Countries", p. 6, UNCTAD Expert Meeting, Geneva, 2000.

② Ibid, pp. 5 – 6.

③ Carlos M. Correa, Traditional Knowledge and Intellectual Property: -Issues and Options surrounding the protection of traditional Knowledge, at 6, https://www.researchgate.net/profile/Baruch_Brody/publication/49659959_Traditional_Knowledge_and_Intellectual_Property/links/02e7e5331b78c7ff15000000/Traditional-Knowledge-and-Intellectual-Property.pdf，最后访问日期：2019 年 5 月 3 日。

创造倚赖于文化传统，又在与其他文化的交流中得以丰盛。因此应保存和发扬所有类型的遗产，并作为人类经验和心愿记录传授给子孙后代。① 传统知识的保存是保持正统性（self-identification）的重要内容，也是土著、传统的人们持续存在的条件，更是人类文化遗产的重要组成部分。因此传统知识的保护将与包括传统知识在内的知识和习惯的保存密不可分。

3. 防止生物海盗行为（Bio-Piracy）②

保护传统知识的另外一个目的是防止传统知识的滥用，并将通过传统知识而创造的利益用于人类共享。例如，印度政府在 TRIPs 协定和 CBD 协调相关提案中提议，对不符合 CBD 第 15 条的专利不得赋予专利权。③ CBD 第 15 条规定，在对遗传资源的获取上适用事前通知同意制度，并要求与原产地国家共享商业惠益。

关于生物海盗行为最为典型的案例是印度自由树专利权案。1985—1998 年间，利用自由树抽取液和研制方法获得美国专利的共有 40 件，而全世界的专利数量高达 134 件。但是在印度，自由树的抽取液作为驱虫剂、肥皂、化妆品、牙齿漱剂等已有 2 000 年的历史，对于印度人而言，自由树的应用是一个传统智慧与经验。1994 年美国公司 W. R. Grace 以自由树抽取液的制作方法提出专利申请，并获得成功。1995 年 9 月，在经济动向基金（Foundation on Economic Trends）的带领下，225 个农业、科学、贸易团体的联合体向美国专利局提出抗议书，指责自由树专利缺乏新颖性，是不道德的行径，并主张自由树专利是西方世界的“知识海盗”（Intellectual Piracy）行径。④

保护传统知识的原因如表 1 - 1 所示。

---

① 参见 2001 年巴黎 UNESCO 第 31 次会议上签订的《世界文化多样性宣言》第 7 条。

② 对于生物海盗行为至今没有一个公式化的定义。ETC Group（The Action Group on Erosion, Technology and Consentration）认为，为了对农业及土著共同体的知识和遗传资源的垄断控制，被个人或研究机构盗用的上述资源和知识的行为就是生物海盗行为。Integrating Intellectual Property Rights and Development Policy, Report of the Commission on Intellectual Property Rights, September 2002, www.iprcommission.org，最后访问日期：2018 年 9 月 10 日。

③ WT/GC/W/225.

④ Emily Marden, “The Neem Tree Patent: Intellectual Conflict over the Commodification of life”, *Boston College International & Comparative Law Review*, 1999. pp. 284 - 287.

表 1-1　保护传统知识的原因①

道德原因	法律原因	功利原因
• 履行对土著/群落共同体的道德义务 • 防止生物海盗行为	• 履行 CBD、UDHR、IUPGR 等国际条约及新标准	• 地区经济、福祉（健康及食品安全）以及生存利益 • 国内经济及福祉利益 • 全球经济及福祉利益 • 生物多样性的持续管理及增进保存

三、保护传统知识的预期目标

保护传统知识的预期目标是实现传统知识保护的全球治理。中国学者俞可平指出："所谓全球治理，指的是通过具有约束力的国际规制解决全球性的冲突、生态、人权、移民、毒品、走私、传染病等问题，以维持正常的国际政治经济秩序。"② 具体来讲，国际规制主要包括用以调节国际关系和规范国际秩序的所有跨国性的原则、规范、标准、政策、协议、程序，即类似于一般意义上的国际法律规范。

实现传统知识的全球治理，简单来讲就是力求使关于传统知识保护的新的国际法律制度全面适用于各种传统知识。这个目标又可分为两部分，即以传统知识的保存可持续发展作为立法基石，一是将动态的、可传授的、易于流传的知识作为重点保护对象，二是把那些静态的、仅能通过少数物品的存续加以体现的，且只能通过对相关物品的研究加以发掘和利用的传统知识加以特殊保护。只有对传统知识实施有针对性、有目的性的重点保护和特殊保护，才能实现传统知识国际保护的和谐进步。

---

① Graham Dutfield, "Developing and Implementing National System for protecting Traditional Knowledge: A Review of Experiences in Selected Developing Countries", p. 10, UNCTAD Expert Meeting, Geneva, 2000.

② 王瑜，全球治理与和谐世界：软实力的博弈［EB/OL］，中国软实力论坛、北京大学现代中国研究中心，http://theory.people.com.cn/GB/166866/12089495.html，最后访问日期：2019 年 3 月 6 日。

四、传统知识的保护方式

关于传统知识的保护方式有两种主张，一种主张是根据现有的知识产权制度保护传统知识，另一种主张是通过开发新的特殊制度（*Sui generis Systems*）来保护传统知识。

主张直接适用现有知识产权制度来保护传统知识的学者，或者主张参照已有的许多通过现有制度保护传统知识的案例，或者主张通过部分修改现有知识产权制度来保护传统知识。但是反对通过现有知识产权制度保护传统知识的学者的主要理由是，西方的知识产权制度和土著、群落文化与习惯是无法并存、互不相融的两种文化。

能否通过现有的知识产权制度来保护传统知识，则要判断传统知识的性质是否满足现有知识产权的保护条件。例如，如果传统药品一直没有公开，以秘密形式传授下来时，应认定其没有丧失新颖性，因此如果满足其他专利条件时，有可能取得专利权。有关说明传统医药品的书籍或者医药处方的集成则可依照著作权法获得保护，如果某种商品在特定区域内生产的，也有可能获得地理标志的保护。①

从反对通过现有知识产权制度来保护传统知识的观点来看，因为现行知识产权制度的基本框架是以特定人的知识创造活动为前提，保护其创作物的“私权利”为中心，所以当提起传统医药品的发明人以及其权利继承人时，则无法正确予以回答。从某种意义上讲，大部分传统医药品是通过不特定多数人的无数次失败而最终获得的知识，这些知识通过世世代代以秘方的方式传授给后人，因此通过现行知识产权制度区分权利人是几乎不可能的事情。又如，通过著作权法保护民间文学艺术时，保护的不是民间文学艺术本身，而是根据著作权法规定的固定的表达方式。即，民间文学艺术是那些尚未固定在任何有形载体上，但可通过多种或常见的有形的艺术品，或者人的动作、行为、言语加以传达的信息，因此民间文学艺术是在历史过程中逐渐积累的、以相关集体的传统生活方式为前提的、持续发

① [韩] 李相廷等:《传统医药品领域的法律及制度的保障方案》,《创作与批评》(韩国刊物) 总第 27 号 (2002 年夏季), 第 79—90 页。

展中的而且永远不能完成的创作。[①] 因此通过著作权法提供保护的是这些民间文学艺术的二次表现物，也只不过是根据著作权法得到保护的表演者的权利而已。

与传统知识保护相关的另一种主张是建立一个真正符合传统知识特征的特殊制度，这也是很多发展中国家及 NGO 的主张。赋予某个群体所搜集的知识类似于财产权的权利（Property-like Rights），如在菲律宾，通过制定法律对传统知识赋予土著共同体一种权利，这种权利包括对祖先土地的获取、生物及遗传资源的获取以及与这些资源相关土著知识的权利。如果共同体以外的其他当事方要获取时，根据习惯应事前通知，并且基于遗传资源或基于相关知识而产生的惠益是可以被要求共同分享的。诸如此类的特殊制度在非洲、亚洲以及拉丁美洲各国为了保护传统知识而取得了一定的发展，最终在《名古屋议定书》中被确定为遗传资源及相关传统知识的事前通告同意（Prior Informed Consent，PIC）、获取与惠益分享制度（Access and Benefit Sharing，ABS）。但是 ABS 制度的制定还有很多问题有待解决，如保护对象的确立、保护的要求、权利的范围以及主体、权利的获得方式、登记方式、保护期间、履行措施等。

第三节 传统知识相关国际组织的讨论动向

传统知识与知识产权相关问题已在 UNEP/CBD、WIPO、UNCTAD 和 WTO 等国际组织进行过讨论，一些国际组织也曾联合讨论过传统知识的国际保护问题，如 WIPO 和 UNEP 决定共同研究传统知识和遗传资源的使用以及利益共有方面知识产权的作用相关案例[②]，FAO 和 CBD 则在农业领域中的公共利益（Common Interest）问题达成了定期合作的协议。虽然这些国际组织的作用大同小异，但是它们所关注的角度是不同的。即，WIPO 一般从保护知识产权的角度关注传统知识的问题，WTO 侧重于贸易相关的知

① 唐广良：《遗传资源、传统知识及民间文学艺术表达国际保护概述》，《知识产权文丛》第 8 卷，中国方正出版社 2002 年版，第 60—62 页。

② WIPO Statement to the CTE and TRIPs Council, WT/CTE/W/182, 6 Feb, 2000.

识产权的保护，而 CBD 和 FAO 则侧重于传统知识中遗传资源的保护和利用问题。

一、UNEP/CBD

UNEP/CBD 于 1996 年 11 月举行的成员国会议（Conference of Parties，COP）第三次会议上开始讨论知识产权相关的议题，主要从 CBD 第 8 条（j）款的履行问题①及获取和惠益共享（access and benefit sharing）两个方面讨论传统知识的保护问题，也为此相应地特别设立了不限成员名额闭会期间特设工作组（Ad Hoc Open-ended Inter-Sessional Working Group）② 及获取和惠益共享专家小组（以下简称“ABS 小组”）③。

2001 年 10 月，在德国波恩召开的 ABS 小组第二次会议上，通过了旨在帮助各国政府和利益相关者指定各种措施确保遗传资源获取和惠益分享的《关于获取遗传资源并公正和公平分享其利用所产生和惠益的波恩准则》。2005 年 2 月 14 日至 18 日，在泰国曼谷举行的 ABS 小组第三次会议上，专家组分为两个工作组，分别就遗传资源获取和惠益分享的国际制度的性质、范围、目标和要素，以及与遗传资源相关的术语及定义、原产地/来源地/合法出处国际证书、其他措施及评估未来进展的指标等议题进行了谈判，但因各方的分歧较大，会议没有取得预期的效果。④ 2006 年 3 月 20 日至 31 日，在巴西库里蒂巴召开的成员国会议第八次会议上，ABS 小组谈判主要针对国际制度及合法证书两个方面，以巴西、印度为代表的发展中国家阵营和以加拿大、澳大利亚及欧盟为代表的发达国家及地区阵营经磋商，一致同意在

---

① “Knowledge, Innovations and Practices of Indigenous and Local Communities: Implementation of Article 8（j）”（UNEP/CBD/COP/3/19）, The Relationship between IPRs and the Relevant provisions of the TRIPs Agreement and the CBD（UNEP/CBD/ISOC/5）, “Legal and other Appropriate Knowledge, Innovations and Practices of Indigenous and Local Communities Embodying traditional Conservation and Sustainable use of Biological Diversity”（UNEP/CBD/WG8J/1/2）.

② 于 1998 年 5 月举行的第四次成员国会议上成立。

③ 于 1999 年 6 月 Inter-sessional 会议上成立。

④ 国家知识产权局网，“国际组织：CBD ABS 特设工作组会议在泰国举行”，http://www.sipo.gov.cn/sipo2008/ztzl/ywzt/yczyhctzsbh/xxk/gjdt/200804/t20080411_374126.html，最后访问日期：2018 年 9 月 8 日。

2008 年第九次成员国大会前召开两次 ABS 特设工作组会议，并由秘书处委派两名分别代表两个阵营的主席，同时建立遗传资源的起源地、来源和合法出处证书特设技术专家组，为其提供技术支持。但是成员方在表述的选择和定义等方面差距仍然很大，未能取得实质性进展。① 2007 年 10 月 8 日至 19 日，在加拿大蒙特利尔召开的 ABS 特设工作组第五次会议上，就 ABS 国际制度的实务性基本内容的讨论缺乏实质性进展，各方立场和观点无明显变化，而以非政府组织身份参加会议的土著和地方社区代表发言非常积极，他们对于生物遗传资源跨国盗用行为和相关国际讨论的毫无进展表示强烈不满。②

而就 CBD 第 8（j）条及相关条款问题，2002 年 2 月在加拿大蒙特利尔召开的不限成员名额闭会期间特设工作组第二次会议上，特设工作小组主要讨论了以下几个问题：（1）保障土著居民及地方社区公平及公正地获得因利用传统知识而所受惠益的问题；（2）在土著居民及地方社区的事前通告同意下才可以使用传统知识的问题；（3）使用及开发土著居民及地方社区所占有的土地、河流时须规范环境影响评价的问题；（4）支持政府建立尊重和维持传统知识的法律制度以及相应的体制等问题。2006 年 3 月 20 日至 31 日在巴西库里蒂巴召开的成员国会议第八次会议上，与会各方就 CBD 第 8（j）条及相关条款进行了讨论，讨论的焦点集中在土著参与公约谈判的问题，经磋商，会议决定从各方支持土著和地方社区参与公约的有关会议，但就土著及地方社区参与应遵循的议事规则与成员国的谈判权限作了区分。③ 2007 年 10 月 15 日至 19 日，在加拿大蒙特利尔召开的第五次会议上，各方就土著和地方社区参加 CBD 公约工作的参与机制通过了建议草案。④

2010 年 10 月 18 日至 29 日，在日本名古屋召开的 COP 第 10 次会议上，尽管与会各国在重大问题上仍持有强烈分歧，但最终通过了具有里程碑意义

① UNEP/CBD/COP/8/5，18 Jan，2006.

② 国家知识产权局网，“国际组织：CBD-ABS 工作组会议召开”，http：//www.sipo.gov.cn/sipo2008/ztzl/ywzt/yczyhctzsbh/xxk/gjdt/200804/t20080411_374157.html，最后访问日期：2018 年 9 月 10 日。

③ UNEP/CBD/COP/8/5，18 Jan，2006.

④ UNEP/CBD/WG8J/5/5，19 Sep，2007.

的《名古屋议定书》。[①] 根据议定书第 33.1 条[②]的规定,《名古屋议定书》于 2014 年 10 月 12 日正式生效。[③] 议定书第 1 条规定其目标是公平公正地分享利用遗传资源所产生的惠益,包括通过适当获取遗传资源和适当转让相关的技术,同时亦顾及对于这些资源和技术的所有权利,并提供适当的资金,从而对保护生物多样性和可持续地利用其组成部分做出贡献。议定书第 3 条规定其适用范围为:CBD 范围内的遗传资源和利用此种资源所产生的惠益,以及 CBD 范围内的与遗传资源相关的传统知识和利用此种知识所产生的惠益。

二、FAO

联合国粮食和农业组织(FAO)是一个较早关注粮食和农业遗传资源保护的国际组织。该组织于 1983 年通过的《关于植物遗传资源的国际承诺》作为一项不具约束力的文书,为植物培育和科学目的确保粮食和农业植物遗传基因能够受到保护、得以进行研究和利用做了规定。1989 年 FAO 通过第 5/89 决议承认了农夫的权利,1991 年 FAO 第 3/91 决议承认了遗传资源的主权,1993 年 CBD 公约生效之后,FAO 通过会议决定为将国际承诺作为一项有约束力的国际文书而重新开始谈判,以便与 CBD 公约协调并促进农夫权利(Farmer's Right)的实现。经过多年的谈判,2001 年 11 月 3 日在罗马召开的第 31 次总会上,FAO 通过了《粮食和农业植物遗传资源国际条约》(International Treaty on Plant Genetic Resources for Food and Agriculture)[④]。根据公约第 9.2 条(a)款的规定,成员国同意保护和促进包括关于粮食和农业植物遗传资源相关传统知识的农夫权利。因为该条款只限于粮食和农业有关植物遗传资源相关的知识保护,因此,其范围比 CBD 第 8 条(j)款规定的要窄,即不适用于传统医学或植物遗传资源的工业使用。

---

① CBD, Nagoya Protocol: Background. http://www.cbd.int/abs/background/. 最后访问日期:2018 年 10 月 18 日。

②《名古屋议定书》第 33.1 条规定:"本议定书应自业已成为《公约》缔约方的国家或区域经济一体化组织交存了第五十份批准、接受、核准或加入文书之日后第九十天起生效。"

③ UN, United Nations Treaty Collection: Chapter XXVII, Environment. 参见 https://treaties.un.org/pages/View Details.aspx?src=TREATY&mtdsg_no=XXVII-8-b&chapter=27&lang=en. 最后访问日期:2018 年 8 月 31 日。

④ 该条约于 2004 年 6 月 29 日正式生效。

此外，在承认各国对其粮农遗传资源享有主权的前提下，建立一个高效透明的多边合作系统，方便遗传资源的获取，并公平合理地分享利用这些遗传资源产生的利益是条约的核心目标之一。为了规范多边系统中遗传资源的接收方和提供方之间的遗传资源转让，FAO 秘书处组织起草《标准材料转让协定》（Material Transfer Agreement）。该协定第一次谈判会议于 2005 年 7 月在突尼斯举行，形成了第一草案，但各方在核心问题方面，如“产品”的内涵、商业利益分享、第三方受益人等内容分歧较大，而于 2006 年 4 月 24 日至 28 日在瑞典阿尔纳普举行的第二次会议则旨在完成协议内容的谈判，但因发达国家和发展中国家在协议的关键内容上立场仍然存在差异，许多核心内容最终也没能达成一致意见。

2012 年 3 月 5 日至 9 日，在意大利罗马粮农组织总部举行了在国家粮食安全语境下治理土地、渔业和森林使用权的自愿准则的政府间最后一轮谈判，此次谈判取得了一定的成果。该谈判由 96 个成员国及相关民间社会组织、联合国机构和其他国际组织、农民协会和私营部门的代表一起参加，在意大利罗马 FAO 的支持下由世界食品安全委员会（CFS）的一个开放性（不限成员名额）的工作组领导下完成。该准则已由粮安委于同年 5 月中旬在罗马召开的特别会议上得到最后审批。

该准则涵盖的范围十分广泛，包括促进妇女在确保土地所有权上的平等权利，建立农村贫困人口都可以访问的透明的记录系统，以及承认和保护土地、森林、渔业等的非正式的传统权利。一旦该准则被 CFS 正式批准，它将作为各国国家机关在通过有关土地、渔业和森林资源的所有权及其访问的相关法律和制定政策时所要考虑的权威参考。这些准则也给投资者和开发商提供了最佳做法的明确指示，同时也提供了民间社会的土地权利以及民间社会在代表农村社区工作时可以使用的基准。

该准则第 9 条具体提及了土著人民和其他拥有习惯的使用权制度的社区。它强调土地、渔业和森林对于土著人民和其他社区来说具有社会、文化、精神、经济、环境和政治价值；土著人民行使自治权时应提供给这些资源公平、安全和可持续发展的权利，并促进所有成员在其使用权体制的决策过程中能有效参与。各国应确保所有的行动都与本国法律和国际法的现有义务相一致，并根据适用的区域和国际文书情况进行充分考虑并自愿承诺；各国对合法的习惯使用权要提供适当的承诺和保护，包括对祖先的土地的习惯使用权；要考虑调整自己的政策、法律和组织框架来确认习惯的使用权制度；起草使用权政策和法律时要考虑到习惯的使用权制度下的土地、渔业和森林的社会、文化、精神、经济和环境价值，并保证受影响的社区的所有成员充分、有效地参与；以及要尊重和促进解决使用权冲突的习惯办法。

三、UNCTAD

UNCTAD 传统知识、革新和习惯的保护制度以及国内经验相关专家会议于 2000 年 10 月 30 日至 11 月 1 日在日内瓦召开，各国政府、土著群体、NGO、政府间组织的代表、学者和企业代表等 80 多个国家 250 名代表参加了会议，该会议的结果在 2001 年 2 月举行的 UNCTAD 商品和服务贸易理事会中被采纳，且向各国政府、国家组织以及 UNCTAD 发出了建议。该建议包含有关“关注传统知识的保护，支持地方社区以及土著共同体的创造可能性，促进传统知识的书面化，促进基于传统知识生产的商品的商品化”等内容。[①]

2002 年 4 月 3 日至 5 日在印度新德里召开的，由 UNCTAD 支持、印度政府主办的传统知识保护制度国际研讨会上，UNCTAD 专家会议小组作出了“共同认识生物多样性的全世界范围内不可逆转的损失，……创造为保护生物多样性和其相关传统知识、革新和习惯而所需制度的必要性，基于传统知识的商品和服务商业性在与地方社区及传统共同体的平等利益共享和事前通告同意存在得以促进”的声明。与会者最后建议建立一个为保护传统知识的，由 CBD、FAO、WIPO、WTO 及 UNCTAD 等国际组织共同参与的国际框架。

四、WTO

TRIPs 理事会是讨论知识产权、生物多样性以及传统知识保护议题的重要场所，特别是与 TRIPs 协定第 27.3 条的修改相关的议题则更深入地探讨

① UNCTAD, Report of the UNCTAD Commission on Trade in Goods and Services, and Commodities on its fifth Session, TD/B/48/6, TD/B/COM.1/40, 31 July 2001.

传统知识的保护问题，但在 TRIPs 协定的修改问题上，发展中国家和发达国家一直保持着对立。

发展中国家主张，“扩大 27.3 条的保护范围，将土著知识和农夫权利纳入 TRIPs 协定中”[①]，“应继续维持对农夫权利和传统知识的保护，并应与农夫、育种者及共同体的权利相关 CBD、植物遗传资源相关 FAO 以及 OAU 示范法相一致”[②]，且“使遗传资源的来源、事前通告同意和惠益分享的证据等信息披露成为专利申请的实质要件”，并认为“该披露要件不能仅在国家层面而必须在国际层面有所规定，同时要求尽快进入以案文为基础的谈判”。[③]

在发达国家中，虽然表明“支持发展传统知识的法律保护所需的国际模式”，但是认为“解决传统知识保护的最佳途径应由 WIPO 委员会和 CBD 协力解决为好”“只有模式确定之后，才能确定在何种范围内如何保护传统知识，又如何纳入 TRIPs 协定等问题”，从而提出阶段式解决方法。[④] 美国则主张“TRIPs 协定和 CBD 并不矛盾”“支持对传统知识的数据基础工作”“国内和地方法律法规可为规范传统知识的供方和需方之间的契约而被采纳”。[⑤] 同时发达国家认为，“信息披露与专利效力挂钩的做法会增加专利审批机构和申请人的额外负担以及专利制度的不确定性，主张展开以事实为基础而非以案文为中心的讨论”。[⑥]

五、WIPO

WIPO 是在传统知识的知识产权保护方面讨论最为活跃的国际组织。1998—1999 年，为了摸索能够评价传统知识的知识产权价值，反映相关国家立场的方法，WIPO 展开了对传统知识的基本概念确立工作和对传统知识的资料搜集和分析。经过搜集和分析，WIPO 确认传统知识是具有创造性和革新性的，是丰富多样的知识源泉的事实，且推导出传统知识超过现有知识产

---

① WT/GC/W/23, 5 Jul, 1999.

② WT/GC/W/302, 6 Aug, 1999 and IP/C/W/206, 20 Sep, 2000.

③ WT/GC/W/564/Rev. 2, 5 July, 2006.

④ IP/C/W/254, 3 Apr, 2001.

⑤ IP/C/W/257, 3 Apr, 2001.

⑥ IP/C/W/469, 13 Mar, 2006.

权范畴一面的结论。在 2000 年 9 月召开的 WIPO 总会上，因为美国和欧盟等国反对设立常设委员会，最后代替其成立了“知识产权和传统知识、遗传资源及民间文艺政府间委员会”（Intergovernmental Committee on Intellectual Property and Genetic Resources, Traditional Knowledge and Folklore，下文简称 IGC），截止到 2008 年 2 月，IGC 共召开了 12 次政府间会议，第 13 次会议也于 10 月 13—17 日在瑞士日内瓦召开。IGC 的任务是讨论与获取遗传资源与惠益分享、传统知识及与创新相关的知识产权问题，包括传统创造和文化表现形式。

从这 12 次政府间会议举行情况来看，2001 年 4 月 30 日至 5 月 3 日间在日内瓦 WIPO 总部召开的第一次会议中确定的如传统知识的用语及定义的确立，传统知识的可利用性、范围以及利用标准，专利申请过程中的行政及程序相关议题以及在先技术的法律标准、传统知识的权利执行等四个方面的研究议题，逐步发展为如何有效提高作为在先技术的传统知识的搜索方案的讨论、专利审查中对传统知识和遗传资源的承认、来源的公开以及惠益分享的问题，今后将形成的国际文件之约束力问题等许多议题，但因发达国家和发展中国家的立场差距比较明显，所以在短时间内将难以取得突破性进展。

此外，WIPO 还通过专利合作条约（Patent Cooperation Treaty）和实体专利法条约（Substantive Patent Law Treaty）关注遗传资源和传统知识的保护问题，如在 PCT 改革工作组第五次会议上，瑞士提出了关于在专利申请中表明遗传资源和传统知识来源的建议。[①]

第四节　传统知识保护相关国家实践

——以印度传统医药保护法律制度为例

印度在数千年的发展历程中积累了丰富的传统医药和顺势疗法等治疗体系，主要包括阿育吠陀医药（Ayurveda）、西达医药（Siddha）、尤纳

① 国家知识产权局网，国际组织：《传统知识和遗传资源保护的国际节拍》，http://www.sipo.gov.cn/sipo2008/ztzl/ywzt/yczyhctzsbh/xxk/gjdt/200804/t20080411_374130.html，最后访问日期：2018 年 9 月 10 日。

里医药（Unani Medicine）等传统医药体系，以及瑜伽（Yoga）、顺势疗法（Homoeopathy）、自然疗法（Naturopathy）等传统医疗体系①，其传统医学理念是保持人体内部的平衡，同时注重人与自然的和谐共存。

但是，如同中国和其他发展中国家一样，印度传统医药知识遭遇了发达国家新药开发公司肆无忌惮的生物剽窃，姜黄案、楝树案、瑜伽案、雀巢牛奶案等著名的案例都与印度传统医药知识密切相关。而印度政府通过不断完善传统医药保护法律制度，成功维护了其传统医药知识不再受欧美发达国家的非法侵害。比如在印度“楝树案”中，当美国 W. R. Grace 公司向欧洲专利局申请名为“采用疏水方式提取印度楝树油，用于防止植物真菌的方法”的专利时，印度提交证据证明楝树种子提取物的杀菌作用早已是公知事实且在印度农业中已广泛适用为理由主张该发明不具备新颖性和创造性，欧洲专利局最终接受了印度的主张撤销该专利授权。②

一、印度传统医药保护法律体系

印度传统医药保护法律体系主要由传统医药监管法律制度、生物多样性法，以及专利法等知识产权法构成，其中传统医药监管法律制度由印度阿育吠陀医药、瑜伽、自然疗法、西达和顺势疗法部（Ministry of AYUSH）以及卫生与家庭福利部（Ministry of Health and Family Welfare）负责实施，生物多样性相关监管法律制度由印度环境、林业和气候变化部（Ministry of Environment, Forest and Climate Change）负责实施，专利法则由印度商业和工业部（Ministry of Commerce and Industry）下属专利、外观设计和商标监督管理办公室（Office of the Controllor General of Patents, Designs and Trade Marks）负责实施。

1. 传统医药监管法

如同其他国家的医药监管法，印度传统医药监管法律制度也分为对药品及其医用工具的监管法，如《药品化妆品法》（Drugs and Cosmetics Act），以

---

① Ministry of AYUSH, India, http://ayush.gov.in/about-the-systems，最后访问日期：2018年12月7日。

② BBC News：India Wins Landmark Patent Battle, http://news.bbc.co.uk/1/hi/sci/tech/4333627.stm，最后访问日期：2018年12月10日。

及对传统医药从业人员的监管法，如《印度医药中央委员会法》（The Indian Medicine Centre Council Act）、《顺势疗法中央委员会法》（The Homoeopathy Central Council Act）等。

印度第一部《药品法》是根据印度政府于1930年成立的Chopra委员会的建议于1940年制定的，是一部旨在规范印度的药品进口、生产和分销的法律，其规制对象包括各种治疗物质、诊断制剂和医疗器械，以及化妆品，但并未包括传统医药品，直到1964年修正案中才将阿育吠陀和尤纳里药品纳入监管范围。印度《药品法》自1940年实施以来已修改过多次，1964年更名为《药品与化妆品法》，最近一次修改是2015年。《药品与化妆品条例》于1945年12月颁布，1947年开始实施，规定执行法令的责任归属于印度中央政府和各州政府，并对药品的储存、陈列、销售、配药、调平、处方等做出规定。条例亦不时进行修订，以适应时代的需要和纠正在实施过程中所发现的不足，最近一次修改也是2015年。[①] 印度《药品与化妆品法》及其条例的主管部门是印度卫生与家庭福利部。

《印度医学中央委员会法》颁布于1970年，最近一次修改时间为2011年，从2012年起将喜马拉雅医药（Sowa Rigpa System）纳入印度医学中央委员会监管范围。印度医学中央理事会是印度AYUSH部和印度卫生与家庭福利部所属的法定机构，主要负责监督传统医药系统的高等教育，制定和执行印度传统医药研究中心研究水平和相关规章制度，包括课程设置、招生条件和资格等。[②]

《印度顺势疗法中央委员法》颁布于1973年，是一部旨在构建顺势疗法中央委员会的作用，以及规范与顺势疗法领域相关的问题和实体注册事宜的法律。且同《职业行为、礼仪和道德规范》（Professional Conduct，Etiquette & Code of Ethics Regulations，1982）、《最低教育标准实施条例》（Implementation of Provisons of Homoeopathy（MSE）Regulation，1983）、《顺势疗法（研究生学位课程）和医学博士课程条例》（Homoeopathy（Post Graduate Degress

---

① Ministry of Health and Family Wealthy of India，https：//www.nhp.gov.in/drugs-and-cosmetics-act_mtl，最后访问日期：2018年12月14日。

② Central Council of Indian Medicine of India，https：//www.ccimindia.org/introduction.php，最后访问日期：2018年12月14日。

Course）M. D，2012 修改）① 等一系列相关条例共同构建了顺势疗法从教学、科研到实践运用的诊所设立、从业人员资格认定等的完整体系。

2. 生物多样性法

为了保护本国的生物多样性资源，印度环境、林业和气候变化部前身环境和林业部（The Ministry of Environment and Forest）于 2002 年实施了《生物多样性法》（The Biological Diversity Bill），并于 2004 年颁布了其具体实施细则《生物多样性规则》（The Biological Diversity Rules）。印度《生物多样性法》及其规则主要针对生物资源，即对人类具有实际或潜在用途或价值的动物、植物和微生物或其部分，以及生物资源相关传统医药知识。同时，确立了生物遗传资源的获取相关知情同意以及惠益分享原则。2014 年，印度基于《名古屋议定书》制定并颁布《生物资源及相关传统知识获取规则指南》（The Guidelines on Access to Biological Reource and Associated Knowledge and Benefits Sharing Regulations，2014），规定了确定遗传资源使用者的金融义务方式，以便为早先查明的获得生物资源的每项活动确定这种义务，以及如何分享惠益。

3. 专利法

1995 年加入 WTO 后，印度政府根据 TRIPs 协定分别于 1999 年、2002 年和 2005 年对其 1970 年《专利法》进行了 3 次修订，形成了适合该国医药产业发展的专利战略，建立了传统知识破坏新颖性、创造性以及遗传资源充分公开原则，加强了对传统药物的知识产权保护。

二、印度传统医药保护法律制度

1. 内外有别的知情同意规则

印度《生物多样性法》不仅规定了获取生物遗传资源须事先告知（Prior Intimation），并获得同意，而且依据获取遗传资源的国内外不同的主体规定了内外有别的申请程序。即，国外主体必须事前获得印度国家生物多样性总局（The National Biodiversity Authority）的批准后才可以从事与生物资源相关

① Ministry of AYUSH of Inida，http：//ayush. gov. in/acts-rules-and-notifications/acts-and-rule，最后访问日期：2018 年 12 月 14 日。

的活动，且任何将相关研究成果转移给国外主体时，也须获得批准。[①] 国内主体则被要求在从事生物遗传资源相关活动时向所在地州一级的生物多样性董事会（The State Biodiversity Board）事先告知即可，但生物遗传资源所在地居民和社区，包括从事生物多样性的种植者、从事传统医药实践的医师则无需获得相关机构的同意。[②]

2. 建立传统知识破坏新颖性、创造性以及遗传资源充分公开原则

印度通过修改《专利法》，建立了传统知识破坏新颖性、创造性，以及遗传资源充分公开原则[③]，将传统医药知识作为在先技术予以保护，防止非传统医药知识的持有者非法取得传统医药相关专利权。即，若一项发明实际上是传统知识或传统知识的聚合，或者是传统公知性质的一个或多个的组合，则其均不得申请专利[④]；若某项发明的权利要求内容可以从印度或其他

---

① India Biological Diversity Act, 2002, Section 3. (1) No person referred to in sub-section (2) shall, without previous approval of the National Biodiversity Authority, obtain any biological resource occurring in India or knowledge associated thereto for research or for commercial utilization or for bio-survey and bio-utilization. (2) The persons who shall be required to take the approval of the National Biodiversity Authority under sub-section (1) are the following, namely:

(a) a person who is not a citizen of India;

(b) a citizen of India, who is a non-resident as defined in clause (30) of section 2 of the Income-tax Act, 1961;

(c) a body corporate, association or organization (i) not incorporated or registered in India; or (ii) incorporated or registered in India under any law for the time being in force which has any non-Indian participation in its share capital or management.

Section 4. No person shall, without the previous approval of the National Biodiversity Authority, transfer the results of any research relating to any biological resources occurring in, or obtained from, India for monetary consideration or otherwise to any person who is not a citizen of India or citizen of India who is non-resident as defined in clause (30) of section 2 of the Income-tax Act, 1961 or a body corporate or organization which Is not registered or incorporated in India or which has any non-Indian participation in its share capital or management.

② India Biologican Diversity Act, 2002, Section 7. No person, who is a citizen of India or a body corporate, association or organization which is registered in India, shall obtain any biological resource for commercial utilization, or bio-survey and bio-utilization for commercial utilization except after giving prior intimation to the State Biodiversity Board concerned: Provided that the provisions of this section shall not apply to the local people and communities of the area, including growers and cultivators of biodiversity, and vaids and hakims, who have been practicing indigenous medicine.

③ 周怡瑶:《中印传统医药的知识产权保护比较研究》,《电子知识产权》2013 年第 10 期，第 81 页。

④ India Patent Act, 2005, Section 3 (p). An invention which, in effect, is traditional knowledge or which is an aggregation or duplication of known properties of traditionally known component or components.

地方的当地或土著社区的任何口头或其他知识中获得，则任何利益相关人都可以在规定的期限内向专利局提起异议或撤销。[①] 此外，规定申请人在发明中使用生物资料时，应当在说明书中公开其来源和原产地[②]；如果完整的申请文件对用于该项发明的生物材料来源或原产地没有进行公开或进行了错误的说明，则任何利益相关人都可以在规定期限内向专利局提出异议或申请撤销[③]。

3. 生物遗传资源及相关传统知识的惠益分享制度

印度《生物多样性法》及其条例、指南规定，生物遗传资源及相关传统知识的商业化使用必须根据协议规定，资源的获取者、社区和持有者可按照共同商定的条件公平分享因利用所获取的生物资源及其相关知识而产生的惠益。《生物资源及相关传统知识获取规则指南》则根据生物遗传资源及相关传统知识的不同利用方式或模式，分为研究、商业利用、研究成果转化、知识产权，以及第三方转让，确定了不同的最低惠益分享比例及程序。惠益既可以体现为货币形式，也可以体现为非货币形式。惠益的确定主要考虑生物遗传资源的商业价值、研究阶段、研究结果、潜在市场、研发投入、应用技术的属性、从研究到产品形成的时间，以及产品商业化的风险等。[④] 如果一个产品利用的生物遗传资源来源于多个州一级的生物多样委员会，则由国家生物多样性总局决定各州之间的分配比例。获得批准的项目之累计惠益的

---

① India Patent Act, 2005, Section 25. (2). At any time after the grant of patent but before the expiry of a period of one year from the date of publication of grant of a patent, any person interested may give notice of opposition to the Controller in the prescribed manner on any of the following grounds, namely: (k). that the invention so far as claimed in any claim of the complete specification is anticipated having regard to the knowledge, oral or otherwise, available within any local or indigenous community in India or elsewhere.

② India Patent Act, 2005, Section 10 (1). Every specification, whether provisional of complete, shall describe the invention and shall begin with a title sufficiently indicating the subject-matter to which the invention relates.

③ India Patent Act, 2005, Section 25 (1) Where an application for a patent has been published but a patent has not been granted, any person may, in writing, represent by way of opposition to the Controller against the grant of patent on the ground. (j). that the complete specification does not disclose or wrongly mentions the source or geographical origin of biological material used for the invention.

④ 武建勇、李一丁:《印度生物遗传资源和相关传统知识获取制度发展动态研究》,《植物遗传资源学报》2017年第3期，第505页。

5%应交给国家生物多样性总局，剩余的95%应在使用者和受益者之间进行分配。如果不能确定受益者为某个人、集体或组织时，惠益应该被用于生物多样性保护和可持续利用，以及促进资源来源地社区生计的改善。①

三、印度传统医药法律制度评析

印度通过知识产权法、生物多样性法以及传统医药监管法三大法律制度建立了以来源披露、事先知情同意以及惠益分享为核心的传统医药法律体系，不仅为印度传统医药的法律保护提供了制度保障，而且为推动传统医药国际保护做出了重要贡献。特别是在行政和司法保护、政府和民间保护等协调合作机制方面，以及防止“生物海盗”方面所取得的成果，为生物资源及相关传统知识的持有国家提供了可供借鉴的成功经验。尤其通过多种制度设计，对国外主体和国内主体进行差异性管理，以及基于传统医药知识的利用模式采取区别性惠益分享制度等都具有独树一帜的特征。

本 章 小 结

犹如知识产权各种相关著作中所阐述的那样，知识产权的保护和科学技术的发展与进步密不可分，知识产权的相关政策及法律制度以欧美发达国家为中心形成和发展亦众所皆知。尽管各国之间的知识产权保护政策和法律制度存在差别，但“保护创新”应当是现代意义的知识产权保护制度所共有的特征。这一特征意味着知识产权的保护是一种至少在一定程度上是否定传统、推崇新颖的保护机制。而在长期的历史过程中延续下来，与一个地区、一个民族生产与生活方式的自然演进一同进步和发展的传统知识，带有鲜明的传统特征，与现代的技术标准和法律标准不相符。

在20世纪90年代，传统知识的国际保护之所以引起国际社会的关注，是因为国际社会由工业经济时代迈向知识经济时代的过程中需要更多的传统知识作为可持续创新的有力支撑。正如19世纪中期至20世纪初期西方工业

① 武建勇、李一丁：《印度生物遗传资源和相关传统知识获取制度发展动态研究》，《植物遗传资源学报》2017年第3期，第506页。

国家为解决工业革命之物质需要而在海外争夺矿产资源一样，传统知识及其相关遗传资源正面临着国家间的争夺。20 世纪 90 年代作为争议形成初期，代表两大利益集团的发达国家和发展中国家就传统知识是否为保护对象、保护目的以及保护方式等根本问题展开了激烈争论，但因立场之严重差距，很难达成全球共识。

进入 21 世纪以来，经过国际社会对保护生物多样性及其传统知识意识的转变，遗传资源及其传统知识的获取与惠益分享机制被纳入 CBD《名古屋议定书》中，表明传统知识国际保护相关国际习惯法正在形成中，指示了国际法发展的必然趋势。正如 WIPO 对传统知识保护的综合研究报告表明，一个清晰、透明和有效的传统知识保护体系不仅为传统知识的所有者，而且为整个社会——包括公司和研究机构等这些传统知识所有人的潜在合作者——增加了法律保障和可预见性。①

虽然传统知识的获取与惠益分享机制为传统知识的可持续发展成功迈出了第一步，但传统知识可持续发展国家法律制度仍需要拓展其外延，如传统知识可持续发展与国际贸易法、国际环境法、国家继承法、国际人权法、国际投资法等其他部门国际法的交叉与协调，明确其客体范畴，从而为传统知识可持续发展相关国际法律规范的体系化奠定了基础。

---

① WIPO, Traditional Knowledge& Folklore, Composite Study on the Protection of Traditional Knowledge, 5th Sess., WIPO/GRTKF/IC/5/8 (Apr. 28, 2003).

第二章　传统知识可持续发展与自由贸易协定

第一节　传统知识与 FTA 的相互关系

一、FTA 与传统知识的国际保护

FTA（Free Trade Agreement）是指独立关税主体之间以自愿结合方式，就贸易自由化及其相关问题达成的协定，是两国或多国之间具有法律约束力的契约，其目的在于促进经济一体化，其目标之一是消除贸易壁垒，允许产品与服务在国家间自由流动。在 WTO 文件中，FTA 与优惠贸易协定（PTA）、关税同盟协定（CUA）一道，都被纳入区域贸易协定（Regional Trade Agreement，RTA）的范围。尽管传统知识国际保护相关议题成为全球性化由来已久，但是在双边自由贸易环境下的传统知识的国际保护问题则主要出现在多哈回合之后。

传统知识的国际保护与 FTA 的关系体现在以下两个方面：

一方面，FTA 为传统知识的国际保护提供了得天独厚的、优越的实现条件和土壤，在 FTA 框架下有利于推动和促进传统知识的国际保护。由于 WTO 乌拉圭回合谈判受阻，1999 年美国西雅图部长会议宣告失败，自此新一轮谈判迟迟未能进行，即使在经济全球化和区域经济一体化趋势日益增强的当代，要实现世界规模的协商一致在目前看来依旧是很困难的。因此，自 1990 年以来，两国间或多国及地区之间缔结的自由贸易协定如雨后春笋般呈激增趋势。根据 WTO 官方网站统计，自 1958 年欧共体条约生效以来，到 2019 年 2 月 1 日欧盟—日本 FTA 生效为止，向 WTO/GATT 通报

的区域贸易协定共有 467 项（包括货物贸易、服务贸易和准入领域），正式生效的则有 291 项①。在 1995 年 WTO 正式出台之前，向 GATT 申报的 FTA 数量为 44 项，其中生效数量仅为 34 项，但到 2001 年召开多哈回合贸易谈判为止，申报数量已增至 106 项，生效的数量增至 87 项，即在短短的 5 年内比过去 48 年的总数增长 1.5 倍。之后，FTA 每年增长数量呈直线上升，到 2009 年达到峰值后小幅回落，但截至 2015 年仍处于上升趋势（图 2－1）。FTA 签订的鼎盛时期是从 20 世纪 90 年代中后期开始的，一些规模大、影响深远的 FTA 诸如北美自由贸易协定（NAFTA，1994 年生效）、南方共同市场（1995 年生效）等都出现在这一时期。

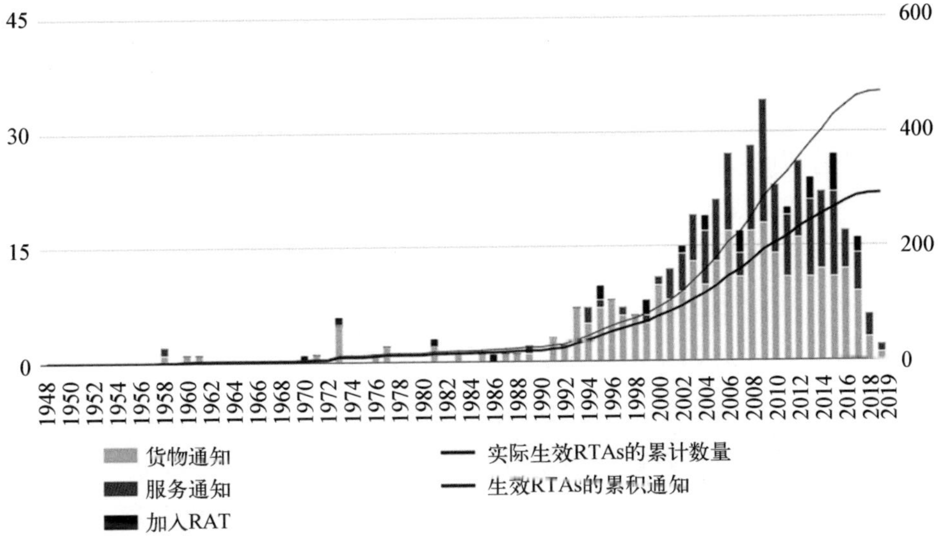

图 2－1　已生效 RTAs 数量年度变化图（1948—2019）②

FTA 之所以成为国家间贸易交流合作的重要纽带主要是因为 FTA 能带来巨大的经济效应：一是通过降低区域内关税，直接促进成员国间的贸易，通过消除贸易壁垒来扩大贸易；二是通过提高劳动生产率和资本积累，将原来

① https：//www. wto. org/english/tratop_e/region_e/region_e. htm，最后访问日期：2019 年 1 月 22 日。

② http：//rtais. wto. org/UI/charts. aspx，WTO Secretariat，January 22，2019，最后访问日期：2019 年 1 月 23 日。

从域外的进口转换成从域内成员国的进口，间接促进成员国的经济成长。而且 FTA 的推进能起到促进竞争、产业合理化的效果，同时还能加快有关贸易自由化的谈判进程，能在一定程度上促进全球化进程。另外，FTA 还具有促进成员国国内结构改革的效果。FTA 也是一种国际协定，当一国国内的非效率部门已到非改不可时，FTA 就能够推动其改革的进展。由此可以看出，FTA 在目前甚至未来很长一段时间内在国际贸易等方面发挥着至关重要的作用，而且事实表明，FTA 的发展也已经取得了明显的实效。根据有关方面统计，1990—1999 年，北美自由贸易协定（NAFTA）的三个成员国（美、加、墨）共计对域外增加出口 5%，而对域内的出口却增长了 11%；在南方共同市场成员国的总出口中，与增长了 4%的对域外出口相比，对域内的出口增长了 16%；同样，这种域内贸易的增长势头也出现在东南亚国家联盟（ASEAN）自由贸易区域（AFTA）①。不难看出，FTA 的签订是各国经济交流的需要。而传统知识的国际保护也是稳定、调整和促进各国之间经济合作、开发的需要。因此，在 FTA 的良好发展背景下，各国通过 FTA 的条款内容对传统知识的国际保护进行规定无疑是最合理也最有效的。

此外，传统知识的国际保护使 FTA 更趋完善，也更具合理性，传统知识的国际保护理应是 FTA 不可或缺的组成部分。尽管大多数 FTA 文本对于传统知识的保护还没有规定或者说没有明确的规定，传统知识的国际保护不可能是 FTA 文本的核心内容，但就国际社会对于传统知识的国际保护的呼声以及发展趋势来看，对于这方面更加全面、系统的条文规定会成为 FTA 文本的重要组成部分。

以《中国—东盟自由贸易协定》为例，中国西南边陲的广西、贵州、云南、四川、西藏、重庆这一片广袤的土地在地理位置上比较特殊。因为它们与其他东盟国家邻近，所以成为我国与东盟自由贸易区的前沿。而且，西南地区具有丰富的资源优势和历史悠久的人文背景，形成了依靠 FTA 来刺激区域内经济发展的良好土壤。虽然我国与东盟各国都属于发展中国家，但长久以来，在传统知识的保护及利用上我国与东盟成员国之间并未达成一致意

---

① 钟乃仪:《自由贸易协定的理论与实践》,《国际观察》2002 年第 2 期，第 30—35 页。

见，各国的保护策略也不尽相同，因此在传统知识保护领域一直进展缓慢。但是，我国与东盟各国都已经认识到，只有在 FTA 的框架下，在相互借鉴的基础上，才能够准确把握传统知识保护的发展方向。而且，基于多方谈判和交流，在该领域内也已经取得一些成绩。例如，各国普遍认为对于一部分可以利用现代知识产权制度保护的传统知识，更应当积极申请专利或商标保护，不仅在国内应注重知识产权的保护，在东盟各国中也应及时申请该国的知识产权保护①。尤其值得一提的是，FTA 给传统医药保护提供了可靠的发展空间。由于中国与东盟国家具有紧密的地理、民族和文化关系，因此形成了近似的用药习惯，因而使中国的中医药在东盟占有一定的市场份额。云南医药集团的著名中成药“云南白药”2008 年已在泰国成功注册，使云南白药除了具有自身产品的市场优势之外，更多了一道知识产权保护的“护身符”②。另外，对传统医药的合理保护也给我国西南地区带来了丰厚的经济收益。由此可以看出，将传统知识保护置身于 FTA 的框架下，可以从一定程度上加速传统知识的资源化和市场化，推动产业化进程，更能满足国内消费和扩大再生产的需要，从而使 FTA 更能发挥其作用。

二、运用 FTA 保护传统知识的可行性

虽然“传统知识”这一术语是最近几年才逐渐见诸世界知识产权组织文件中，但是在科学技术以及相关国际法迅猛发展的当代，尤其是各国为加强交流与合作，纷纷签订 FTA 的现状下，以 FTA 为背景对传统知识进行保护是可行的。

第一，在全球大部分国家尤其是发展中国家的大力呼吁下，保护传统知识已经成为大势所趋，也是各国 FTA 文本中出现得越来越多的部分。WIPO 对传统知识保护的综合研究表明，“一个清晰、透明和有效的传统知识保护体系不仅为传统知识的所有者，而且为整个社会，包括公司和研究机构这些

---

① 朱雪忠：《传统知识的法律保护初探》，《华中师范大学学报（人文社会科学版）》2004 年第 3 期。

② 参见中华人民共和国知识产权局：《中国—东盟协定给西南地区传统知识产权保护带来了什么》，http：//www. sipo. gov. cn/ztzl/ywzt/yczyhctzsbh/jlfk/zwzl/200804/t20080411_374427. html，最后访问日期：2018 年 9 月 1 日。

传统知识所有人的潜在合作者，增加法律保障和可预见性。”[①] 在过去的十几年间，越来越多的国家意识到保护传统知识的重要性，相关的国内立法和双边条约也纷纷出现，保护传统知识已经成为全球的共同话题。从近几年各国签订的 FTA 文件中可以发现，涉及传统知识保护的条款也越来越多。

第二，已经有不少国际条约等法律文件对传统知识的保护做了相关规定，保护传统知识也有了相对坚固的基石，以 FTA 文本协议与各国国内法相结合的保护模式已经基本成型。1992 年在巴西里约热内卢通过的《生物多样性公约》（CBD）明确确认了传统知识的法律保护。秘鲁《保护与生物多样性有关的土著居民集体知识法》（简称“第 27811 号法”），则是世界上第一部保护传统知识的专门性法律。还有一些国家建立了保护传统知识的特别制度。如新西兰政府在充分保护毛利人的人道主义利益的前提下，可以获得传统资源的所有权。政府还有权立法确保人道主义标准在私有财产的利用中得到反映。新西兰的知识产权立法也并不排除对传统知识的共有权利[②]。现阶段，各国已经纷纷协调本国立法，以适应其签订的 FTA 文本中对于传统知识的保护条款规定。

第三，随着越来越多 FTA 的生效实施，以及国际间技术交流合作的不断加强，对于传统知识的保护也逐渐出现可供借鉴的成功先例。以东盟为例，东盟在 1995 年就通过了《东盟知识产权合作框架协定》，形成了当时世界上形式最完善的区域性贸易组织的知识产权合作协定，为构建传统知识资源保护体系奠定了法律基础。考虑到生物和遗传资源在开发药物及其他工农业相关产品中的价值，东盟还于 2000 年制订了《关于获取生物和遗传资源的东盟框架协定草案》，该协定草案共 13 条，内容相当丰富和完善。这样的案例在传统知识保护方面对世界各国都是有一定的借鉴意义的。

第四，由于 FTA 与其他国际性文件的相互协调、支持，使得传统知识保

---

① WIPO Intergovernmental Committee on Intellectual Property and Genetic Resources, Traditional Knowledge and Folklore, Composite Study on the Protection of Traditional Knowledge, WIPO/GRTKF/IC/5/8 (Apr. 28, 2003).

② 陈碧贤:《传统知识保护在现代知识产权制度下的困境及出路》,《广西政法管理干部学院学报》2011 年第 1 期，第 45—46 页。

护更具有适宜时代发展的人权基础。英国学者米尔恩指出：人权一定要是普遍的道德权利，而尊重人权是普遍的最低限度的道德标准的要求。传统知识作为传统社区与原住居民创造的宝贵的精神财富，其对社会的发展做出了重大的贡献，这两者在本源上具有一致性，在发展之初就有一定的交集——对发明者及作者的合理对待和公共利益共同构成了知识产权的根基，而《世界人权宣言》将人权保护引入国际保护，知识产权本身也作为一项经济权利受到相关人权公约的保护。因此，在 FTA 框架下，传统知识保护的人权基础相对坚实。

第五，以 FTA 为依托，传统知识保护具有其独特的产权基础。简单来讲，FTA 是各国借以发展经济、开展经贸往来的桥梁。以刺激经济发展为导向，各国依据 FTA 协议进行传统知识保护也更有热情和动力。17 世纪英国哲学家约翰·洛克提出的财产权理论指出，“人们既生来就享有完全自由的权利——不受控制地享受自然法的一切权利和利益，他就自然享有一种权利——可以保有他的所有物——即他的生命、自由和财产——不受其他人的损害和侵犯。”该理论有两个虚拟前提：（1）留有足够的同样好的东西给其他人所共有；（2）以供享用为取得财产的限度，不得造成浪费①。那么因传统社区居民的劳动渗入而使得某种人类共有物变成由传统社区居民所共有的传统知识便也是符合上帝的旨意的，是理所应当的。之后在 18 世纪英国哲学家休谟又提出，确立财产权的原因主要有：（1）内在方面，人的利己本性；（2）外在方面，自然财富的稀缺性。休谟的财产权理论说明，在现实生活中，仅仅依靠人类对传统知识的认同并不足以给传统知识的存续提供足够的空间，人们需要的是以法律规则的方式对传统知识加以有效保护。而且以法律保护传统知识不但要考虑传统知识所有人的个人利益，还要考虑传统社区居民的共同利益，包括对传统社区居民的利益共同感的认可以及对传统社区文化的尊重等。两位哲学家的财产权理论均可以运用到传统知识保护领域，为依靠 FTA 进行传统知识的法律保护奠定了坚实的理论基础。

---

① 卫欢：《传统知识法律保护的产权基础——洛克与休谟财产权理论评述》，《大连海事大学学报（社会科学版）》2010 年第 5 期，第 59—62 页。

三、传统知识的保护与 FTA 进程

虽然大部分国家都认同传统知识的存在、保护的必要性以及惠益分享等原则性问题，并已基本达成共识，但在确定传统知识定义、保护方式以及跨界惠益分享等方面仍然存在诸多争议。因此，为使传统知识的国家间保护问题获得实质性进展，更多的国家开始关注双边或多边自由贸易协定的谈判和签署。截至 2018 年 12 月 31 日，在已生效的 RTA 中，含有传统知识条款的共有 40 项，缔约方包括中国、美国、欧盟、日本、韩国、加拿大、澳大利亚等主要经济体国家及地区，以及哥斯达黎加、秘鲁、哥伦比亚等中南美洲国家。

表 2-1 部分传统知识相关 RTA/FTA 协定①

序号	FTA 名称	生效日期	具体条款
1	中国—新西兰	2008. 10. 1	第 165 条
2	中国—东盟	2005. 1. 1	第 3 条
3	中国—哥斯达黎加	2011. 8. 1	第 111 条、第 117 条
4	中国—秘鲁	2010. 3. 1	第 145 条、第 148 条
5	中国—澳大利亚	2015. 12. 20	第 17 条
6	中国—格鲁吉亚	2018. 1. 1	第 16 条
7	中国—韩国	2015. 12. 20	第 15. 17 条
8	中国—瑞士	2014. 7. 1	第 11. 9 条、附件六
9	中国香港—新西兰	2011. 1. 3	第 8 条
10	东盟—澳大利亚—新西兰	2010. 1. 1	第 8 条

① 作者根据 WTO/RTA 数据库自行整理，截止时间为 2018 年 12 月 31 日。具体条款详见《附录：传统知识相关 FTA》。

续　表

序号	FTA 名称	生效日期	具体条款
11	日本—泰国	2007. 11. 1	第 143 条
12	日本—印度尼西亚	2008. 7. 1	第 123 条
13	韩国—秘鲁	2011. 8. 1	第 17. 5 条
14	韩国—欧盟	2011. 7. 1	第 10. 40 条
15	韩国—新西兰	2015. 12. 20	第 11. 10 条
16	马来西亚—新西兰	2010. 8. 1	第 11. 4 条、第 11. 6 条
17	泰国—新西兰	2005. 7. 1	第 12. 5 条
18	新加坡—哥斯达黎加	2013. 7. 1	第 13. 3 条
19	欧盟—东部南部非洲国家	2012. 2. 9	附件 4
20	欧盟—CARIFORUM	2008. 12. 29	第 150 条
21	欧盟—哥伦比亚、秘鲁	2013. 3. 1	第 201 条
22	欧盟—SADC	2016. 10. 10	第 16 条
23	欧盟—乌克兰	2014. 4. 23	第 229 条
24	EFTA—CENTRAL AMERICA	2014. 8. 19	附件：19 第 9 条
25	EFTA—哥伦比亚	2011. 7. 1	第 6. 5 条
26	EFTA—秘鲁	2011. 7. 1	第 6. 5 条
27	哥斯达黎加—哥伦比亚	2016. 8. 1	第 9. 5 条
28	哥斯达黎加—秘鲁	2013. 6. 1	第 9. 5 条
29	洪都拉斯—秘鲁	2017. 1. 1	第 9. 5 条
30	巴拿马—秘鲁	2012. 5. 1	第 9. 5 条
31	加拿大—秘鲁	2009. 8. 1	第 1702 条

续 表

序号	FTA 名称	生效日期	具体条款
32	ECOTA	1992. 2. 17	第 19 条
33	CP—TPP	2018. 12. 3	前言
34	美国—秘鲁	2009. 2. 1	谅解书（2006. 4. 12）
35	美国—巴拿马	2012. 10. 31	部长信函（2007. 6. 28）
36	美国—哥伦比亚	2012. 5. 15	第 18. 11 条第 3 款、第 4 款

从现已生效的 FTA 来看，越来越多的国家将 FTA 谈判作为对传统知识问题施加最后压力的平台。在过去 15 年（2004—2018）中，共有 327 项 FTA 通报已生效，但实际生效的 FTA 为 183 项，每年平均有 12. 2 项的 FTA 生效，其中 2009 年实际生效的 FTA 数量达到 18 项。

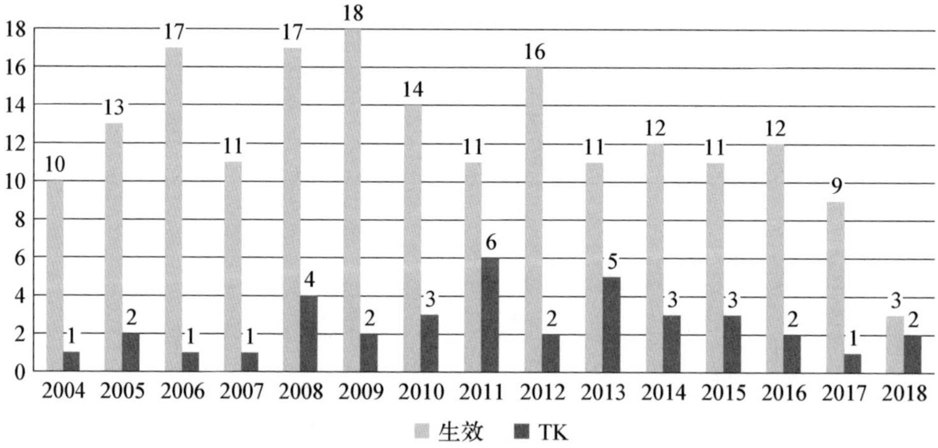

表 2－2　生效 FTA 及含有传统知识的 FTA 数量（2004—2018）

此外，越来越多不同经济发展水平的国家在 FTA 谈判中开始关注传统知识问题。截至 2018 年 12 月，共有 84 个国家和独立关税区参与签署包含传统知识的 FTA，包括欧洲大部分国家和赤道地区的大部分国家。市场经济国家政府间国际经济组织—经济合作与发展组织国家（Organization for Economic

Co-operation and Development，以下简称 OECD 国家[①]）作为一方或双方签署的传统知识相关 FTA 共有 27 项，其中欧盟和韩国签署了第一份 OECD 国家之间含有传统知识条款的 FTA。从签署 FTA 的数量来看，中国签署了 13 项，秘鲁签署了 10 项，新西兰签署了 8 项，哥斯达黎加签署了 5 项，韩国签署了 4 项，美国签署了 3 项，欧盟、欧洲自由贸易联盟（European Free Trade Association，EFTA）、东南亚国家联盟、南部非洲发展共同体（Southern African Development Community，SADC）以及加勒比国家论坛（Cariforum）则作为单独主体与上述国家签署 FTA。此外，2018 年 12 月 30 日生效的全面与进步跨太平洋伙伴关系协定（Comprehensive and Progressive Agreement for Trans-Pacific Partnership，CPTPP）也包含传统知识条款。

WIPO 对传统知识保护的综合研究报告表明，“一个清晰、透明和有效的传统知识保护体系不仅为传统知识的所有者，而且为整个社会——包括公司和研究机构这些传统知识所有人的潜在合作者——增加法律保障和可预见性。”[②] 如果 WIPO、WTO 以及 UNEP 等国际组织正在讨论传统知识的国际保护是国际条约造法历程的话，诸多已生效的 FTA 中所含有的传统知识条款是相关国家传统知识保护的实践，是国际习惯法形成的过程。虽然相应条款文本形式各异、内容包罗万象、效力参差不齐，但是正如上述分析，含有传统知识条款的 FTA 数量递增，这充分说明了传统知识的国际保护是国际法发展的必然趋势。

第二节 FTA 中传统知识保护条款的结构性分析

一、传统知识的保护

在上述 FTA 中，虽然大部分 FTA 规定了成员方对传统知识保护的相关

---

① http：//www.oecd.org/about/membersandpartners/#d.en.194378，截至 2018 年 12 月 31 日，OECD 共有 36 个成员国，最后访问日期：2019 年 1 月 21 日。

② WIPO Intergovernmental Committee on Intellectual Property and Genetic Resources, Traditional Knowledge and Folklore, Composite Study on the Protection of Traditional Knowledge, WIPO/GRTKF/IC/5/8 (Apr. 28, 2003).

内容，但其效力却参差不齐。

从文本内容来看，可分为以下两种形式：第一种，约定成员国依据其国际义务或国内法，为保护传统知识可以建立适当的措施，如新西兰与马来西亚的 FTA 第 11.6 条规定，“在遵守各缔约方的国际义务的前提下，各缔约方为保护传统知识可建立适当的措施”①；或者约定同意就建立和完善保护传统知识的法律制度加强合作，如中国与东盟的 FTA 第 3 条规定，“依据各自的内部法律和法规，参与各方将承认遗传资源、传统知识和民间文学艺术对各自国家科技、文化和经济发展所做出的贡献，同意就建立和完善保护遗传资源、传统知识和民间文学艺术的法律制度加强合作，交流信息和经验。”② 从条款约文来看，只承认成员方在传统知识保护方面的独立立法权，而未约定双方强制性的保护义务，因此不具有普遍约束力，只具有宣言性效力。第二种，明确约定成员方的保护义务及实施措施。如部分 FTA 条款规定“须保护用于商业目的的土著人员、当地以及少数民族社区的传统知识的创造”，将保护范围仅限于“商业目的”的传统知识。但该 FTA 条款明确了成员方的保护义务及具体实施措施，从而与上述其他 FTA 协定形成鲜明的对比。

二、承认传统知识的重要性和价值

在上述 FTA 中，明文确认传统知识的价值和重要性或贡献的有 8 项，其中秘鲁为一方成员国的 FTA 有 8 项③，中国为一方成员国的 FTA 有 4 项④，哥斯达黎加、美国为一方成员国的 FTA 有 2 项⑤，EU、EFTA 为一方成员国

① New Zealand and Malaysia Free Trade Agreement，2010 年 8 月 1 日。

② ASEAN-China PSA，2005 年 1 月 1 日（货物贸易）。

③ 分别为：Peru-China Free Trade Agreement，2010 年 3 月 1 日；Peru-South Korea Free Trade Agreement，2011 年 8 月 1 日；USA-Peru Free Trade Agreement，2009 年 2 月 1 日；EFTA-Peru Free Trade Agreement，2011 年 7 月 1 日；EU-Colombia-Peru Free Trade Agreement，2013 年 3 月 1 日；Costarica-Peru Free Trade Agreement，2013 年 6 月 1 日；Honduras-Peru Free Trade Agreement，2017 年 1 月 1 日；Panama-Peru Free Trade Agreement，2012 年 5 月 1 日。

④ 分别为：ASEAN-China PSA，2005 年 1 月 1 日（货物贸易）；China-Costa Rica Free Trade Agreement，2011 年 8 月 1 日；China-South Korea Free Trade Agreement，2015 年 12 月 20 日；China-Switzerland Free Trade Agreement，2014 年 7 月 1 日。

⑤ Singapore-Costarica Free Trade Agreement，2013 年 7 月 1 日；Colombia-Costarica Free Trade Agreement，2016 年 8 月 1 日；USA-Panama Free Trade Agreement，2007 年 6 月 28 日美国商务部部长致巴拿马商业和工业部部长的信函；USA-Colombia TPA，2012 年 5 月 15 日。

的 FTA 各有 1 项[①]。

从文本内容来看，可分为以下三种形式：第一种，FTA 条文中明确规定“成员国承认传统知识对科学、文化和经济发展所做出的贡献、重要性或价值”，并基于此继续就传统知识保护进行合作，采取原则性承认的方式。中国参与的 FTA 采取上述模式，这与中国目前尚未完全建立传统知识相关法律制度及政策有密切关系。第二种，通过 FTA 附属交换信函的方式承认成员国对“传统知识对人民的重要性或者对文化、经济以及社会发展的潜在贡献”，表述极为委婉。美国虽然在诸多 FTA 谈判中被提起过传统知识的保护问题，但始终未在 FTA 正式文本中明文确认传统知识的贡献或价值，只采取交换信函的方式对传统知识的重要性予以认可。第三种，采取 WIPO 的草案及其类似的表述方式，在 FTA 文本中明确约定“成员方认识到传统知识的价值与重要性，同时认识到土著居民和地方社区的知识、创新和实践为保存和持续利用生物多样性所做出的过去、现在和未来的贡献”，并较详细规定了传统知识的知情同意、惠益分享以及司法制裁等条款，为 FTA 的传统知识保护提供了较好的范本。秘鲁、哥伦比亚等南美国家和 EFTA 所签署的 FTA 均具有上述特征。

三、遗传资源的获取与知情同意

在上述 FTA 中，涉及遗传资源的获取及知情同意条款的有中国—哥斯达黎加、中国—秘鲁、中国—韩国、中国—瑞士、秘鲁—韩国、美国—秘鲁、EFTA—哥伦比亚、EFTA—秘鲁、EFTA—Central America[②]、EU—韩国、EU—Cariforum[③]、EU—哥伦比亚—秘鲁、哥斯达黎加—哥伦比亚、哥斯达黎加—秘鲁、洪都拉斯—秘鲁、巴拿马—秘鲁等 20 项 FTA。

从文本内容来看，可分为以下三种形式：第一种，FTA 中约定“在专利申请中披露遗传资源的起源或者来源，以及履行事先知情同意的义务”，但

① 分别为：EFTA-Colombia Free Trade Agreement，2011 年 7 月 1 日；EU-South Korea Free Trade Agreement，2011 年 7 月 1 日。

② EFTA-Central America（Costarica-Panama）Free Trade Agreement，2014 年 8 月 19 日。

③ EU-Cariforum Free Trade Agreement，2008 年 11 月 1 日。

其前提是根据国际谈判结果而定，中国和哥斯达黎加、中国和秘鲁所签署的FTA采取的是上述模式。第二种，FTA中明文规定“成员方保护土著人民及地方社区获取遗传资源和传统知识的义务，同时保障参与获得惠益公平分享的义务”，并且强调通过登记、营销等特殊制度（special system）来保护。第三种，FTA中不仅要求“专利申请人提供已获取资源的声明之外，要求其完成事前知情同意”，而且还规定了“专利申请人未履行上述义务时可能承担的行政、民事或刑事制裁措施”，比较完整地规定了遗传资源获取人的义务和未履行义务时的惩罚措施，EFTA和哥伦比亚以及秘鲁签署的FTA采取的是这种模式。

四、惠益分享

在上述FTA中，涉及惠益分享条款的有中国—哥斯达黎加、中国—秘鲁、中国—韩国、中国—瑞士、韩国—秘鲁、美国—秘鲁、EFTA—哥伦比亚、EFTA—秘鲁、EFTA—Central America、EU—韩国、EU—Cariforum、EU—哥伦比亚和秘鲁、EU—乌克兰、新加坡—哥斯达黎加、哥斯达黎加—哥伦比亚、哥斯达黎加—秘鲁、洪都拉斯—秘鲁、巴拿马—秘鲁等22项。

从文本内容来看，可分为以下三种形式：第一种，FTA文本里未明确规定惠益分享条款，只在合作内容中约定就此问题进行信息交流与合作，中国与哥斯达黎加和秘鲁签署的FTA就采取上述模式。第二种，FTA文本中明确成员方应当适当采取立法、行政或政策措施，以保障利用遗传资源或相关传统知识所产生的利益的公平和平等分享，EFTA、EU、韩国和南美国家签署的FTA采取了上述模式。第三种，建议“使用方和提供方企业来解决惠益分享问题”，政府并不参与制定相关法律和政策。美国和秘鲁FTA签署后达成的生物多样性和传统知识相关谅解书就采取了上述模式。遗传资源和遗传资源相关传统知识所产生的惠益分享是《名古屋议定书》中已确定的原则，需要成员方通过立法以及相关行政措施保证其切实实施。美国和秘鲁签署的FTA将惠益分享问题交给传统知识的持有人和使用者私人解决，貌似符合意思自治原则，但其结果可能导致减少传统知识持有人的利益，因为相对传统知识使用者而言，传统知识的持有人缺乏信息来源，谈判能力相对较弱，可能导致其无法有效保护自身的利益。

五、司法机制

在上述 FTA 中，唯独 EFTA 和哥伦比亚、EFTA 和秘鲁之间签署的 FTA 第 6.5.5 条明文规定，"就发明人或专利申请人故意作出错误的或者令人误解的原产地或者来源地声明时，成员方根据其法律采取行政、民事或刑事制裁措施"。该条作为获取遗传资源和事前知情同意权的补充规定，强调对虚假提供来源信息的发明人或专利申请人的制裁，是实施获取遗传资源和事前知情同意制度的重要保障。但该条未就边境措施及争议解决的法律渊源、争端解决机构等内容作出相应规定，从而可能导致争议双方就法律依据及法院管辖问题产生争议，最终因无法实际提起争端解决诉讼而无疾而终。

六、合作

在上述 FTA 中，明文规定成员方之间合作条款的主要有中国—东盟、中国—哥斯达黎加、中国—秘鲁、中国—韩国、泰国—新西兰、秘鲁—韩国、美国—巴拿马、EU—韩国、EU—Cariforum①、EU—哥伦比亚和秘鲁、EU—SADC②、EU—乌克兰、哥斯达黎加—哥伦比亚、哥斯达黎加—秘鲁，以及巴拿马—秘鲁 FTA 等。

从文本内容来看，可分为两种模式：第一种，成员方就其传统知识相关立法、司法以及行政活动交换信息方面进行合作，如中国—哥斯达黎加 FTA 第 117 条第 1 款规定，双方就"保持和持续利用生物多样性的情况、防止非法获取遗传资源、传统知识及其创新和实践方面的行动以及有关公平分享利用遗传资源、传统知识及其创新和实践所获得的收益的国内程序"交换信息活动中开展双方合作。第二种，成员方就其在国际组织中有关传统知识保护方面的立场和观点定期交换信息，并根据多边谈判的结果修改 FTA 相关条

① 虽然秘鲁—韩国、美国—巴拿马、EU—韩国和 EU—Cariforum 中未明文规定"合作"，但其内容包含信息交流领域的成员方之间的合作。

② EU-SADC Free Trade Agreement，2016 年 10 月 10 日。

款，如 EU—韩国 FTA 第 10.40 条第 2、3 款规定，成员方同意定期交换 WIPO、WTO 以及 CBD 讨论中传统知识保护相关议题的观点和信息，并根据多边谈判结果，在任何成员方的请求下，成员方同意在贸易委员会中进行复审，并促使复审结果有效。不管是其自身法律制度的调整，还是国际多边谈判过程中的成员方立场统一，只要共同推动传统知识的保护就有合作之意义。

七、其他

在上述 FTA 中，除 FTA 正文中规定传统知识相关条款之外，以附件形式约定具体内容的仅为一项，即为约定卫生体制下的中医药报销事宜的中国—瑞士 FTA 的《附件六：卫生体制下的中医药报销》。中医药作为中国传统知识的重要组成部分，其在国内外的保护和推广日显重要，而作为医药品能否被一国纳入基本医疗保险计划则对中医药的推广和实质性保护至关重要。中国—瑞士 FTA 将包括针灸在内的中医纳入瑞士基本医疗保险以及修改相关保险法事宜作出约定无疑是一件非常具有指导意义的 FTA 实践。

第三节　主要国家参与的 FTA 中传统知识相关条款分析

一、美国参与的 FTA 与传统知识

美国作为参与 FTA 谈判最为活跃的国家之一，截至 2018 年 12 月 31 日，仍有效的 FTA 共有 14 项[①]，但没有一项 FTA 文本以传统知识为条款主题，这与美国在 WTO 中有关传统知识问题的立场相吻合。

美国一贯主张遗传资源和传统知识相关“信息披露与专利效力挂钩的做法会增加专利审批机构和申请人的额外负担以及专利制度的不确定性”，[②]

① http：//rtais. wto. org/UI/PublicSearchByMemberResult. aspx？ MemberCode = 840&lang = 1&redirect = 1，最后访问日期：2019 年 2 月 18 日。

② IP/C/W/469，13 Mar，2006.

不主张通过 WTO 的 TRIPs 协定解决，认为“国内和地方法律法规可为规范传统知识的供方和需方间的契约而被采纳”，[①] 因此美国拒绝在 FTA 谈判中涉及传统知识的保护问题。比如 FTAA 谈判过程中，安第斯集团曾提案使得“FTAA 成为第一个就签署国赋予的专利相关所有生物多样性使用来源公开、事前通告同意以及惠益分享机制的自由贸易协定”[②]；在 US-Andean FTA 谈判中，安第斯集团一再重申，“安第斯国家的基本目标是保障任何未得到遗传和生物资源的所有者以及传统知识的所有者授权的专利在美国获得，不管这些所有者是土著居民、美国非洲移民还是地方社区”[③]，以此制定相互间可规范基于本国生物多样性和传统知识的来源在美国申请专利的公司以及研究者行为的规则及条件，最终旨在规范在美国获得专利的行为。但在上述两项 FTA 谈判中，美国对安第斯集团提出的传统知识的保护提案置之不理，因为美国认为这将削弱美国企业及研究人员的经济利益。

在美国—秘鲁 FTA 中，双方通过签署《生物多样性及传统知识相关谅解书》，就生物多样性及传统知识问题达成了“从古有的权利者中获取遗传资源之前获得该权利者事前通知同意；平等地分享使用传统知识和遗传资源产生的惠益；全面推进专利实质审查，以确保授予专利的条件感到满意”的协议，从而似乎体现美国在传统知识保护问题上做出了让步。但双方同时约定，“双方认识到获取遗传资源或传统知识，又从这些遗传资源或传统知识中公平分享惠益，通过反映使用者和所有者之间的共同商定的条件，可以得到充分解决”[④]，从而给私人之间的契约合作开启了一个可操作的空间。但在信息不对等、技术条件不对等的现状下，这会造成更多的因保护传统知识使用者的利益，而给传统知识及遗传资源的持有者可能产生不利的后果的现象。

---

① IP/C/W/257, 3 Apr, 2001.

② GRAIN in collaboration with Silvia Rodriguez Cervantes, “FTAs: Trading away Traditional Knowledge”, www. grain. org/briefings/? id=196，最后访问日期：2018 年 9 月 8 日。

③ GRAIN in collaboration with Silvia Rodriguez Cervantes, “FTAs: Trading away Traditional Knowledge”, www. grain. org/briefings/? id=196，最后访问日期：2018 年 9 月 8 日。

④ Understanding Regarding Biodiversity and Traditional Knowledge, April 12, 2006, http: //www. ustr. gov/assets/ Trade_Agreements/Bilateral/Peru_TPA/Final_Texts/asset_upload_file719_9535. pdf，最后访问日期：2018 年 8 月 10 日。

二、EU 参与的 FTA 与传统知识

EU 作为世界三大经济体之一，也是区域自由贸易协定的主要推动者和参与者。截至目前，EU 参与并已生效的 FTA 共有 43 项[①]，其中包含传统知识保护条款的 FTA 有 EU—东部南部非洲国家、EU—韩国、EU—Cariforum、EU—哥伦比亚和秘鲁、EU—SADC、EU—乌克兰之间签署的 FTA 等 6 项，相比美国而言，EU 在传统知识保护方面采取了更为积极的措施。

第一，欧盟签署传统知识相关 FTA 具有普遍性，其成员国不仅包含了非洲国家、南美国家等发展中国家，而且作为 OECD 成员国的韩国亦与欧盟签署了包含传统知识保护条款的 FTA。

第二，欧盟签署的 FTA 对传统知识的保护实践提出清晰明确的框架。特别是欧盟—Cariforum States EPA 中，不仅强调了尊重、保护和维持传统知识的重要性，而且再次确认了在传统知识所有者的参与和同意下的更为广泛的应用，以及由此产生的惠益的公平分享原则。在此基础上，约定了通过国内立法及国际上商定的特殊制度保护传统知识，在 WTO、WIPO 及 CBD 等多边谈判中定期交换观点和信息的合作原则，以及根据多边谈判结果复审和修改 FTA 等条款。此外，作为行政措施的一部分，规定了使用发明所需生物材料的发明专利申请要求，明确申请人鉴定所使用的生物材料来源的义务。这些规定对于传统知识的实际操作提供了较为清晰的框架和保护方向，为推动传统知识的国际法律保护起到举足轻重的作用。

第三，首次提出通过地理标志的确立方式保护和保存传统知识。TRIPs 协议第 22 条第 1 款将地理标志定义为“标志出某商品来源于某成员地域内，或来源于该地域中的地区或某地方，该商品的特定质量、信誉或其他特征主要与该地理来源有关”。欧盟历来是地理标志制度的推崇者，自然没有放弃将地理标志制度与传统知识保护制度的融合。虽然通过确立地理标志保护传统知识的主张并非首次提出，但欧盟—Cariforum States EPA 第 164 条 C 款提请成员国注意通过地理标志的确立方式保护和保存传统知识和生物多样性，

---

① http：//rtais. wto. org/UI/PublicSearchByMemberResult. aspx？ MemberCode = 918&lang = 1&redirect = 1，最后访问日期：2019 年 2 月 28 日。

从而开辟出在 FTA 中通过地理标志保护传统知识的新路径。

三、拉丁美洲国家参与的 FTA 与传统知识

在上述 FTA 中，拉丁美洲国家作为成员方的 FTA 数量占总数的 50%，为总数的 50%。这与具有丰富遗传资源及传统知识的赤道附近热带雨林区域的拉丁美洲国家地理位置息息相关，也与拉丁美洲国家积极参与和推动传统知识国际保护的努力密不可分。

第一，除了与美国和加拿大签署的 FTA 中未将传统知识的保护作为一个单独体系加以阐述之外，其余 FTA 均单列传统知识保护条款，并普遍规定了传统知识的保护原则、保护模式、知情同意以及惠益分享等基本制度。

第二，强调传统知识保护中特殊制度的建立。如部分 FTA 条款规定，“成员方通过特殊的知识产权登记制度保护传统知识”，从而强调传统知识的保护应有别于现有知识产权制度的特殊制度。虽然未明确特殊制度的具体内容，但欧盟—Cariforum States EPA 第 150 条第 2 款也强调了成员方为了传统知识的法律保护，约定继续完成和发展国际上达成一致的特殊模式。

第三，首次确立行政与司法制裁措施。EFTA—哥伦比亚和 EFTA—秘鲁 FTA 第 6.5 条第 6 款都规定了当基于遗传资源申请专利的申请人虚假提供来源信息的制裁措施，既是作为获取遗传资源和事前知情同意权的重要补充，也是实施获取遗传资源和事前知情同意制度的重要保障。

四、美国参与的和非美国参与的 FTA 对传统知识保护的相同点和不同点

1. 相同点

首先，对传统知识的法律保护，FTA 文本主要集中在知识产权的保护。即给予传统知识知识产权的法律地位。不少 FTA 文本都提到“各缔约方基于各方的国际责任，各方将采取合理措施保护传统知识、遗传资源、民间工艺”，或者“各方认识到传统知识的保护和可持续发展的重要性，各方将采取合适举措维护传统知识的可持续发展”，等等。这在美国参与的 FTA 文本以及其他国家参与的 FTA 文本中都有体现。

其次，传统知识的法律保护通常聚焦于专利权保护，所适用的国际条约主要为TRIPs协议，尤其是TRIPs协议第27条有关专利权的规定最为常见。TRIPs理事会首次关注传统知识的国际保护议题是2001年11月14日通过的《多哈部长宣言》所列举的一系列新一轮多边贸易谈判以及各分理事会应当优先审议的议题之一。[①] 虽然围绕该议题的谈判至今尚未取得实质性进展，但TRIPs协议为传统知识的国际保护提供了坚实的基础。一方面，基于TRIPs框架保护传统知识的正当性和相容性，为保护传统知识创建了学理基础；另一方面，基于TRIPs框架保护传统知识的路径、规则和步骤，为保护传统知识的制度建构提供了参考模式。TRIPs第27条第1款规定："在遵守第2款和第3款规定的前提下，专利可授予所有技术领域的任何发明，无论是产品还是方法，只要它们具有新颖性、包含发明性步骤，并可供工业应用。在遵守第65条第4款、第70条第8款和本条第3款规定的前提下，对于专利的获得和专利权的享受不因发明地点、技术领域，产品是进口的还是当地生产的而受到歧视。"在这里，新颖性、创造性（"包含发明性步骤"）是相对于在先知识或公开知识而言的，对它们的判断通过与在先知识的对比来实现。将传统知识纳入在先知识的对比源中，就能防止或减少对传统知识不当地授予专利权。

再次，在保护传统知识的过程中，很重要的一方面就是生物多样性的保护，以及因利用遗传基因而产生的惠益之分享。各方签订的FTA中通常涉及的国际条约包括1991年《保护生物多样性公约》和《名古屋议定书》。据估计，目前3/4的植物药方已经被发现，全世界这些药用植物每年创造的市场价值大约为430亿美元。许多跨国医药公司已委托生物学家在海底、草原、雨林、珊瑚礁等生态环境中，寻找治疗癌症、艾滋病等疑难病症的特效药。[②] 各国以《保护生物多样性公约》和《名古屋议定书》作为FTA主要内容就意味着各国就生物多样性的保护及利用达成了普遍共识。

---

① The Doha Ministerial Declaration，https：//www. wto. org/english/thewto _ e/minist _ e/min01_e/mindecl_e. htm，最后访问日期：2019年5月3日。

② 覃炜斐：《传统知识蕴藏的神奇医药价值》，《现代企业文化》2010年第11期，第193—194页。

2. 不同点

首先，美国参与的 FTA 中传统知识的保护相关条款比其他国家少。美国与其他国家签订的 FTA 文本不胜枚举，但是其中涉及传统知识的 FTA 所占比例不大，这主要与美国的知识产权战略有关。在传统知识的利用方面，美国往往是利用者一方，代表基于传统医药知识获得新药专利的权利人利益，故这种经济利益驱使美国在与其他国家签订 FTA 时往往对传统知识的保护避而不谈或者尽可能降低保护标准。

其次，美国参与的 FTA 对于保护传统知识规定内容相对模糊，可操作性较差，而其他国家参与的 FTA 内容相对详细具体。美国参与的 FTA 对于传统知识的保护一般只是在其他条款中象征性或者框架性地提及，对于具体怎么实施保护措施却没有很明确的规定。例如，美国—巴拿马 FTA 的《巴拿马部长和美国贸易代表部部长信函》中提到了“缔约各方认识到保护传统知识和民间文学艺术对其人民的重要性”，但未明确具体的保护措施。与此相反，尽管其他国家参与的 FTA 文本中也存在一笔带过的情形，但是大部分 FTA 则设专章规定传统知识相关条款，如 EU-Cariforum States EPA 第 150 条。该条分 6 个条款对保护传统知识、遗传资源和民间工艺作了规定，要求各缔约方对传统知识的法律保护要上升到国内立法和国际组织的具体事务中。

五、未来 FTA 中关于传统知识条款的前景预测

第一，传统知识保护将成为 FTA 的核心条款之一。如果土地和奴隶的争夺是古代国家间冲突的主要原因，那么矿产资源的争夺是近现代国际法上国家间冲突的根本原因。而在某种意义上，作为现代科学技术和文化发展提供支撑的传统知识，是未来社会可持续发展的第一资源也是最重要的资源，也将是未来国际法上国家间冲突的核心要因之一。随着对传统知识相关利益群体的增加，争夺传统知识的所有权及参与惠益分配权的角逐将日益激烈，在 WTO 多边贸易谈判机制不能有效行使其职能前，FTA 将为各国之间传统知识相关争议提供最为有效、便捷的解决途径。

第二，进一步明确和调整传统知识保护制度所调整的利益关系。现阶段，各国已经普遍达成共识，认为传统知识的保护主要是保护其利益主体，

即传统知识的持有者和传统知识的利用者。前者是创造和传承传统知识的传统社区或传统部落，而后者是传统知识的利用者，他们是传播和使用传统知识的现代公民和机构。二者因传统知识的创造、传承、传播和使用所产生的惠益关系，就是传统知识保护制度所调整的对象。但是如同 WIPO 的《保护传统知识条款草案》第 12 条跨境合作所指出的那样，传统知识处于不同国家时则出现多个传统知识的共同持有人，比如跨界民族所共有的传统医药，传统知识保护制度所调整的利益关系不再是传统知识持有者和利用者的一对一关系，而是多个持有人和利用者之间的三角利益关系。因此，同一传统知识处于相邻国家之间的 FTA 必然将传统知识的跨界保护纳入其文本内容。

第三，传统知识的界定更加严谨明确。随着保护传统知识成功经验和失败教训的积累，以及世界各国对于传统知识的保护的愈加重视，那些保护传统知识的模糊性、口号性条款将会越来越少，取而代之的将是独立的、系统的、完整的章节规定；有关传统知识的定义、类别划分、传统知识保护履行措施、惩罚制度、边境措施以及争端解决制度将在各类国际会议广泛交流的基础上更加清晰和明确。

第四节　中国参与的 FTA 中传统知识条款及未来策略研究

一、我国民族传统知识保护立法现状

我国民族众多，蕴藏着极为丰富、价值巨大的传统知识。对传统知识加以恰当的开发和利用，固然可以促进我国地区经济社会发展，对相关产业的发展也具有重大的现实意义。但在开发和利用传统知识的同时，必须对其传统知识利益给予适当的保护。

我国现有的保护传统知识的法规及政策文件，虽然部分涉及传统知识的保护，但更多侧重于民间传统文化的传承与保护，而未能真正为传统知识的保护提供行之有效的法律依据。

为了规范我国有关遗传资源获取与惠益分享活动，满足遗传资源监管需求，积极履行《名古屋议定书》的立法要求，我国原环境保护部于 2017 年 3 月 23 日发布了《生物遗传资源获取与惠益分享管理条例（草案）》的征求意见稿。该《管理条例（草案）》共 7 章 48 条，除总则与附则外，包括监督管理、生物遗传资源获取、生物遗传资源的惠益分享、生物遗传资源的出境管理及法律责任五个方面的内容。

1. 宪法

我国作为中医药的发源地，是世界传统医学之冠，具有悠久和深厚的传统医药知识。我国现行宪法第二十一条，虽然明文规定发展现代医药和我国传统医药，但其目的是保护人民健康，是国家发展医疗卫生事业的一环，而非以保护传统医药本身为核心内容。

2. 法律

截至目前，我国尚未制定一部以传统知识为主题的专门法律。2016 年颁布的《中华人民共和国中医药法》为继承和弘扬中医药，保障和促进中医药事业发展提供了制度支撑，其第 43 条第 2 款虽规定了中医药传统知识的获取与惠益分享制度，但尚停留在中医药领域，并未覆盖所有传统知识领域。

3. 行政法规

目前我国对传统知识的行政保护主要包括以下两个方面：

第一，关于非物质文化遗产的保护立法。从文化部、财政部以及国务院办公厅颁布实施的关于加强和实施保护非物质文化遗产的各项规定，如文化部、财政部于 2004 年 4 月 8 日发布的《关于实施中国民族民间文化保护工程的通知》；国务院办公厅于 2005 年 3 月 26 日发布的《关于加强我国非物质文化遗产保护工作的意见》；2011 年 2 月 25 日审议通过，6 月 1 日正式施行的《中华人民共和国非物质文化遗产法》，以及各省（自治区、直辖市）陆续颁布实施的民间传统文化保护条例，如 2000 年 5 月 26 日由云南省第九届人民代表大会常务委员会第十六次会议审议通过的，自 2000 年 9 月 1 日起施行的《云南省民族民间传统文化保护条例》；2002 年 7 月 30 日贵州省第九届人民代表大会常务委员会第 29 次会议审议通过的《贵州省民族民间文化保护条例》；以及 2004—2008 年，福建、广西、宁夏、江苏、新疆等省区分别出台了民族民间文化保护条例，虽然提升到国家法律层面上规定非物质文化的保护，但其宗旨仍为传统文化的传承，而未将传统知识作为权利来保护传统知识持有人的所有权。

第二，关于传统医药的行政保护立法。我国目前对中药的保护，主要是采用新药行政保护和中药品种保护两种方式。《中华人民共和国药品管理法》对新药和中药（包括蒙药）品种保护分别作出了规定。另外，国家还制定了《中药品种保护条例》《药品注册管理办法》，其中包括对少数民族传统医药的保护。各省（自治区、直辖市）也相应制定了传统医药保护内容，如自 2005 年 7 月蒙医药标准化建设项目实施以来，原内蒙古自治区卫生厅、原内蒙古自治区食品药品监督管理局和内蒙古医学院及有关方面做了大量卓有成效的工作，形成了包括《蒙医病症诊断疗效标准》《内蒙古自治区蒙药制剂规范》《蒙药材炮制规范化研究》《蒙药质量标准化研究》等一批成果。虽然中医药保护相关行政制度已基本确立，但基本未考虑中医药传统知识的特点，不仅不能保护中医药传统知识，甚至还可能阻碍中医药传统知识的传承和发展。如《中华人民共和国执业医师法》规定师带徒者可以参加执业医师资格考试，但在原卫生部《医师资格考试暂行办法》的规定下，试卷中有很多关于医师的内容，师带徒出身的民间中医很难通过。①

4. 知识产权法律保护

我国自实行知识产权制度以来，虽然在实践过程中通过《地理标志产品保护规定》，以及《中华人民共和国反不正当竞争法》提供法律保护，如西藏出入境检验检疫局根据国家质检总局《地理标志产品保护规定》的要求，认真开展相关工作，加强了对西藏藏药的地理标志保护工作，且个别知识产权法律中规定了对民间艺术作品及传统医药的保护，但其内容并不完善。比如，《中华人民共和国著作权法》已颁布实施 30 年，修订过三次，但是第六条“民间文学艺术作品的著作权保护办法由国务院另行规定”的文字表述始

① 周方：《中医药传统知识保护的法律制度构建》，《西安交通大学学报（社会科学版）》2008 年第 4 期，第 94 页。

终未得到修改，也未见国务院就此制定相关条例。

二、国外传统知识保护立法现状研究

各国政府在传统知识保护方面的做法和立场也符合各国在国际协议和国际政府间会议上的观点。在过去十年中，越来越多的国家认识到传统知识和生物多样性的价值，制定了旨在与保护和管理传统知识和生物多样性有关的使用、出口和登记的法律。①

鉴于特殊制度的提倡和发展的诸多目标，因此他们在性质上更加雄心勃勃，其不仅仅赋予知识产权法律的保护。② 没有什么可以阻止包括 WTO 成员在内的国家在国家一级发展保护不同领域传统知识的特殊制度（不论是否以知识产权为基础）。到目前为止，哥斯达黎加、巴西、巴拿马、泰国和菲律宾等国已经反映在宪法或制定相关法律。

例如，1997 年，菲律宾国会通过了《土著人民权利法案》（The Indigenous Peoples Rights Act），以“承认和促进土著文化社区/土著人民（Indigenous Cultural Communities/Indigenous Peoples，ICC/IPs）的所有权利”，包括“保护和发展 ICCs/IPs 文化、传统和制度的权利”。该法案确认了土著人民对祖传土地、自治和授权、社会正义和人权以及文化财产的权利。关于文化财产，该法案确认 ICC/IPs 对其文化和知识产权享有充分的所有权、管理权和保护的权利。生物和遗传资源以及土著知识相关保护、使用和提高“只有在按照相关社区习惯法获得该社区的自由和事先知情同意”时才可以获得该祖传土地内 ICCs/IPs 的同意。③

在印度，《生物多样性法》（The Biological Diversity Bill）第 36 条第 iv 款

---

① Michael F. Brown, Who Owns Native Culture? 140 (2003); See Manuel Ruiz et al., The Protection of Traditional Knowledge in Peru: A Comparative Perspective, 3 WASH. U. Global STUD. L. REV. 755, 762 - 771 (2004).

② Krishna Ravi Srinivas, Traditional Knowledge and Intellectual Property Rights: A Note on Issues, Some Solutions and Some Suggestions, 3 Asian J. WTO&Int'l Health L. & Pol'y 81, 93 (2008).

③ Paul Kuruk, The Role of Customary Law Under Sui Generis Frameworks of Intellectual Property Rights in Traditional and Indigenous Knowledge, 17 Ind. In'l & Comp. L. Rev. 67, 78 - 79 (2007).

通过注册生物多样性相关知识和发展特殊制度等措施保护当地人民关于生物多样性的知识。为确保公平分享生物资源和相关知识的使用所带来的惠益，第 19 条和第 21 条规定在获取这些惠益之前，必须事先获得国家生物多样性总局的批准。在批准时，国家生物多样性总局对申请者施加条款和条件，以确保公平分享惠益。①

尽管俄罗斯联邦政府从未对传统知识采取任何形式的规定，但 2003 年汉特—曼西自治地区的杜马通过了《关于居住在汉特—曼西自治领土上的北方少数土著人民的民间传说的法律》（Law on The Folklore of the Numerically-small Indigenous Peoples of the North Living in the Territory of the Khanty-Mansi Autonomous Okrug），规范了俄罗斯土著人民传统知识的使用，代表一种解决与保护传统知识和传统文学艺术有关一些问题的特殊制度。该法律规定，居住在汉特—曼西自治地区的少数土著人民“以立法规定的方式得到保障，其中包括：① 保护、使用和发展其人民的民俗遗产；② 建立民俗学档案，以搜集、记录和保存与其人民的民俗传统有关的材料。”②

在一些亚洲国家的实践中，我们还可以发现将知识产权法律扩大适用到传统知识保护的情景：一种是将 UPOV 式立法模式适用于农民在育种方面的创新并予以承认和奖励③；另一种是将传统知识相关民族标识以工业设计和商标等知识产权法律予以保护，如哈萨克斯坦就是其典型。

在哈萨克斯坦，民族服装的外观、头饰、地毯、马鞍装饰品等的结构要素，以及手镯、餐具、妇女服饰配件等，都作为工业设计受到保护，且含有

---

① Carlos M. Correa, Traditional Knowledge and Intellectual Property：-Issues and Options surrounding the protection of traditional Knowledge, at 4, https：//www. researchgate. net/profile/Baruch_ Brody/publication/ 49659959 _ Traditional _ Knowledge _ and _ Intellectual _ Property/links/02e7e5331b78c7ff15000000/Traditional-Knowledge-and-Intellectual-Property. pdf，最后访问日期：2019 年 5 月 3 日。

② Michael Newcity, Protecting the Traditional Knowledge and Cultural Expressions of Russia's "Numerically-small" Indigenous Peoples：What Has Been Done, What Remains To Be Done, *15 Tex. Wesleyan L. Rev. 357*, 411－412 (Spring 2009).

③ GRAIN and Kalpavriksh, Traditional Knowledge of Biodiversity in Asia-Pacific：Problems of Piracy and Protection, at. 9 (Nov. 2002), https：//www. grain. org/article/entries/81-traditional-knowledge-of-biodiversity-in-asia-pacific-problems-of-piracy-and-protection，最后访问日期：2019 年 5 月 3 日。

哈萨克族装饰元素的标识作为商标进行注册予以保护。[1]

澳大利亚、加拿大、新西兰、葡萄牙和其他一些工业化国家也有使用商标，特别是用认证标志来保护传统知识和民间文学艺术的例子。例如，在加拿大，从传统艺术和艺术作品到食品、服装、旅游服务，以及第一民族（First Nations）经营的企业，土著人民使用包括认证标志在内的商标来识别各种商品和服务，许多土著企业和组织已经注册了与传统符号和名称有关的商标。在加拿大，版权法也已广泛应用于土著艺术家、作曲家和作家的基于传统的作品，如太平洋沿岸木雕艺术家的面具和图腾柱、海达（Haida）的银首饰艺术家、土著艺术家的歌曲和声音，以及因纽特人的雕塑。[2]

然而，美国尚未在法律上接受传统知识的重要性。有关土著人民传统知识的案例研究表明，美国专利局决定或美国法院判决拒绝将专利权授予传统知识的持有者，其原因仅仅是这种传统知识不符合专利法对新颖性的要求。在 Ayahuasca 一案中，亚马逊土著人民社区主张，这项专利“实际上不是独特的或新颖的，未达到专利法中新颖性要求。同时，其已经在科学文献中被描述过，且被亚马逊土著人民所熟知”。[3]

三、中国参与的传统知识相关 FTA 与未来策略建议

中国虽为世界第二大经济体，但是因启动双边 FTA 谈判较晚，所以，迄今已签署生效的 FTA 只有 16 项，其中涵盖传统知识相关条款的有 8 项。[4]

从其文本来看，按照签署的时间顺序，不难发现 FTA 中传统知识相关条

---

① Wend B Wendland, *Intellectual Property and the Protection of Traditional Knowledge and Cultural Expressions*, *in Art and Cultural Heritage: Law*, *Policy and Practice*, 333 (BarBara T. Hoffman ed., 2006).

② Wend B Wendland, *Intellectual Property and the Protection of Traditional Knowledge and Cultural Expressions*, *in Art and Cultural Heritage: Law*, *Policy and Practice*, 333 (BarBara T. Hoffman ed., 2006).

③ Mr. Loren Miller was granted a U.S. plant patent on a strain of the Ayahuasca vine. (U.S plant Patent No. 5751, issued June 17, 1986). Tribal community requested a reexamination of the patent in 1999, and they succeeded. Wend B Wendland, *Intellectual Property and the Protection of Traditional Knowledge and Cultural Expressions*, *in Art and Cultural Heritage: Law*, *Policy and Practice*, 333 (BarBara T. Hoffman ed., 2006), at 86.

④ 即中国—东盟、中国—新西兰、中国—哥斯达黎加、中国—秘鲁、中国—格鲁吉亚、中国—瑞士、中国—韩国、中国—澳大利亚等 8 项。

款呈现逐渐深入、逐步增加的态势。但与欧盟及拉美国家参与签署的FTA相比，中国参与的FTA对传统知识的保护只做了原则性的确认，在实质性制度上仍采取“保持协商”的基本态度。例如，在2012年2月27日生效的中国—哥斯达黎加FTA第111条规定，“成员国双方认识到遗传资源、传统知识和民间文学艺术对科学、文化和经济发展做出的贡献，并可根据国际义务和国内法律公平分享利用与保持生物多样性及持续使用其组成部分有关的传统知识、创新和实践中产生的惠益”，但就“专利申请中披露遗传资源的起源或者来源、履行事先知情同意义务，以及违反国内法律获取遗传资源并完成的发明创造是否授予专利权”等实质性问题上则采取交换信息、进一步讨论的协商态度。

中国之所以在FTA谈判中采取上述立场，是因为中国国内目前尚无传统知识保护相关立法。虽然中国也面临着诸多传统中医药在海外得不到保护、传统知识被窃取的现象，但是按照WTO的TRIPs协定建立起来的知识产权制度与传统知识的保护显然不一致，这可能是导致迟迟未能建立传统知识保护制度的原因之一，也是在谈判中不能强烈坚持传统知识保护的原因。

1. 正确认识传统知识的战略意义，宣布和实施对领土内传统知识的国家主权

传统知识及其相关遗传资源，不仅是支撑人类文明发展的基石，而且对现代人类的生活及福利具有深远的影响，与大多数发展中国家的粮食和健康问题密不可分。犹如19世纪中期至20世纪初西方工业国家为解决工业革命所需而争夺矿产等物质资源一样，在工业经济时代转入知识经济时代的现今，传统知识及其相关遗传资源无疑将成为未来国家之间争夺的主要对象。因此正确认识传统知识的战略意义，尽早确定国家对传统知识及其相关遗传资源的国际法地位是非常必要的，其中宣布和实施对领土内传统知识及其相关遗传资源的国家主权是首要任务。因为作为特定地区居住人员在长期利用本地区动植物及矿产资源的实践中积累并世代传承的知识，与土地具有不可分割的密切关系，特定的土地自然风貌是促成特定传统知识形成的基石，所以国家基于对领土和自然资源宣布和实施主权权利，不仅符合联合国宪章及决议，而且也符合国际习惯法。

2. 梳理传统知识及传统知识相关遗传资源，建立中华传统知识数据库

在 WIPO 的传统知识保护相关国际制度建设中，最为迫切的无非是“事前知情同意”和“惠益的公平分享”制度。针对传统知识的持有者而言，虽然前者是为了防止传统知识的被盗而设计，但针对传统知识的使用者而言，其却为确定需获取知情同意的权利持有人而设计。传统知识持有主体的不明确，可能导致传统知识的使用人以主体不明确为由拒绝获得同意，或者分享惠益的可能性。梳理传统知识及其相关遗传资源，建立中华传统知识数据库，在对传统知识及其相关遗传资源主权宣布的基础上，根据权利主体的性质分类记录传统知识的持有者及持有状态，是实现事前知情同意和惠益公平分享机制的重要途径。

3. 调整和完善相关法律制度，尽快构建传统知识保护相关法律制度

虽然传统知识相关规定散见在著作权法、专利法以及其他法律法规中，但其内容并不完善，且目前我国尚无一部以“传统知识”为核心命名的法律或者法规。比如，《中华人民共和国著作权法》已颁布实施 30 年，修订过三次，但是第六条“民间文学艺术作品的著作权保护办法由国务院另行规定”的文字表述始终未得到修改，也未见国务院就此制定相关条例。又如，新修订的《中华人民共和国专利法》第五条规定，“对违反法律、行政法规的规定获取或者利用遗传资源，并依赖该遗传资源完成的发明创造，不授予专利权”，但尚无一部关于遗传资源保护和利用的相关法律。尽管已有《人类遗传资源管理暂行办法》《畜禽遗传资源保种场保护区和基因库管理办法》及其进出境相关条例，但未明确畜禽之外其他动植物的遗传资源以及上述遗传资源的所有权人，从而架空了遗传资源相关专利审查制度。此外，我国原环境保护部于 2017 年 3 月 23 日发布了《生物遗传资源获取与惠益分享管理条例（草案）》的征求意见稿，对规范我国有关遗传资源获取与惠益分享活动，满足遗传资源监管需求，积极履行《名古屋议定书》的立法义务具有重要意义，但尚未正式获得立法，且仍存在诸多问题。在传统知识保护相关立法过程中，通过什么形式和制度进行保护并不重要，比如通过现有的知识产权法律制度、欧盟主张的地理标志制度，或者发展中国家主张的特殊制度皆为立法中可参考的制度，但必须相互一致，保持透明。

4. 分析各国传统知识相关 FTA 倾向，分别树立谈判战略

FTA 协商虽要求 WTO 成员遵守关税与贸易总协定第 19 条的规定，但毕竟多数是根据成员之间的贸易互补之需要而进行的谈判，所以正确把握谈判对方的需求是根本，掌握其国内相关法律制度是基础，比较分析和归纳对方已签署 FTA 的谈判倾向是必然。比如，挪威、冰岛和瑞士作为 EFTA 的成员曾与秘鲁和哥伦比亚签署了包括传统知识保护原则、知情同意和获取机制、利益分享以及司法机制在内的比较完善的传统知识相关 FTA，尽管上述条款是由南美国家提出后 EFTA 国家接受的。因此，中国在与瑞士进行 FTA 谈判时获得有利的谈判地位，并签署了一份截至目前在 FTA 历史上独一无二的附件，即《附件六：卫生体制下的中医报销》，成功将针灸等中医纳入强制医疗保险领域。

本章小结

虽然大部分国家都认同传统知识的存在及保护的必要性，并且在 WIPO 等多边谈判的努力下，传统知识的国际保护取得了一些成就，但在传统知识的保护形式、范围、期间等具体问题上，各国之间仍存在重大意见差距。而以成员国之间的双边谈判结果为基础签署的 FTA，虽要求遵守关税与贸易总协定第 19 条的规定，但毕竟多数是根据成员国之间的贸易互补之需要而签订的协议，所以较容易协调成员国的立场，因此在 FTA 框架下保护传统知识有其合理性和可行性。

美国、欧盟及中国等世界主要经济体参与签署包含传统知识条款的 FTA，充分证明传统知识保护相关习惯法律制度正在形成当中。当然，因每个成员国所立足的国家利益之不同，导致了各国（地区）传统知识保护战略的不同，恰如美国、中国及欧盟在与拉美国家签署的 FTA 中代表着反对、保持协商和积极赞同等“三种不同阶段”的立场。相反，与美国、欧盟及中国签署 FTA 的拉美国家则在传统知识保护方面逐步取得新进展。拉美国家之所以获得如此成就，不仅是因为其具有保护丰富的传统知识资源的需要，而且是因为其在传统知识保护方面早已树立了相关国内法律制度。

中国在 FTA 谈判的传统知识保护问题上所采取的保持协商立场，虽然符合现有的知识产权制度，但作为中国重要的传统知识的中医药方剂及中医治疗方法在海外得不到应有保护时，在建立国内相关法律制度的同时，应通过双边 FTA 谈判逐步推进传统知识相关中国立场。

第三章　传统中医药可持续发展与国际标准

——中韩传统医药标准法律体系比较研究

第一节　标准与中医药国际标准化

一、标准、技术法规和合格评定程序

世界贸易组织（World Trade Organization，WTO）协定中技术贸易壁垒协议（Technical Barriers to Trade，TBT）规定了三个领域：标准、技术法规和合格评定程序。这三者相辅相成，既有联系又有区别。

1. 标准及其法律性质

WTO/TBT 协议附件 1 规定，标准是“被公认机构批准的，非强制执行的，为了通用或反复使用的目的，为产品或其加工和生产方法提供规则、导则或特性的文件。标准可以包括或专门给出适用于产品、加工或生产方法的术语、符号、包装、标志或标签要求方面的内容”。① 世界标准化组织（International Organization for Standardization，ISO）和世界电工委员会（International Electrotechnical Commission，IEC）的标准定义②与 WTO/TBT 协议相差无几，但两者却存在如下区别：（1）WTO/TBT 协议中的标准是自愿采用的，但 ISO/IEC 指南 2 定义的标准可以是强制性的或自愿采用的；（2）WTO/TBT 协议包括非协商一致基础上的文件，但 ISO/IEC 标准是建立

---

① WTO/TBT 协议附件 1：2. 标准。

② ISO/IEC Guide 2（2012）指出，标准是指为在一定范围内获得最佳秩序，对活动或其结果规定共同的重复的规则、指导原则或特性的文件。该文件经协商一致制定并经一个公认机构的批准。

在协商一致的基础上制定的。中韩两国在标准定义方面亦与 ISO/IEC 保持基本一致。[①] 根据上述定义，标准是规则、指导原则或特性的文件，在以维护和促进社会整体利益为根本价值目标方面与法律规范具有相似之处，但标准则以推荐性为原则，其并非法律，故而也就不可能具有法律所特有的国家强制力的特点。尽管存在为保障人体健康、人身、财产安全的强制性标准，但其“强制性”并非标准自身的属性，而是指法律法规赋予标准实施的强制性，因为上述标准的遵守和执行是与法律的实施紧密联系在一起的，且构成法律实施的重要一环。[②]

2. 标准与技术法规

正如 ISO/IEC 的定义所揭示的，标准是技术法规的重要支撑，技术法规依靠标准作为其评定尺度。根据 ISO/IEC《指南 2：2004》的规定，技术法规是指“规定技术要求的法规，它或者直接规定技术要求，或者通过引用标准、技术规范或规程来规定技术要求，或者将标准、技术规范或规程的内容纳入法规中”。[③] 在此基础上，TBT 协议根据其目的进一步完善了技术法规的定义。[④] 但两者存在如下区别：① 在制定目的上，标准的制定旨在提升生产和流通的效率，但技术法规的制定旨在保护公共卫生、安全、环境、消费者利益，以及维护国防利益等公共利益；② 在制定过程方面，标准是由标准化机构、生产者协会以及专门学术协会等利害关系人之间协商而自发形成的，而技术法规则由政府主导制定并实施；③ 在法律效力方面，技术法规是正式的法律渊源，具有强制效力，标准尽管也是一种规范性文件，但其本身不具有强制效力；④ 标准几乎不包括行政条款，但技术法规则广泛包括

---

① 中国国家标准（GB/T 2000.1—2002）《标准化工作指南第 1 部分：标准化和相关活动的通用词汇》规定：“标准是为了在一定的范围内获得最佳秩序，经协商一致制定并由公认机构批准，共同使用和重复使用的一种规范性文件。”韩国《国际标准基本法》（法律第 13747 号，2016 年 1 月 6 日施行）第 3 条第 1 款规定：“在国家社会的所有领域中，为了提高准确性、合理性及国际性，由国家公认的科学的、技术的公共基准，包括测定标准、参照标准和成文标准在内的本法所规定的所有标准。”第 3 条第 2 款规定：“国际标准是指为便利于国家间的物质或服务的交换，增进在知识、科学、技术以及经济活动领域的国际合作而制定的基准，是国际公认的标准。”

② 杨秀英：《标准化法教程》，厦门大学出版社 2011 年版，第 18—21 页。

③ ISO/IEC《指南 2：2004》第 3.6.1 条。

④ WTO/TBT 协议附件 1：1. 技术法规指出，技术法规是强制执行的规定产品特性或其有关加工和生产方法的，包括可使用的行政（管理）规定在内的文件。

行政条款。①

3. 标准与合格评定程序

根据 ISO/IEC 颁布的《ISO/IEC 导则 2》，合格评定是指直接或间接确定是否符合规定要求的任何活动，其评价活动包括第一方、第二方、第三方的各类检验、检查、鉴定、抽样、测试、比对、验证、验收以及认证、注册和对各类机构进行的认可活动。② 而 WTO/TBT 协议中的合格评定程序定义则更加明确了合格评定程序与标准的关系，即：合格评定程序是直接或间接用来确定是否满足技术法规或标准相应规定的程序。③ 合格评定程序是以标准或技术法规为基础的，没有标准，合格评定将是没有目的和意义的，但没有合格评定，标准的价值将受到限制。④ 因此，若把国际标准化看作起点，合格评定程序则是法规链条的最终环节，决定整个链条的强度。

二、中医药国际标准化现状

随着传统医药在国际健康医疗服务体系中地位的逐渐提升，传统医药相关原材料、研究开发、治疗、设备、术语等多个领域的标准化工作在多个政府间组织和非政府间组织中得以展开。

1. 世界卫生组织及其西太平洋地区办事处

世界卫生组织（World Health Organization，WHO）及其西太平洋地区办事处（Western Pacific Region Office，WPRO）一直关注和支持传统医学的发展和推广。如 WHO 在《世界卫生组织 2002—2005 年传统医学战略》中指出，“通过扩展传统医学/补充和替代医学的知识基础并提供管理和质量保证标准方面的指导，提高传统医学/补充和替代医学的安全性、有效性和质量”

---

① 韩国国家技术标准院：标准化概要，http：//www. kats. go. kr/content. do?cmsid = 26，最后访问日期：2016 年 4 月 5 日。

② 杨秀英：《标准化法教程》，厦门大学出版社 2011 年版，第 131 页。

③ WTO/TBT 协议附件 1：3. 合格评定程序。

④ 王平、徐银香：《合格评定程序壁垒研究》，《苏州科技学院学报（社会科学版）》2003 年第 3 期，第 41—46 页。

是其战略的四个目的之一①，WHO 在《世界卫生组织 2014—2023 年传统医学战略》中亦重申了上述目标。② 此外，为了改善西太平洋区域公共卫生政策，使安全有效的传统医学实践及产品对卫生保健事业做出贡献，在 2001 年第 52 届会议上，西太平洋区域委员会批准了本区域首部《西太平洋区域传统医学区域战略（2001—2010）》，为区域内国家传统医学规划提供了一个框架。③ 10 年之后，因为知识和技术方面的变化与进展可能需要对其中一些方法进行更新，在考虑了现代医学、分析和信息技术的进展，以及全球战略背景（包括联合国千年发展目标、WHO《公共卫生、创新和知识产权战略和行动计划》）后，WHO 西太平洋区域委员会通过了《西太平洋区域传统医学战略（2011—2020）》，确立了循证医学标准化原则④，并以中医药术语（Terminology）标准化为基础，在临床医疗信息（Information）、研究开发（Research）、植物药（Herb Medicine）、针灸（Acupuncture）和临床诊断指南（Clinical Practice）等 5 个领域树立了详细的标准化战略⑤，并在逐步推进。

在中医药术语标准方面，WHO 于 2004 年在北京召开了有关中医药术语统一的会议，通过中、韩、日等国家和地区专家的努力，会议制定了包括总类、基础理论、诊断学、临床各科、治疗学、针灸（学）、药物治疗、传统医学典籍等 8 大类、3534 个标准，从而为中医药传统医学的普及和国际化打下了基础。

在针灸及经穴标准制定方面，WHO 西太平洋区办事处发布施行了《WHO 针灸穴名国际标准》（1989）、《国际针灸命名推荐标准》（1991）、《针灸临床研究方法指南》（1995）、《针灸基础培训与安全规范》（1998）等

---

① WHO:《世界卫生组织 2002—2005 年传统医学战略》，WHO/EDM/TRM/2002. 1，p. 46。

② WHO:《世界卫生组织 2014—2023 年传统医学战略》，https：//www. who. int/publications/list/ traditional_medicine_strategy/zh/，最后访问日期：2019 年 3 月 15 日。

③ WHO，西太平洋区域办事处区域委员会第六十二届会议，传统医学，WPR/RC626，第 2 页。

④ Edzard Ernst, The Desktop Guide to Complementary and Alternative Medicine：An Evidence-based Approach（1st ed.）, Edinburgh：Mosby, 2001.

⑤ World Health Organization Western Pacific Region：Regional Strategy for Traditional Medicine in the Western Pacific, Manila, WPRO Nonserial Publication, 2002.

广义针灸标准和针灸地区标准。自2003年11月至2008年，中日韩三国及美国、澳大利亚等国家的针灸专家在菲律宾马尼拉共召开11次非正式会议，最终达成并出版了《WHO西太区针灸经穴定位》（WHO Standard Acupuncture Point Locations in The Western Pacific Region 2008），收录了人体14个经脉、361个标准经穴的名称、标记和位置等内容。

在中药产品领域，WHO自1991年起着手制定药物基本检测指南、植物药产品加工补充指南、植物药评估指南、植物药恰当适用指南、药用植物保护指南、植物药原料质量控制方法、植物药管理状况、植物药安全性、有效性评价研究指南、关于药物监督系统中药用植物安全性监控指南，以及国际药典等。[①] 截至目前，已研究制定了《草药治疗评估指南》（1991）、《草药研究指南》（1992）、《草药国家法规指南》（1994）、《药用植物WHO手册》（1996）、《适当使用草药指南》（1998）、《传统医药发展国家政策》（1999）、《太平洋岛国传统医药的阿皮亚（Apia）行动计划》（2001）、《药用植物栽培和质量控制指南》（2003）、《WHO西太区传统医药教育质量保证指南》（2005）等。

2. ISO中医药技术委员会

与WHO相比，ISO在传统医学领域的标准化工作起步较晚，直至2009年才成立中医药技术委员会（Traditional Chinese Medicine）ISO/TC249，其工作范围是研究制定与贸易相关的中医药技术、信息、术语、服务、专用产

---

① 药物基本检测指南主要检测药效物质、植物药原料及剂型的检测指南；植物药产品加工补充指南（GMP）则适用于来源于植物的，已被污染、发生变质、成分及质量多样的植物药产品的生产；植物药评估指南为植物药的安全性、有效性及质量的评估而确定的标准；植物药恰当使用指南主要针对WHO西太区成员国植物药的使用指南，旨在提供一种机制，以确保植物药产品的安全性、有效性及广泛可使用性；药用植物保护指南是WHO和世界自然保护联盟（IUCN）、世界自然基金会（WWF）共同制定的，旨在为药用植物的保护和可持续性适用提供指导的指南；植物药原料质量控制方法推荐了多个用于评定植物药原料的鉴别、提纯及组成的测试程序；植物药管理状况（全球概览）总结了52个国家有关植物药政策制定经验，同时介绍了具体的管理方法和登记注册方法；植物药安全性、有效性评价研究指南旨在保证广泛使用的植物药的安全性，并便于新药产品的研究；关于药物监督系统中药用植物安全性监控指南，旨在WHO国际药品监管控制程序指导下，加强本国药品监控能力，并制定出安全有效的植物药监控程序；国际药典本身不具法律效力，成员国可根据本国实际情况，结合本国立法，全部或部分借鉴国际药典。胡艳敏：《WHO中医药相关标准概览》，首届中医药信息发展大会会议论文，2006年4月。

品设备等相关标准。ISO/TC249 围绕工作项目提案建立了 5 个工作组，分别为中药材（TC/249/WG1）、中药产品（TC/249/WG2）、针灸针（TC/249/WG3）、中医药设备质量与安全标准框架（TC/249/WG4）、中医药术语与信息（TC/249/WG5）等 5 个工作组和一个共同工作组（JWG1）。

在 ISO/TC 249/WG 5，由中国和韩国共同担任工作组的联合召集人，主要承担了中医药基本名词术语翻译国际标准的提案、中医临床术语分类国际标准提案，以及草药编码国际标准提案等提案工作。

ISO/TC249/WG1 主要承担人参种子种苗国际标准提案，ISO/TC249/WG2 主要负责中药产品质量与安全，相关标准正在起草或审议。2013 年初，以世界中医学会联合会《中医名词基本术语中英对照标准》为参考，由世界中联专家王奎教授领衔的专家团队，向 ISO/TC249 递交了《中药材术语》提案。历经 4 年，在多国专家共同努力下，2017 年 7 月 18 日，ISO 最终通过了《ISO 18662 - 1：2017 中医药—术语—第一部分：中药材》（ISO 18662 - 1：2017 Traditional Chinese - medicine-Vocabulary-Part 1：Chinese Materia Medica），成为 ISO 中医药标准化技术委员会（ISO/TC249）出版的首个术语标准，为国际范围内规范和统一中药名词术语提供了重要依据。[①]

3. 世界中医学会联合会

世界中医药学会联合会自 2003 年成立以来，作为 WHO 的非政府组织成员，参与和推动制定与中医药有关的国际组织标准，旨在推动中医药在世界各国有序发展。截至 2018 年 12 月，世界中医学会联合会研制并发布了《中医基本名词术语中英对照国际标准》（SCM0002—2007）、《中医基本名词术语中法对照国际标准》（SCM0005—2010）、《中医名词术语中西对照国际标准》（SCM0006—2010）、《中医基本名词术语中葡对照国际标准》（SCM0007—2010）、《中医基本名词术语中意对照国际标准》（SCM0009—2012）、《国际中医医师专业技术职称分级标准》（SCM0008—2011）、《标准制定和发布工作规范》（SCM0001—2009）、《世界中医学本科（CMD 前）教育标准》（SCM0003—2009）、《世界中医（含针灸）诊所设置与服务标准》（SCM0004—

① 世界中医药学会联合会秘书处：《工作动态》2017 年第 6 期。

2010）、《世界中医学专业核心课程》（SCM0010—2012）、《伦理审查体系评估标准》（SCM0011—2013）、《涉及人的生物医学研究伦理审查体系要求》（SCM0011—2018）、《中医（中西医结合）临床实践指南制修订通则》（SCM002202018）、《热敏灸技术操作规范》（SCM0023—2018），以及《标准化煎药中心基本要求》（SCM0024—2018）等标准。

4. 世界针灸学会联合会

世界针灸学会联合会自1987年成立以来，与WHO及其西太平洋区相互合作，为推动针灸国际标准化进程发挥了重要作用，如协助研制了《针灸常见病诊疗国际标准》《针灸科研方法指南》等多部针灸国际标准。此外，在中国针灸学会和全国针灸标准化委员会等组织的支持下，以中国针灸国家标准为基础，研制完成了《针灸技术操作规范——艾灸》《针灸技术操作规范——头针》《耳穴名称与定位》和《针灸针》四部针灸国际标准。①

三、中医药国际标准化存在的问题和改善方案

中医药国际标准化工作在国家和中医药协会的鼎力支持下，在WHO、ISO等国际标准化机构的中医药国际标准工作中取得了主导性地位，但仍在以下三个方面存在问题，需予以完善。

（1）中医药国际标准化工作应将标准的开发制定和合格评定程序制定两头抓。中医药标准化合格评定程序适用于从开发标准的计划至标准利用的全部过程，是确定是否满足技术法规或标准中有关要求的程序。中医药国际标准化工作应将开发和制定标准，以及标准的评定工作等两头同时抓，才能保证中医药国际标准的有效推进。在开发标准的计划阶段，应考虑计划开发的标准项目的客观性，主要考虑其标准开发的必要性、先导性、影响力等技术性问题，国家战略的重要性、公共性、适时性等政策性问题，以及标准开发的市场性、间接影响效果及常用化的可能性等经济性问题；在开发标准的阶段则应考虑开发标准相关评价；在标准推广阶段，则要注重标准被采纳比

① 郑亮：《针灸国际标准化现状与对策分析》，山东中医药大学硕士学位论文，2012年，第22—23页。

率、标准满意度等要素；在标准利用阶段，则要考虑标准利用成果分析、教育培训成果等事项的要素。

（2）中医药国际标准制定工作主导权需巩固。在中医药国际标准制定方面，尽管我国独占鳌头，但日本和韩国紧随其后，且有形成联盟趋势。日韩两国基于科学技术优先地位，主导个别中药和中医设施领域标准的制定工作，与我国形成竞争态势。因此，我们必须注重传统中医药知识和现代科技的合作，开发便利、有效以及广泛的标准是巩固国际标准的制定主导权，以及传承和推广传统中医药知识和中华文明的有效手段和保障。

（3）中医药国际标准制定中中药制药、中医治疗和人才培训等三步骤标准制定应并驾齐驱。目前 WHO、ISO 的中医药国际标准制定工作包括了中医药术语、临床医疗信息、研究开发、植物药、针灸、临床诊断指南、中医药设备质量与安全标准框架等中药制药、中医治疗和部分医疗器械相关的标准，但尚未着手制定中医药人才培训领域的标准。我们要联合中医药人才培训方面具有优势的国家，力推世界中医学会联合会制定的若干标准为国际标准，从而为中药和中医治疗标准的落实提供根本保障。

第二节 中韩中医药标准化体系比较研究

一、中韩国家标准体系之比较

1. 中国国家标准体系

根据《中华人民共和国标准化法》① 的规定，标准（含标准样品）是指农业、工业、服务业以及社会事业等领域所需的统一的技术要求，包括国家标准、行业标准、地方标准和团体标准、企业标准。国家标准分为强制性标准、推荐性标准，行业标准和地方标准是推荐性标准。②

国务院标准化行政主管部门就保障人身健康和生命财产安全、国家安全、生态环境安全以及满足经济社会管理基本需要的技术要求，应当制定和

---

①《中华人民共和国标准化法》，中华人民共和国主席令第 78 号，2018 年 1 月 1 日施行。
②《中华人民共和国标准化法》第 2 条第 1 款和第 2 款。

发布强制性国家标准[①]，强制性标准必须执行[②]。对满足基础通用、与强制性国家标准配套、对各有关行业起引领作用等需要的技术要求，国务院标准化行政主管部门可以制定推荐性标准。[③] 对没有推荐性国家标准、需要在全国某个行业范围内统一的技术要求，由国务院有关行政主管部门制定，报国务院标准化行政主管部门备案。[④]

在标准的技术要求方面，推荐性国家标准、行业标准、地方标准、团体标准、企业标准的技术要求不得低于强制性国家标准的相关技术要求。[⑤] 制定标准应当有利于科学合理利用资源，推广科学技术成果，增强产品的安全性、通用性、可替换性，提高经济效益、社会效益、生态效益，做到技术上先进、经济上合理，但禁止利用标准实施妨碍商品、服务自由流通等排除、限制市场竞争的行为。[⑥] 不符合强制性标准的产品、服务，不得生产、销售、进口或者提供[⑦]，但出口产品、服务的技术要求，则按照合同约定执行[⑧]。

2. 韩国国家标准体系

根据韩国《国家标准基本法》中国家标准的定义，韩国国家标准包括测定标准、参照标准和成文标准。其中，测定标准是指在产业及科学技术领域，为了对物品状态量的测量单位或特定量的价格做出定义、显示、保存及再现，而被做基准的物之测度、测定器械、标准物质、测量方法或测量体系[⑨]，是最高权威的国家测定技术；参照标准是对测定数据和信息的准确度和信赖度进行科学分析和评价后被公认的，为了在国际社会的所有领域可以持续使用或反复使用而制作的物理化学的常数、物价、科学技术性统计等[⑩]，是具有公信力的数据；成文标准是指为了在国际社会的所有领域提升总体性的理解性、效率性和经济性等，强制或自愿适用的，成文化的科学技术基

---

① 《中华人民共和国标准化法》第 10 条第 1 款和第 2 款。
② 《中华人民共和国标准化法》第 2 条第 3 款。
③ 《中华人民共和国标准化法》第 11 条。
④ 《中华人民共和国标准化法》第 12 条。
⑤ 《中华人民共和国标准化法》第 21 条第 1 款。
⑥ 《中华人民共和国标准化法》第 22 条。
⑦ 《中华人民共和国标准化法》第 25 条。
⑧ 《中华人民共和国标准化法》第 26 条。
⑨ 韩国《国家标准基本法》第 3 条第 3 款。
⑩ 韩国《国家标准基本法》第 3 条第 6 款。

准、规格、指南，以及技术规定①。成文标准具体又分为自愿性标准和技术基准，其中自愿性标准是韩国产业标准（KS），由韩国未来创造科技部所属韩国技术标准院负责研究制定；技术基准包括形式承认基准、安全稽查基准、试验检查基准、鉴定基准、国防质量基准，以及认证基准等，涉及多个部门及90多部法律法规，约16 000条基准。

二、中韩两国医药标准制定现状之比较

1. 中国中医药标准制定现状

中国最早记载中药技术标准的文献为公元200年左右（即后汉时期）的《神农本草经》，其载入了365种中药，及药材性味、功能和主治等。② 1950年2月，由卫生部设立中国药典编纂委员会，并于3年后印刷了第1版《中华人民共和国药典》，并先后出版了1953年版、1963年版、1977年版、1985年版、1990年版、1995年版、2000年版、2005年版、2010年版、2015年版，以及2020年版药典。《中华人民共和国药典》分为四部，其中第一部收载药材和饮片、植物油脂和提取物、成方制剂和单味制剂等。《药典》是药品研制、生产、经营、使用和监督管理等均应遵循的法定依据，所有国家药品标准应当符合《药典》中范例及附录的相关要求。

在中医药标准方面，国务院科技部、原国家计委等18个部委于1997年联合编制了《中药现代化科技产业行动计划（纲要）》，将中医药现代化作为国家“九五”“十五”规划重点项目，有力推动了中医药产业的发展。其

① 韩国《国家标准基本法》第3条第7款。

② 汪劲武：《种子植物分类学》，高等教育出版社1985年版。南北朝时，陶弘景整理补充《神农本草经》，著称《本草经集注》一书，对原有的性味、功能与主治有所补充，并增加了产地、采集时间和加工方法等技术标准。唐朝时增修陶氏所注本草经，称为《唐本草》，于公元659年颁布实施，成为《新修本草》或《唐新本草》，为世界上最早的一部国家药典。1078年成书的宋代《太平惠民合剂局方》制定了我国最早的中成药技术标准，元朝的《回回药方》是中国第一部大型综合性的回回医药学典籍，1505年明代刘文泰的《本草品汇精要》收载药品1 815种，对中药材按名、苗、地、时、收、用、质、色、味、气、臭等24方面予以记述，被称为我国最早的一部中药材技术标准。参见陈峰、曹彩、刘新民：《我国中药技术标准管理体制的历史与现状》，《世界科学技术：中医药现代化》2004年第4期，第5页。国民政府卫生部于1930年颁布了名为《中华药典》的药品标准，之后“药典”的名称沿用至今，成为我国国家药品标准的通称。宋华琳：《中国药品标准法律制度的发展与改革》，《中国医药技术经济与管理》2008年第9期，第79页。

中，中药 GAP、GLP、GCP 相关技术研究、药理实验规范研究等标准规范研究，以及国际中医药标准和体系化研究是重点支持项目。2007 年 1 月，科技部、卫生部、国家中医药管理局等 16 个部门联合制定了《中医药创新发展规划纲要（2006—2020 年）》，将建立国际认可的中医药标准规范体系为重要任务之一，提出“基本完成中医药标准规范体系的构建，制定一批符合中医药特点的中医药基础标准；建立多语种的中医药名词术语译释规范，中医临床诊疗和技术规范、中医药疗效和安全性评价与再评价标准，中药材、中药饮片、提取物及制剂的质量标准，中药生产和质量管理规范等主要技术标准；构建符合中医药特点的中医药评价和市场准入标准体系，最终形成国际认可的中医药标准规范体系”的目标。国家对中医药标准化规范建设意志持续反映在之后相关文件中，如《中医药事业发展“十一五”规划（2006—2010）》《中医药标准化发展规划（2006—2010）》以及《中医药国际科技合作规划纲要（2006—2020）》都指出了中医药标准规范建设、中医药国际标准建设的阶段性目标、原则以及具体措施。国务院于 2016 年 2 月 22 日发布的《中医药发展战略规划纲要（2016—2030 年）》则把标准化建设从目标调整为“保障措施”，将“健全、完善”作为主要抓手，重点关注中医临床诊疗指南、技术操作规范和疗效评价标准的制定、推广和应用，系统开展中医治未病标准、药膳制作标准、中医药保健品标准的研究制定，健全完善中药质量标准体系，加快中药数字化标准及中药材标本建设，加快国内标准向国际标准转化，以及推进中医药认证管理。

截至 2017 年 5 月 31 日，正在实施的中医药国家标准总共为 40 项。其中包括《中医临床诊疗术语（治法部分）》（GB/T 16751. 3—1997）、《中医临床诊疗术语（疾病部分）》（GB/T 16751. 1—1997）、《中医临床诊疗术语（证候部分）》（GB/T 16751. 2—1997）、《中医病证分类与代码》（GB/T 15657—1995）和《中医基础理论术语》（GB/T 20348—2006）等 5 项中医相关国家标准，《甘草》（GB/T 19618—2004）、《中药在供应链管理中的编码与表示》（GB/T 31775—2015）、《中药方剂编码规则及编码》（GB/T 31773—2015）和《中药编码规则及编码》（GB/T 31774—2015）等 4 项中药相关国家标准，以及《针灸技术操作规范（编写通则）》（GB/T 33416—2016）等 31

项针灸相关国家标准。此外，还颁布实施《中医临床诊疗术语（治法部分）》（20065930 - T - 468）、《中药材种子检验规程》（20140390 - T - 468）、《综合性中医医院住院服务程序规范》（20091520 - T - 468），以及《针灸技术操作规范 第15部分：眼针》（20170323 - T - 468）等50项中医药相关国家标准计划。

2. 韩医药标准化制定现状

尽管韩国较早参与了WHO及ISO的传统医药标准化工作，但其国内韩医药标准化工作的起步则相对较晚。韩国在韩医药标准化方面的活动，可分为标准化研究、国内及国际标准的开发和普及等部分，主要涉及的部门是韩国保健福祉部、韩国产业通商资源部、韩国未来创造科技部，以及韩国食品医药品安全处。

最早规定韩医药标准化的文件是2003年制定的《韩医药育成法》①，该法第5条规定了韩医药育成发展的7个基本方向，其中第4款将“韩医药的体系管理及国际标准规格化”规定为韩医药育成的基本方向之一。同时，根据韩国《韩医药育成法》第6条的规定，韩国保健福祉部会同有关部委于2005年设立了“韩医药育成发展审议委员会”（韩国保健福祉部副部长任委员长），并颁布了韩医药育成和发展的长期综合战略规划——《韩医药发展第一个五年综合规划（2006—2010）》，旨在通过韩医药的科学化、产业化及国际化，提高国家竞争力，但在韩医药标准化方面收获甚微。2007年12月20日，韩国保健福祉部、教育科学技术部、知识经济部等多个部委共同制定了《韩医药R&D中长期育成发展计划（2008—2017）》，旨在推动韩医药研发的体系化发展和部门间的分工合作，但该计划仅限于韩医药的研发，未涉及韩医药的标准化。因此，2008年2月2日韩国保健福祉部在上述计划的基础上制定了《韩方治疗技术研究开发事业中长期发展计划（2008—2017）》，计划投入2 656亿韩元，旨在通过韩医药的科学化、标准化，推动韩医药的产品化、产业化及国际化事业。② 该计划的具体实施部门

① 韩国《韩医药育成法》，第6965号法律，2003年8月6日制定，2004年8月7日实施。
② 韩国保健福祉部：《为促进韩医药研发，树立韩方治疗技术研发事业中长期发展计划（2008—12）》，http：//www. mohw. go. kr/front _ new/al/sal0301vw. jsp? PAR _ MENU _ ID = 04&MENU_ID = 0403&CONT_SEQ = 43999，最后访问日期：2019年4月5日。

是韩国韩医学研究院，是专门研究韩医学、韩方治疗和韩医药育成及发展事宜的韩国未来创造科技部所属研究机构。2009 年 7 月，在原知识经济部（现产业通商资源部）所属韩国韩医学标准研究院的主导下，制定了《亲民生活标准 1250 计划》，并将韩方灸治（艾灸）纳入该标准，从而推动了韩医药及韩方医疗器械的国家标准开发。在 2010—2015 年，韩国政府共投资 14 亿韩元支持建设在韩医药治疗技术以及医疗器械的标准化工作。①

截至 2013 年，韩国产业通商资源部发行了《韩医药基本教育的生命科学学习目标》，韩国韩医学研究院发行了包括 20 种韩药处方的《标准韩方处方医药品信息 2013》，以及保健福祉部制定和颁布了《心火病临床诊断指南》和《肌肉骨骼疾病针灸临床诊断指南》。同时，在国家技术标准院的推动下，2009 年 8 月 20 日制定了用于医疗的“一次性灭菌毫针”国家标准（KSP 3007），并规定了毫针的规格、材料、质量、试验、包装以及标记方法。② 在 2010 年制定了耳针（KSP 3008：2010）和皮内针（KSP 3009：2010）、2012 年制定了针灸安全管理标准（KSP 2000）、灸治一般要求事项（KSP 3000），以及人体经穴名称及位置- 14 经脉（KSP 3010）等标准。

此外，在韩国食品医药安全处的主管下，加强了对中药材的栽培、单纯加工和包装销售，以及进口方面的规格及质量标准的管理。截至 2010 年，韩国对进口药材的精密检查对象由 2005 年的 95 个品种扩大到 546 个品种，对国内制造产品的检查对象由 2009 年的 365 个品种扩大到 453 个品种③。同时，制定了包括甘汞、斑猫等 21 个有毒性韩药材目录。

三、中韩两国医药标准法律体系之比较

中医药（韩医药）标准相关中韩两国法律体系主要由宪法、国家标准相关法律规范，以及中医药（韩医药）标准和技术标准相关法规构成。

---

① 韩医新闻，“韩医药标准化国家政策事业支援”，http：//www. akomnews. com/？p = 271604，最后访问日期：2019 年 4 月 5 日。

② 韩国韩医学研究院、大韩韩医师协会、釜山大学韩医学专门大学院：《2013 韩国韩医药年鉴》，2014 年版，第 33 页。

③ 韩国韩医学研究院、大韩韩医师协会、釜山大学韩医学专门大学院：《2012 韩国韩医药年鉴》，2013 年版，第 27 页。

1. 宪法

宪法作为一个国家的根本大法，规定了国家的根本任务和根本制度。

1982 年《中华人民共和国宪法》第 21 条首次规定了“国家发展医疗卫生事业，发展现代医药和传统医药”，以保护人民健康，确立了传统医药的宪法地位，但自 1954 年宪法至 2018 年宪法修正案始终未涉及标准。与此相反，韩国早在 1980 年修改宪法时，在第九章“经济”的原第 123 条中增设第 2 款（现第 127 条第 2 款），规定“国家确立国家标准制度”，从而与第 1 款“国家通过科学技术的革新和信息、人才的开发，致力于国民经济的发展”[①] 的规定相呼应，赋予国家标准制度在国民经济发展和科学技术发展中的重要地位，但韩国宪法却没有涉及传统医药。

2. 国家标准相关法律规范

（1）中国标准相关法律规范

中国最早的一部标准化法律规范是 1962 年国务院发布的《工农业产品和工程建设技术标准管理办法》，规定标准是生产建设的技术依据，正式生产的工业品、工程设计施工、国家收购作为工业原材料和出口等农产品必须制定标准；标准分为国家标准、部标准和企业标准；标准的制修订应当贯彻多快好省的精神，符合经济、实用、安全的要求，体现国家的经济政策和技术政策，合理利用国家资源，充分考虑科学技术先进成就等原则，从而奠定了中国标准化法的基础和基本框架。[②] 十一届三中全会以后，随着改革开放号角的吹响，标准化立法工作加快了步伐，故国务院于 1979 年 7 月 31 日发布《中华人民共和国标准化管理条例》[③]，将标准确定为从事生产、建设工作以及商品流通的一种共同技术依据[④]，且将标准化视为组织现代化生产的重要手段、科学管理的重要组成部分，视其为国家的一项重要技术经济政策。[⑤] 因此，标准一经批准发布，就是技术法规，须严格执行，任何单位不

---

① 韩国《大韩民国宪法》第 10 号，1987 年 10 月 29 日修改，1988 年 2 月 25 日施行。

② 柳经维：《我国标准化法治的历史沿革》，http: //www. aqsiq. gov. cn/zjxw/dfzjxw/dfftpxw/201801 /t20180108_510818. htm，最后访问日期：2019 年 4 月 5 日。

③ 国务院：《中华人民共和国标准化管理条例》，1979 年 7 月 31 日生效，1994 年 5 月 16 日失效。

④《中华人民共和国标准化管理条例》第二条。

⑤《中华人民共和国标准化管理条例》第一条。

得擅自更改或降低标准，对因违反标准造成不良后果以致重大事故者，则要根据情节轻重，分别予以批评、处分、经济制裁，直至追究法律责任①，体现出这一时期标准化相关法律规范明显的计划经济的特征。随着计划经济开始向市场经济过渡，1988 年通过的《中华人民共和国标准化法》将原来计划经济时代的国家标准、部门标准中涉及人体健康、人身、财产安全的标准以及法律、行政法规规定强制执行的标准转化为强制性标准，其余标准为推荐性标准。② 随后，1990 年国务院发布了《中华人民共和国标准化法实施条例》，完成了标准化法法律体系的初步建构。随着 1992 年党的十四大确立市场经济体制目标，以及市场化改革的不断深化，标准化管理部门着手清理了一些标准，使得标准化法制更加符合市场经济发展的需要。

中国现行的标准法律体系就以 1988 年的《中华人民共和国标准化法》和 1990 年的《中华人民共和国标准化法实施条例》所设定的框架而形成了横向标准法律体系与纵向标准法律体系。在横向方面，以标准化法为标准基准法，形成了以食品卫生、环境保护、药品管理、机械通信、交通运输等法律、行政法规为专项标准管理法的横向标准法律体系③；在纵向上，形成了国家标准、行业标准、地方标准的三级国家标准④体系。⑤ 在中医药标准方面，2001 年颁布的《药品管理法》、2002 年颁布的《药品注册管理办法》

---

①《中华人民共和国标准化管理条例》第十八条。

② 任端平、吴鹏、陈光辉：《标准问题的法律分析》，《标准化研究》2007 年第 3 期，第 10 页。

③ 如国家技术监督局于 1990 年 9 月颁布的《能源标准化管理办法》、1991 年 2 月颁布的《农业标准化管理办法》，化工部于 1991 年 2 月颁布的《化学工业产品标准化工作管理办法》，机电部于 1991 年 10 月颁布的《机械工业标准化管理办法》，铁道部于 1991 年 12 月颁布的《铁路运输企业标准化管理实施办法》，建设部于 1992 年 12 月颁布的《工程建设国家标准管理办法》，邮电部于 1994 年 9 月颁布的《邮电通信技术标准暂行管理办法》，卫生部于 1994 年 9 月颁布的《医疗机构基本标准》，电力部于 1994 年 3 月颁布的《电力工业部标准化管理办法》，机械部于 1996 年 1 月颁布的《汽车行业标准化管理办法》，海洋局于 1997 年 1 月颁布的《海洋标准化管理规定》，国家环境保护总局于 1999 年 4 月颁布的《环境标准管理办法》，国家旅游局于 2000 年 3 月颁布的《旅游标准化工作管理暂行办法》，新闻出版署于 2001 年 1 月颁布的《新闻出版行业标准管理办法》，国家林业局于 2003 年颁布的《林业标准化管理办法》，卫生部于 2006 年 7 月颁布的《卫生标准管理办法》、2010 年 10 月颁布的《食品安全国家标准管理办法》等标准法律规范，国土资源部于 2009 年 10 月颁布的《国土资源标准化管理办法》等。

④ 如国家环境保护总局于 2005 年 7 月颁布的《医疗机构水污染物排放标准》，交通运输部于 2016 年 3 月颁布的《运输类飞机适航标准》等诸多标准。

⑤ 任端平等，同注②，第11 页。

《生物制品批签发管理办法》《药品包装、标签和说明书管理规定》《药品包装材料、容器管理办法》，以及2003年国家中医药管理局颁布的《中医药标准制定程序规定》和2016年颁布的《中华人民共和国中医药法》是中医药及其相关标准的主要法律规范。

但是，从中国经济社会发展日益增长的需求来看，现行标准体系和标准化管理制度存在标准缺失、老化滞后、交叉重复矛盾、标准体系不够合理，以及标准化协调推进机制不完善等问题，不仅阻碍了标准化工作的有效开展，而且影响了标准化作用的发挥。[①] 为了更好发挥标准化在推进国家治理体系和治理能力现代化中的基础性、战略性作用，2017年11月4日通过了《中华人民共和国标准化法》修正案，突出了标准在公共安全方面的作用，扩大了制定标准的范围，将农业、工业、服务业以及社会事业等都纳入标准化的范围。

（2）韩国标准相关法律规范

根据韩国《宪法》第127条第2款之规定，韩国于1999年2月8日制定了《国家标准基本法》，其目的在于促进科学技术的革新、产业结构的优化，以及信息化社会的发展，以提高国家竞争力和国民福利。该法适用于所有受科学技术影响的社会和经济活动，并规定了建立国家标准制度的基本事项，包括调整和审议部门之间与标准相关的重要事项，国家标准计划和产业标准等国家标准的确立，以及运营检测检查机构、认证机构、合格评定体系的建立和贸易技术壁垒相关政策等事宜。此外，根据国家标准基本法第7条的规定，韩国政府每五年确立国家标准基本计划，并实施了第一次（2001—05）、第二次（2006—10）和第三次（2011—15）国家标准基本计划，树立了第四次（2016—20）国家标准计划。[②]

此外，作为韩国标准法律体系的两个核心法律皆在宪法中规定标准制度之前制定的，其一是1961年9月制定和颁布的《工业标准化法》（现已更名

① 国务院：《深化标准化工作改革方案》，国发〔2015〕13号，2015年3月11日颁布。

② 韩国政府在第三次国家标准基本计划期间共投入8 404亿韩元推动韩国国家标准化事业。KSA韩国标准协会，《国家标准基本计划的推进过程和未来发展方向之探索》，2015年5月。

为《产业标准化法》），其目的在于通过提升矿产品和产业活动的相关服务质量和生产效率，提高产业竞争力，主要包括制定、修订和普及 KS 标准，实施 KS 标志认证制度，提高消费者安全和产品质量[①]；其二是 1961 年 9 月制定和颁布的《计量法》（现已更名为《计量相关法律》），其目的在于规定计量基准，确定合理的计量，旨在保持公正的交易秩序，为产业先进化和国民经济发展做贡献。主要包括计量准确度的管理和标注、流通前的认证鉴定，以及对标注义务者、净含量标注对象、净含量标注方法等做了规定。[②]

除了上述标准法律之外，还要根据不同行业遵守相应的标准和认证相关法律规范，如《质量经营及工产品安全管理法》[③]《广播通信发展基本法》[④]等，《药事法》[⑤]《医药品等安全相关规则》[⑥]《医疗器械法》[⑦]《医药品等制造业及进口商的设施基准令》[⑧]《韩医药育成法》[⑨]《韩药材安全及质量管理规定》[⑩]以及《大韩民国药典外韩药（生药）规格集》[⑪]是韩医药标准或基准相关的法律法规。

3. 中医药（韩医药）标准及技术标准相关法规

（1）中医药（韩医药）标准制定规划及程序事宜

中国自古以来重视药典的编辑，为推广普及、规范中医治疗和中药采

---

① 韩国《工业标准化法》，法律第 732 号，1961 年 9 月 30 日制定并施行。现行有效的法律是《产业标准化法》，法律第 13847 号，2016 年 1 月 27 日部分修改。

② 韩国《计量法》，法律第 615 号，1961 年 5 月 10 日制定并施行。现行有效的法律是《计量相关法律》，法律第 12684 号，2014 年 5 月 28 日部分修改，2015 年 1 月 1 日施行。

③ 韩国《质量经营及工产品安全管理法》，法律第 12733 号，2014 年 6 月 3 日修改，2015 年 6 月 4 日施行。

④ 韩国《广播通信发展基本法》，法律第 13581 号，2015 年 12 月 22 日颁布并施行。

⑤ 韩国《药事法》，法律第 14084 号，2016 年 3 月 22 日修改，2016 年 8 月 4 日实施。

⑥ 韩国《医药品等安全相关规则》，总理令第 1194 号，2015 年 9 月 25 日部分修改并实施。

⑦ 韩国《医疗器械法》，法律第 13698 号，2015 年 12 月 29 日部分修改，2016 年 3 月 30 日实施。

⑧ 韩国《医药品等制造业及进口商的设施基准令》，总统令第 24479 号，2013 年 3 月 23 日修改并实施。

⑨ 韩国《韩医药育成法》，法律第 11524 号，2012 年 10 月 22 日部分修改并实施。

⑩ 韩国《韩药材安全及质量管理规定》，韩国食品医药品安全处告示第 2016—21 号，2016 年 3 月 30 日部分修改并实施。

⑪ 韩国《大韩民国药典外韩药（生药）规格集》，韩国食品医药品安全处告示第 2015—96 号，2015 年 12 月 22 日部分修改，2016 年 1 月 21 日实施。

药、配方，以及处方奠定了坚实的基础。伴随着中国卫生管理监督体制的确立，中医药技术标准管理规范也与其他药品一起纳入技术标准管理范畴，但首次在中医药专门法律规范中单独被规定的是2003年10月颁布实施的《中华人民共和国中医药条例》[①]，其在第8条、第12条第1款以及第15条第1款分别规定了设立中医医疗机构、中医从业人员以及中医药教育机构应当符合国家规定的设置标准、医疗技术标准和技术操作规范，但因其法律位阶较低，故未能规定中医药标准规划事宜。规划建设中医药标准体系的重要性一直到2016年《中华人民共和国中医药法》[②] 颁布时才得以明确，如其第50条规定"国家加强中医药标准体系建设，根据中医药特点对需要统一的技术要求制定标准并及时修改。中医药国家标准、行业标准由国务院有关部门依据职责制定或者修订，并在其网站上公布，供公众免费查阅。国家推动建立中医药国际标准体系"。同时，其第21至第32条对中药药材的养殖、采集、贮存、加工、饮片炮制工艺以及新药生产要求制定了标准和技术规范，第33至第37条则对中医药人才培养制定了标准和技术规范。在《中医药法》颁布时实施前，为了加强中医药标准制定工作的管理，规范中医药标准制定程序，国家中医药管理局根据《中华人民共和国标准化法》及其实施条例，于2003年10月颁布了《中医药标准制定程序规定》，确立了中医药标准立项建议、起草、审查与发布等程序性事宜。

在韩国，《韩医药育成法》是推动韩医药国际标准规格化的核心法律，它不仅规定了国家和地方政府须制定规划、管理和运行韩医药标准的义务，而且明确在保健福祉部长官的负责下，经过韩医药育成发展审议委员会的审议，每五年树立综合规划、确定实施方案，以及地方政府和其他部门的关联义务。[③] 此外，《韩医药育成法》授权保健福祉部长官对韩药有必要进行适当质量管理时，制定并施行优秀韩药材栽培、韩药流通及生产管理相关的标

①《中华人民共和国中医药条例》，国务院令第374号，2003年4月7日颁布，2003年10月1日起实施。

②《中华人民共和国中医药法》，主席令第59号，2016年12月25日颁布，2017年7月1日起实施。

③ 韩国《韩医药育成法》第5至第9条。

准，还可以要求医药品生产者以及韩方医疗机构使用符合标准的韩药材和韩药。①

（2）中药材（韩药材）质量管理及制造生产标准

根据《中华人民共和国药品管理法》及其实施条例的规定，国家食品药品监督管理总局印发了《中药材生产质量管理规范认证管理办法（试行）》《中药材 GAP 认证检查评定标准（试行）》② 及《中药材生产质量管理规范（试行）》③ 等，不仅对中药材的生产、加工、包装、运输及贮藏等规定了生产和质量管理的基本准则，同时还强调了保护野生药材资源和生态环境，以及资源可持续利用的生态环境保护和可持续发展原则④。

在韩国，韩国食品药品安全处根据《韩医药育成法》的规定以指南的方式颁布了《优秀韩药材生产管理指南》（Ⅰ—Ⅴ）、《韩药材标准制造工程指南》（Ⅰ—Ⅲ）、《韩药材功能检查指南》（Ⅰ—Ⅴ），以及《韩药制造及质量管理基准（GMP）实施状况评价指南》等韩药材生产、制造、检查、包装、保存等质量控制相关标准。根据《韩药材安全及质量管理规定》附件 2《韩药材制造及质量管理基准》的规定，韩药材的安全及质量须符合设施和环境管理、组织机构、各种基准书的制作（包括产品标准书、制造和质量管理基准）、质量管理、制造管理、制造卫生管理、仓储管理等要求。医药品制造业者须根据总统令规定的设施标准准备设施，并取得食药品安全处处长的许可。⑤ 此外，符合韩药材制造、质量管理基准、包装方法、标识事项等基准的规范韩药，须符合《大韩民国药典》及《大韩民国药典外韩药（生药）规格集》的基准。⑥《大韩民国药典外韩药（生药）规格集》规定了韩药的炮制法、试验法，各药材的形状、试验方法，重金属和残留农药标准，以及储藏方法。

---

① 韩国《韩医药育成法》第 14 条。

②《中药材生产质量管理规范认证管理办法（试行）》《中药材 GAP 认证检查评定标准（试行）》，国家食品药品监督管理局〔2003〕251 号，2003 年 9 月 19 日颁布实施。

③《中药材生产质量管理规范（试行）》，国家食品药品监督管理局令第 32 号，2002 年 4 月 17 日颁布实施。

④《中药材生产质量管理规范（试行）》第 3 条。

⑤ 韩国《药事法》第 31 条第 1 款。

⑥ 韩国《韩药材安全及质量管理规定》第 5 条。

（3）中医（韩医）设备及器械标准

根据我国国家食品药品监督管理总局于2017年2月颁布的《医疗器械标准管理办法》[①] 第2条的规定，由国家食品药品监督管理总局依据职责组织制修订，依法定程序发布，在医疗器械研制、生产、经营、使用、监督管理等活动中遵循统一的技术要求。2018年，为了进一步提升医疗器械标准化水平，助推医疗器械创新发展，国家食品药品监管总局制定并发布了《医疗器械标准规划（2018—2020年）》，将医用机器人领域、有源植入物领域等有源医疗器械标准化，新型手术器械领域、新型输注器具领域等无源医疗器械标准化，以及溯源和参考测量系统领域、高通量测序等新型分子诊断技术领域等体外诊疗医疗器械标准化等三个领域纳入重点领域推进标准制修订工作。

在韩国，食药品安全处处长有权根据韩国《医疗器械法》的规定，对有必要确定医疗器械的质量标准的，可以对其适用范围、形状及结构、试验规格和记载事项等规定为标准规格。[②] 目前，以韩国食品药品安全处告示的形式制定并颁布了两个规格，即《医疗器械的生物学安全相关共同标准规格》[③] 和《医疗器械标准规格》[④]。

（4）中药（韩药）流通标准

根据国家食品药品监督管理局颁布实施的《药品流通监督管理办法》[⑤] 及《药品经营质量管理规范》[⑥] 的规定，企业应当在药品采购、储存、销售、运输等环节采取有效的质量控制措施，确保药品质量，建立药品追溯系统，实现药品可追溯。另外，根据卫生部、国家中医药管理局于2009年3

---

① 中国《医疗器械标准管理办法》，国家食品药品监督管理总局令第33号，2017年4月17日发布，2017年7月1日起施行。

② 韩国《医疗器械法》第19条。

③ 韩国《医疗器械的生物学安全相关共同标准规格》，韩国食品药品安全处告示，第2014—115号，2014年4月24日部分修订并实施。

④ 韩国《医疗器械标准规格》，韩国食品药品安全处告示，第2014—155号，2014年9月5日部分修改并实施。

⑤ 中国《药品流通监督管理办法》，国家食品药品监督管理局令第26号，2007年1月31日颁布，2007年5月1日实施。

⑥ 中国《药品经营质量管理规范》，国家食品药品监督管理局令第28号，2016年7月13日颁布并实施。

月发布的《关于印发医院中药房基本标准的通知》①，医院中药房应提供中药饮片调剂、中成药调剂和中药饮片煎煮等服务，中药品种、数量应当与医院的规模和业务需求相适应，常用中药饮片品种应在400种左右。

在韩国，根据韩国《药事法》的规定，拟开设韩药药房的韩药药师须准备营业场所及总统令所规定的标准设施。② 此外，韩药及药材的进口、仓储等事宜，除了须符合上述韩药安全及质量标准之外，还要符合《药事法》所规定之总统令所规定的设施标准要求。③

四、韩国韩医药标准法律体系之评价及其对我国的启示

1. 韩国韩医药标准法律体系之评价

韩国政府的标准化工作之权利渊源是宪法，从而体现了标准化对韩国国民经济发展、国际贸易的促进、科学技术的进步以及公共福利的提升所产生的重要作用。同时，也为韩国标准法律制度的构建奠定了基础。

此外，韩国韩医药相关法律明确了韩医药标准制定规划及程序事宜，如《韩医药育成法》规定国家和地方政府必须制定韩医药国际标准规划、确定实施方案，以及地方政府和管理部门的义务。同时，从韩药材质量管理、制造生产和包装着手，到韩医药制造设备及器械，以及进出口、仓储等流通为止，分门别类制定了比较详尽的标准。

但是，韩国保健福祉部、未来科技创造部、产业通商资源部以及食品医药品安全处等多个部处共同监管韩医药标准的现状，导致韩国韩医药标准及其法律制度建设缺失有序的体系，且缺乏效率。

尽管韩国政府在韩药的国际影响力提升方面付出了努力，但薄弱的国际社会认知度和基础使其无法在国际标准制定方面起主导作用，从而也间接影响了韩医药国内标准法律制度的建设。

2. 韩国韩医药标准法律体系对我国的启示

尽管与中国中医药标准制度相比，韩国韩医药标准及其法律体系还不够

---

① 《关于印发医院中药房基本标准的通知》，国中医药发〔2009〕4号，2009年3月16日颁布并实施。

② 韩国《药事法》第45条第2款第1项。

③ 韩国《药事法》第42条第3款。

完善，但是韩国宪法的支撑以及韩国中医药科技的迅猛发展无疑将成为推动韩国韩医药标准及法律体系建设的原动力。

“一带一路”倡议为中药国际化创新提供了内在动力、创新思路和全新机遇。但当前我国中药出口仍以技术含量较低的初级产品和半成品为主，未能充分体现中药产品的附加值，且中医药传统知识、专利或遗传资源外流严重，直接影响了中医药的研发、出口及权利保护。

（1）必须加强中医药技术研发、标准制定工作，以及权利保护法律制度建设等三部曲的协同工作。特别要注重同中医药专利、传统知识或遗传资源保护相关法律法规的制定工作的相互协同，以体现中华传统文化的价值。

（2）中药质量规格、生产、流通等标准亟待完善。遭到欧美日韩等国家进口限制措施的我国中药材或产品大部分因管理不善而引起的，属于一般食药品安全的范畴，并非受这些国家制定的新标准影响。

（3）不仅要注重国际标准的提案数量，而且要主导国际标准的制定。为此，应注重开发中医药标准化的对象，包括中医药原材料的种植、采集、加工、生产、运输、保管、销售、从业人员的资质等，且在国内先行先试，再通过“一带一路”扩大标准的适用，以加快形成国际标准。

（4）积极推动中医药国际标准制定相关的国际合作。标准化是推动社会发展、科技进步以及提升社会福利的活动，而中医药全球标准化将无疑是推动中医药国际化的重要力量。中·日·韩三国在 WHO 和 ISO 中医药标准制定中相互协作是推动中医药国际化以及三国共赢的前提。

第三节　韩国韩医药标准法律体系之 WTO 合规性分析及我国的应对策略

一、韩国韩医药标准法律体系之 WTO 合规性评价

（1）韩医药相关法律规定有可能违背透明度原则。《韩药材安全及质量管理规定》第七条“容器与包装记录事项”第 1 款第 11 项规定，韩药标准件的容器或包装上需要记录以下事项：“检查机关及检查年月日”，但未明确

“检查机关”指什么机关，是否仅指国内机构也不清楚；第十一条第 3 款规定“韩药材进口者不可向获得该品种制造许可的药品制造厂商以外的人销售或流通”，但未明确“获得该品种制造许可的药品制造厂商”的条件。

（2）韩药材供求及流通管理标准缺乏科学评估程序。《韩药材供求及流通管理规定》第十二条第 1 款规定，“韩药材供求调节委员会决定韩药材的进口量、进口量的分配及进口时机等，并且要向韩国药品进出口会长进行通报”，但该规定未明确该委员会基于什么科学评估程序决定进口量、进口量的分配及进口时机，从而可能导致仅仅依靠“情感因素”或者“利益关系”来判断进口量、进口时机和进口国配额，最终可能有悖于 WTO 的无歧视原则、最惠国待遇原则。

二、韩国韩医药标准对我国的启示及应对策略

（1）关注韩国韩医药相关部门和地方政府的动态，构建同韩国相关行业协会的沟通与协商机制，以最终体现我国中医药产品出口企业的利益。

（2）注重事前关注、干预和事后知晓的应对策略。即通过与韩国利益相关者（主要是进口商）的联合、扶持，主动关注、干预韩国韩医药标准的制定；在标准通过后则要尽快向国内利益相关企业普及标准，共同谋划应对策略。

（3）根据《中国—韩国自由贸易协定》第六章的规定，促进两国之间中医药标准、技术法规方面的合作，促使对方提高透明度，共同制定标准，从而消除技术贸易壁垒。

（4）依据 WTO 协定启动争端解决程序，促使韩国政府完善中医药标准和贸易相关法律法规。

本章小结

《“一带一路”愿景与行动》明确指出，要扩大与沿线国家在传统医药领域的合作，旨在促进沿线贫困地区生产生活条件的改善，为深化双边和多边合作奠定坚实的民意基础。比如《中医药健康服务发展规划（2015—

2020）》规定，“遴选可持续发展项目，与丝绸之路经济带、21 世纪海上丝绸之路沿线国家开展中医药交流与合作，提升中医药健康服务国际影响力”。

中国、日本和韩国是目前在 WHO 和 ISO 中主导中医药标准的国家，其中中国主导的标准数量远远超过日本和韩国，理由很简单：中医药起源于中国。但是科技在发展，中医药需求在变化，因此标准也将会变化。但就中日韩三国中医药贸易而言，尽管中国对日、对韩出口额比较大，但我国植物提取物、中药材及饮片的出口额所占比重远高于中成药出口的比重，表明我国中药出口仍以初级产品和半成品为主，技术含量较低，未能充分体现中药产品的附加值。这种贸易和科技以及标准的不对等现象，将是影响中医药国际贸易的重大障碍。

因此，尽管我国积极推动中药国际化标准的制定，但各国市场准入准则仍有可能存在差别，所以需要引导中药出口企业熟知中药进口国的准入制度，并建立相应的良好实验室规范、临床试验规范标准等标准规范，才能保障其产品进入国外市场。同时，在中医药国际标准制定方面，既要抓好标准的制定，又要抓好合格平等程序的制定，因为合格评定程序是以标准或技术法规为基础的，没有标准，合格评定程序将是没有目的和意义的；但没有合格评定程序，标准的价值将受到限制。

第四章　传统知识可持续发展与跨界民族传统医药知识

第一节　跨界民族的传统医药及潜在的冲突

一、问题的缘起

如果对矿产和其他物质资源的掠夺是自 19 世纪中叶到 20 世纪初，伴随西方工业化国家的殖民扩张的自然结果，那么遗传资源提取自印度楝树的专利争端可以被称作新一轮的资源掠夺。然而，现今人们所关注的仅仅是由发达国家向发展中国家提出的传统知识资源需求。纵观人类发展史，知识的积累和进步都是以过去几个世纪里创造并世代传承下来的知识和实践为基础的，且随着时间的推移，这些知识成了支持人类文明的基石。作为文化遗产的精华，传统知识不仅被广泛应用于现代工业和生活当中，如医药产业、植物药品、化妆品、农业和农药等①，而且更重要的是其与大多数发展中国家的食品和健康问题密不可分②。

现代知识产权保护法律体系的核心形成并发展自发达国家，这在某种程度上意味着对传统的否定和对创新的推崇。③ 与特定区域或民族的生产和生活资料一起在漫长的历史进程中进步和发展的传统知识，具有与众不同的特

① 传统知识和现代工业的结合已经取得了一些成就。例如，植物药在 OECD 市场的销量在 1995 年就已经达到了 430 亿美元。参见《传统知识保护和商业化体系国际研讨会报告》，2002 年 4 月 3 日至 5 日，新德里。

② 根据世界卫生组织的数据统计，全球有超过 80% 的人口依赖传统医药来满足他们的医疗需求，以此我们可以看出传统知识对人们的生活和福利所具有的深远影响。

③ 唐广良：《遗传资源、传统知识和民间文艺表达方式的国际保护概述》，《知识产权文丛》第 8 卷，中国方正出版社 2002 年版，第 3 页。

性，并且似乎与现代技术和法律标准并不一致。因印度楝树知识产权纠纷而引发的发达国家和发展中国家之间对生物海盗行为的争论，正反映了现代知识产权制度和传统知识持有人权利之间的激烈冲突。这种冲突存在于传统知识持有者和传统知识的知识产权所有者之间，而其根源则是发达国家和发展中国家之间的斗争，发达国家通常拥有前沿的研究和先进的技术，而发展中国家通常掌握着丰富的传统知识和遗传资源。

UNEP/CBD、WIPO、WTO、FAO 等已经对有关传统知识和知识产权的问题进行过讨论。其中，WIPO 已经与 UNEP 合作开展一个法律文书项目，主要涉及知识产权在分享因使用传统知识及其相关生物资源所产生惠益过程中的作用①；FAO 和 CBD 已经就农业领域的共同利益达成了常规合作协议。这些国际组织的角色和功能各不相同，它们的关注点也各有不同。WIPO 注重的是以知识产权对传统知识进行保护，WTO 注重的是与知识产权有关的贸易，而 CBD 和 FAO 则侧重于对遗传资源的保护和利用。

国际社会所关注的焦点通常是传统知识持有者或其国家与知识产权所有者或使用传统知识进行创新的知识产权所有者所在国之间冲突的解决方法，但是持有传统知识的国家之间也正酝酿着另一种潜在的矛盾。正如一个非政府组织（NGO）所发布的信息，在共享相同或相似资源并且对国外市场存在竞争的国家之间很可能也会爆发冲突。比如，在闹得沸沸扬扬的印度香米专利事件中，尼泊尔对于自己不被认可为印度香米生产国表示担忧。任何有利于如印度和巴基斯坦等国家的关于名称、知识和植物的法律权利和补偿的确定都可以完全地不考虑尼泊尔。②

还有一种在跨界民族之间酝酿的冲突使问题变得更加混乱。2010 年初，一份网上新闻报道表示，韩国 SBS 电视台和民间社会组织对一份由中国吉林省延边朝鲜族自治州对外宣传制作的，包含假面舞、跆拳道和阿里郎歌曲等

---

① WIPO：《CTE 与 TRIPs 委员会声明》，WT/CTE/W/182（2002 年 2 月 6 日）。

② Grain and Kalpavriksh, *Traditional Knowledge of Biodiversity in Asia-Pacific: Problems of Piracy and Protection*, at. 9 (Nov. 2002), https://www.grain.org/article/entries/81-traditional-knowledge-of-biodiversity-in-asia-pacific-problems-of-piracy-and-protection，最后访问日期：2019 年 5 月 4 日。

表演内容的宣传片表示强烈不满，认为“中国窃取了韩国的传统文化”。[①] 19世纪60年代末，大量的朝鲜人涌入中国地区并形成中国十大少数民族之一。因此，中国朝鲜族与朝鲜半岛上的韩国人拥有同样的祖先、历史和文化，因而自然拥有如假面舞、跆拳道和阿里郎歌曲等传统文化。但因居住于不同国家，故就此产生来自不同国家的同一民族对同一传统文化提出主张的情况。

事实上，中国朝鲜族和朝鲜半岛的韩国人的跨界民族普遍遍布于整个世界。特别是作为一个历史悠久、幅员辽阔、陆地边境线有2万余公里的统一多民族国家，中国跨界民族的总人口约为6 600万人。[②] 这些跨界民族最初生活在同一个区域，但是后来被分离到了不同的国家或者迁徙到相邻国家。尽管他们的传统居住区域被政治疆界所分割，致使他们成为不同国家的公民，但是他们的生活区域在本质上是连成一片的，使他们能通过对相同自然环境的观察和实践来共同形成和发展传统知识并世代流传。通常这些跨界民族都能掌握并拥有这些传统知识。因此在共同拥有这些传统知识的跨界民族之间就会产生这样一个问题，即谁与这些传统知识的惠益分享和事先知情同意有关。如果目前传统知识的持有者和使用者之间的争端被认为是纵向争端，那么跨界民族之间关于传统知识的潜在冲突可以被看作是传统知识持有者之间的横向争端。

CBD成员国于2010年9月签署了《生物多样性公约关于获取遗传资源和公正、公平分享其利用所产生惠益的名古屋议定书》（下文简称“名古屋议定书”），该议定书建立了解决发达国家和发展中国家之间获取遗传资源和惠益分享冲突的基本原则，因而该议定书被称为生物遗传资源国际保护制度的基石。现实中存在与遗传资源相关的同一传统知识由几个缔约方的一个或一个以上土著和地方社区共同拥有的情况，即存在跨界民族共同持有传统知识的情形。然而，《名古屋议定书》第11条仅仅要求相关缔约方应酌情尽力合作以期执行本议定书，而并未给出具体的解决方案。

---

① 韩国一个非政府组织声称中国窃取了韩国的文化，参见 http：//msn. huanqiu. com/2010－02/706705. html，最后访问日期：2019年5月12日。

② 金春子：《中国的跨界民族》，《民族团结》1995年第5期，第22页。

由 WIPO 政府间委员会起草的有关保护传统知识的条约草案[①]也呼吁建立一个全球多边惠益分享机制，以此来解决跨界的情况下所存在的问题，但是也没有提出一个实质性的机制。

本章试图寻找跨界民族的传统知识的冲突根源和潜在的冲突，并根据国际法原则和理论提出可行的解决方案。

二、传统医药及其特征

传统医药源自与古代社会文化密切相关的医药实践，并且因各国文化差异而显示出多样性。[②] 根据 WHO 和其他一些组织的报告，直到 1980 年，除了大洋洲以外，几乎全球所有大陆都在使用传统医药，尽管在传统医药的使用上和对社区的接受程度上存在一些不同。在作为世界五大主要传统医药体系组成部分的西太平洋地区和东南亚地区，[③] 印度医药和岐黄之术[④]不仅拥有几千年的理论基础和实践经验，而且实现了与西医的结合，还构成了该区域医疗卫生工作的基本原则之一。[⑤] 在非洲地区，虽然传统医药已经成为传统文化的一部分，但是却并不像东南亚和西太平洋地区一样具有清晰的条理。[⑥] 地中海东部地区的农村社区通常都能获取并接受传统医药，但是官方和专家的态度却非常多变，他们有时会持认可并支持的态度，有时却又持排斥甚至抑制的态度。[⑦] 在南美洲和中美洲地区同样能发现

---

① WIPO:《保护传统知识：条款草案》，WIPO/GRTKF/IC/34/5，2017 年 3 月 15 日。

② 陈恳：《什么是传统医药》，参见 http：//www.zywx.org/tcmip/Article Show.asp?ArticleID=884，最后访问日期：2018 年 4 月 8 日。

③ 五大古代医药体系是指希腊—罗马医药、印度医药、埃及医药、巴比伦医药和岐黄之术。

④ 据称中国最早的医学典籍《内经》（全称《黄帝内经》）是由中国的先祖轩辕黄帝及其大臣岐伯所著，因此岐黄之术也是中医的同义词。

⑤ Abayaomi Sofowora, *Medicinal Plants and Traditional Medicine in Africa*, John Wiley and Sons Limited, at 22－23（1982）. 我国传统民族医药资源丰富。据统计，目前我国就有汉、藏、蒙等共 16 种民族医药和 1.280 7 万种传统中药资源。其中，仅 320 种常用植物类药材的总蕴藏量就达 850 万吨。张伟波：《中国传统医药如何进行知识产权保护》，《发明与创新》2007 年第 11 期，第 33 页。

⑥ 同上。

⑦ 同上。

传统医药和传统医师的存在。[①] 但是，北美洲和欧洲等发达国家和地区则甚少使用传统医药或者含有植物来源的药物，他们也并不赞成促进传统医药的发展。[②]

什么是传统医药？根据 WHO 的定义，传统医药可以被看成是基于理论、信仰和本土不同文化经历所获取的，无论是否可解释的，用以维持健康并预防、诊断、改善或治愈身体或精神疾病的知识、技术和实践的总和。[③]

传统医药完全依赖于以口头或书面方式世代传承过去的经验和观察。这些经验和观察以共同构成传统知识的社会、文化和宗教的背景、信仰和知识为基础。但是它同时也是一个动态和发展的体系，并不像 15 世纪的画作一般禁锢在过去的时间里。正如其他基于现有知识和发展而产生的发明一样，“传统”是传统医药演进的基础。然而，随着病毒的进化和作为传统医药核心材料的植物、动物和矿物质的不断开发，传统医药一直在不断演进并产生新的知识。

传统医药的信息都是通过口头和部分手写书稿秘密传承的，有些手写书稿还是用只有接受过专业训练的学生才能解释其含义的专业术语所写成的。[④] 比如在泰国，草药医师都是通过与那些已经掌握了此种传统的人建立师生关系的途径来获得他们基本的医学知识。[⑤] 在印度，教学的完美典型是将其看作一项秘密而神圣的活动，因为只有当老师与门徒之间始终保持紧密持续的联系时，才可能真正实现个体成长，此时师生之间的关系是将外界完全排除在外的。[⑥]

---

① Abayaomi Sofowora, *Medicinal Plants and Traditional Medicine in Africa*, John Wiley and Sons Limited, at 22 – 23 (1982), 同上。

② 同上。

③ WHO，参见 http://www.who.int/medicines/areas/traditional/definitions/en/index.html，最后访问日期：2019 年 4 月 11 日。

④ Richard S. Weiss, *Recipes for Immortality-Medicine, Religion, and Community in South India*, Oxford University Press, at 15 (2009).

⑤ Viggo Brun & Trond Schumacher, *Traditional Herbal Medicine in Northern Thailand*, University of California Press, at 41 (1987).

⑥ V. R. Madhavan, *Medical Education of the Tamils*, *in* Heritage of the Tamils: Education and Vocation, S. V. Subramanian and V. R. Madhavan, Madras ed., International Institute of Tamil Studies, at 227 (1986).

尽管王室或贵族所使用的传统医药是被允许公开教学的[①]，但是从教学和传承的方式中我们可以发现，传统医药的持有者并不希望向公众传播这种仅有少数人精通的信息。

传统医药的药材主要来源于植物界，也有一些材料来源于动物界和矿物界。由于各自存在于不同的自然环境和气候，植物、动物和矿物成分会表现出巨大的功能和特性差异。因此，在某种程度上来说，传统医药具有区域性特征，就像印度传统医药和传统中医药之间的差距非常明显，但传统中医和传统韩医却非常相似，因为两者都广泛使用的中药药材之一的人参即跨界生长于中国和朝鲜之间。相似的环境和地貌生态系统是传统医药的基础，也造就了传统医药之间相同或相似性。

三、跨界民族

自 20 世纪 80 年代末期至 90 年代早期，随着苏联解体和东欧剧变，由第三世界国家的民族主义所推动的跨界民族之间的冲突代替了东西方世界[②]之间的冷战，这也是当今国际社会动荡和不安的主要原因之一。跨界民族是指那些传统的居住地被划分到相邻的不同国家领土的民族。[③] 最典型的例子是库尔德族，该民族跨越伊拉克、土耳其、伊朗和叙利亚的边界而存在。

跨界民族的形成方式有两种，即国际法上的国界线划分和迁徙。前者是国家行为并且与民族本身的意愿无关，后者则是一个族群或族群中的个别人因政治或经济原因而为的行为。比如，有一些民族的最初聚居地自古代起就位于中国及其邻国交界边境，但是后来有些位于同一区域的民族因领土划界

---

① 从历史观点上说，传统医药有两种发展途径，一种是由皇室进行发展，另一种是由乡村的市民进行发展。前一种通常是在各种传统医药学校中进行包括各种理论在内的教学所进行的；后一种通常是在乡村地区直接进行实践。但是两者之间的区分并不非常明确，两者相互影响并有很多共通的内容。

② 运用辩证的研究方法和矛盾的分析方法，可以得出结论：跨界民族是现存国家分隔力的产物，但跨界民族问题不单纯是现存国家分隔力的产物，而是现存国家政治分隔力和民族向心力这两种相反社会力量交互作用的产物。即分属于不同国家的同一民族及其聚居地被国家政治所分隔的外在动力与民族传统文化的感召力及民族自身利益的驱使等内在动力交互作用的结果。参见曹兴：《跨界民族问题及其对地缘政治的影响》，《民族研究》1996 年第 6 期。

③ 曹兴：《论跨界民族问题与跨境民族问题的区别》，《中南民族大学学报（人文社会科学版）》2004 年第 2 期，第 39 页。

而被划入了不同的国家。然而，有相当一部分朝鲜族人是为了躲避 1910 年"日韩合并"事件而迁徙到中国的。作为与跨界民族相似的概念，跨国民族和跨境民族不仅包含跨界民族在内，同时还包含那些生活在不同或不相邻领土内的民族，如犹太人、华人、吉卜赛人和阿拉伯人等。

跨界民族无论从理论上或实践上来讲，他们是拥有相同的祖先、相同的历史和相似文化的社会团体。① 这些民族的成员会认为自己是某一历史社会成员的后代，他们在整个历史时期享有相同的或部分相同的文化。② 此外，跨界民族应当在自然相邻的两个或两个以上国家中拥有聚居地。③ 随着长时期的分割，他们的语言、生活方式和衣着打扮等都逐渐发生变化，但是他们的风俗、宗教、节日、传说、家庭伦理和其他一些无形文化仍旧保持一致④并世代相传。

四、跨界民族对传统医药的可能权属模式及争端

国家为保护传统知识而采取的不同措施可能会导致各国国内法对传统医药规定不同的权属模式。主要包括由个人所有和集体所有的私有制模式以及国家所有或整个社区所有的公有制模式。⑤

从各个国家保护传统医药的实践中我们可以发现，有很多保护传统医药的实践是通过现有知识产权体系进行的，比如专利。例如，作为传统医药的大国之一，中国正在经历一个将专利制度适用到传统中医药的发展阶段。⑥

---

① Richare Schermerhorn, *Ethnicity and Minority Groups*, Ethnicity, John Hutchinson & Anthony D. Smith ed., Oxford University Press, at 17 (1996).

② Thomas W. Pogge, *Group Rights and Ethnicity*, *in* Ethnicity and Group Rights, Ian Shapiro, Will Kymlicka ed., New York University Press, at 193 (1997).

③ 雷勇：《跨界民族问题研究：理论与现实》，《贵州民族研究》2005 年第 5 期，第 15 页。

④ 胡起望：《跨境民族探讨》，《中南民族学院学报（哲学社会科学版）》1994 年第 4 期，第 52—53 页。

⑤ 私有财产是属于个人的或者几个人组成的群体。John Schrems, *Understanding Principles of Politics and the State*, PageFree Publishing, at 234 (2004).

⑥ 例如，2002 年以前有关传统医药的专利申请数量超过了 12 000 份，其中大多数是由国内申请人提出的。自 1992 年起，每年有将近 1 400 份有关传统医药的专利申请被提出，而 1992 年是中国修订《专利法》的第一年。参见郑永峰：《中国传统医药专利保护的方式和经历》，文章发布于联合国贸易与发展会议（UNCTAD）中传统知识保护体系的国际研讨会，2002 年 4 月 3 日至 5 日，新德里。

作为最大的医药用品市场和研究开发基地，美国已经给相当大一部分传统医药知识及其相关产品授予了专利。专利申请人通常都是来自发达国家的公司或者研究人员，而发展中国家的申请人数量也正在不断增加。[①] 由于专利是基于个人或多人的智力成果而授予的，因此根据原始取得原则，专利应当归属于个人发明者或合作发明者，而不应归属于一个法律实体或者国家。但是在职务发明或者委托发明体系中，法人或其他非法人组织是可以成为专利权所有人的。[②] 专利权可以防止他人在同一国家就该专利提出权利申请，但是专利权的地域性限制无法保证在对当谁最先使用该专利有争议时，竞争对手不会在其他国家就同一专利提出申请，特别是针对像由跨界民族拥有的传统医药。

由皇室成员和平民百姓分别促进的东亚传统医药发展史提供了一种特殊的传统医药保护体系，并使国家作为传统医药的所有者成为可能。根据《泰国传统医药知识保护与促进法》[③]，泰国卫生部宣布对人类健康非常重要的传统医药属于国家所有。任何对传统医药的商业目的使用和研究都应当获得政府的许可。[④]

对由社区掌握的土著和当地社区所有知识形态的高度概括[⑤]使社区成为传统医药所有者成为可能，但是社区所有权与公有领域并非同一概念。[⑥] 例如，在澳大利亚土著艺术家与澳大利亚联邦储备银行（Yumbulu v. Reserve Bank of Australia）、土著艺术家与企业（Milpurrurru v. Indofurn Pty）的两个

---

① Carlos M. Correa, *Protection and Promotion of Traditional Medicine: Implications for Public Health In Developing Countries*, South Centre, at 71 (August 2002).

② 在有些国家，国有法人主体有权对职务发明提出专利申请，因此国家可以间接地拥有专利权。

③ 传统医药有三个种类，除了上面提到的一种，第二种是作为个人专有权而由登记机关授予个人，一旦该项传统医药被登记了，该项权利将在权利人有生之年及去世后五十年内一直存在。最后一种是众所周知的任何人都可自由使用的传统医药。参见 Jakkrit Kuanpoth, *Legal Protection of Traditional Knowledge: The Case of Thai Traditional Medicine*, 文章发布于关于 TRIPsP 协定和传统医药的东盟研讨会，WHO，雅加达，2001 年 2 月 15 日。

④ 同上。

⑤ Mohammed Khalil, *Biodiversity and Conservation of Medicinal Plants: Issues from the Perspectives of the Developing World*, *in*, Intellectual Property Rights and Biological Diversity Conservation: Interdisciplinary Analysis of the Values of Medicinal Plants, Timothy Swanson, ed. Cambridge University Press, at 240 (1995).

⑥ Chidi Oguamanam, *International Law and Indigenous Knowledge: Intellectual Property, Plant Biodiversity and Traditional Medicine*, University of Toronto Press Incorporated, at 158 (2006).

案例中，法院认可了个体土著艺术家对在复杂的集体所有制机构背景下进行的创造性设计享有著作权。[①]《安第斯共同体第 486 号决议》也认可了当地社区对于他们自己的集体知识享有权利。[②]

尽管没有什么能阻止各个国家在国家层面为保护不同领域的传统知识和医药而发展出专门的制度（无论是否基于知识产权），[③] 但是统一国际机制的缺失使解决跨界民族等传统医药持有者之间的潜在争端变得困难。

第一种争端类型可能产生于根据目前国际知识产权法律制度或者专门的制度即能确定权利的持有者之间。在这种情况下，传统知识持有者能清晰地确定为是个人还是集体。例如，我们假设 A 国和 B 国是拥有某一跨界民族的相邻国家，A 国的传统医药持有者已经基于该传统医药在 C 国申请了专利。此时，B 国的同一传统医药持有者可能会主张该专利无效。当跨界民族拥有的传统医药被标注了跨界地区原产地标志并出口到第三国时，也有可能会引发争端。

第二种争端类型可能存在于跨界双方根据专门的制度而要求传统医药使用者进行事先知情同意并进行惠益分享时如何确定权利的分享和各自所占比例。例如，当第三国的制药公司与位于 A 国的跨界民族签订了事先知情同意和惠益分享协议时，位于 B 国的跨界民族可能会就相关传统医药和惠益分享问题向对该协议有管辖权的法院提出申诉。WIPO 正努力促进事先知情同意和惠益分享机制不仅涉及使用者和持有者，同时呼吁建立全球多边惠益分享机制来解决跨界的情况下所产生的问题，但是目前仍未提出一个有实质性意义的机制。

---

① Chidi Oguamanam, *International Law and Indigenous Knowledge: Intellectual Property, Plant Biodiversity and Traditional Medicine*, University of Toronto Press Incorporated, at 158 (2006).

② 安第斯共同体委员会，第 486 号决议：*Common Intellectual Property Regime*（2000 年 12 月 1 日），参见 http://www.sice.oas.org/trade/junac/decisiones/DEC486e.asp. 第 3 条，最后访问日期：2019 年 1 月 15 日。

③ Carlos M. Correa, *Traditional Knowledge and Intellectual Property: Issues and Options surrounding the protection of traditional Knowledge*, at 17, https://www.researchgate.net/profile/Baruch_Brody/publication/49659959_Traditional_Knowledge_and_Intellectual_Property/links/02e7e5331b78c7ff15000000/Traditional-Knowledge-and-Intellectual-Property.pdf，最后访问日期：2019 年 1 月 15 日。

第二节　遗传资源及相关传统知识的获取及惠益分享制度

一、遗传资源及相关传统知识的获取及惠益分享相关国际法律体系

遗传资源及相关传统知识所蕴含的巨大价值以及由此而引发的惠益分享问题已经成为目前国际社会争论的主要议题，但法律的不确定性造就了国家间就保护、商业化和惠益分享等有关问题产生冲突。获取与惠益分享使授权他人使用植物遗传资源或传统知识的国家、农民和土著社区能分享使用者因利用其资源所获得的利益①，从而更加有利于保护遗传资源及相关传统知识。为此，UNEP、FAO 及 WIPO 等国际组织就遗传资源及相关传统知识的获取与惠益分享制度的构建做出了重要贡献。

1. UNEP 的《生物多样性公约》及《名古屋议定书》

由 UNEP 主导的于 1992 年 6 月 5 日通过并于 1993 年 12 月 29 日正式生效的《生物多样性公约》第 8（j）条首次规定，“依照国家立法，尊重、保存和维持土著和地方社区体现传统生活方式而与生物多样性的保护和持久使用相关的知识、创新和做法并促进其广泛应用，由此等知识、创新和做法的持有者认可和参与其事并鼓励公平地分享因利用此等知识、创新和做法而获得惠益”，从而确立了获取与惠益分享基本法律制度框架。但该公约未明确获取、惠益分享的定义，亦没有具体获取及惠益分享的程序，只在第 15 条②、第 19 条③做出了原则性安排。此外，《生物多样性公约》对遗传资源的跨境问题、国家管辖范围之外的遗传资源的获取与惠益分享问题也未

---

① Bram De Jonge, What is Fair and Equitable Benefit-sharing? *Journal of Agricultural and Environment Ethics*, 2011 (24): 127 - 146.

②《生物多样性公约》第 15 条第 4 款和第 5 款规定：取得经批准后，应按照共同商定的条件并遵照本条的规定进行；遗传资源的取得须经提供这种资源的缔约国事先知情同意，除非该缔约国另有决定。

③《生物多样性公约》第 19 条第 2 款规定：每一缔约国应采取一切可行措施，以赞助和促进那些提供遗传资源的缔约国，特别是其中的发展中国家，在公平的基础上优先取得基于其提供资源的生物技术所产生成果和惠益。此种取得应按共同商定的条件进行。

作规定。

2010年10月18日至29日，在日本名古屋召开的《生物多样性公约》第10次会议上通过，并于2014年10月12日正式生效的《名古屋议定书》则为《生物多样性公约》的有效执行，特别是为公正和公平地分享利用遗传资源所产生的惠益而构建了全面和详细的制度。《名古屋议定书》细化了《生物多样性公约》的惠益分享制度、共同商定制度及事先知情同意制度的内容，新增了监管、信息披露及国际遵守证书等制度，且要求缔约国制定国家联络点及国家主管当局管理本国的遗传资源获取与惠益分享相关事宜，并要求设立信息交换所披露获取和惠益分享有关的信息，以及要求通过设立检查点、办理国际公认的遵守证书等形式以检测遗传资源的利用情况。但《名古屋议定书》就衍生物、跨界遗传资源的获取与惠益分享等问题仍不明确。此外，如何在实施过程中与FAO的《粮食与农业植物遗传资源国际条约》、WTO的《与贸易有关知识产权协定》等协调一致也将是面对的挑战。[①]

2. FAO的《粮食和农业植物遗传资源国际条约》

《粮食和农业植物遗传资源国际条约》（International Treaty on Plant Genetic Resources for Food and Agriculture）是由FAO主导下为保持与《生物多样性公约》的协调性而就《植物遗传资源国际约定》（International Undertaking on Plant Genetic Resources）进行修订而形成的最终成果，其在2001年11月的第31届大会上获得通过，是目前唯一具有法律约束力的规范粮农植物遗传资源的保护、可持续利用、获取和惠益分享等问题的综合性国际协定。[②] 但在获取和惠益分享方面，相较于《生物多样性公约》及《名古屋议定书》规定遗传资源及其传统知识提供国和利用国之间的惠益分享双边系统，该条约主张建立获取和惠益分享多边系统。但其所规定的获取和惠益分享的多边系统仅适用于植物遗传资源和粮食与农业目的[③]，且偏重便利遗

---

① 徐靖、李俊生、薛达元、银森录：《〈遗传资源获取与惠益分享的名古屋议定书〉核心内容解读及其生效预测》，《植物遗传资源学报》2012年第5期，第720—725页。

② 张小勇：《遗传资源国际法问题研究》，知识产权出版社2017年版，第169页。

③ 廖秀健：《构建我国遗传资源获取与惠益分享制度的思考》，《江西社会科学》2012年第1期，第163—167页。

传资源的获取[①]；惠益分享情况进展效果还不明显[②]，且没能提供农民参与惠益分享的具体措施。[③]

3. WIPO 的《遗传资源：关于获取和公平惠益分享问题的知识产权指导方针草案》

为了协调传统知识、传统文化表现形式与遗传资源和知识产权之间的关系，WIPO 于 2000 年成立了知识产权与遗传资源、传统知识和民间文学艺术政府间委员会（The WIPO Intergovernmental Committee on Intellectual Property and Genetic Resources, Traditional Knowledge and Folklore, WIPO-IGC）。该委员会于 2004 年 3 月举行的第 6 届会议中提交了《遗传资源：关于获取和公平惠益分享问题的知识产权指导方针草案》（Genetic Resources: Draft Intellectual Property Guidelines for Access and Equitable Benefit-sharing），并不断进行了修订，且在第 17 届会议中发布了更新版本[④]。

该指导方针旨在增强遗传资源提供者和利用者对遗传资源获取和惠益分享协议的可接受性及其可操作性签订初步保密协议、对彼此贡献价值形成共识、遵守提供国事先知情同意相关法律制度、识别和审查资源情况、考虑法律适用等影响因素，以及不同类型协议的选择等 6 步骤参考意见。

二、遗传资源及相关传统知识的获取与惠益分享法律制度

1. 获取与惠益分享相关一般法律原则

法律原则是一个法律体系所不可或缺的，是法律中一种较为灵活与机动的成分，是为保持法律的统一与和谐，在立法时一以贯之的价值。[⑤] 在遗传资源及相关传统知识的获取与惠益分享相关法律制度方面，国家对遗传资源

---

① 徐靖、银森录、李俊生：《〈粮食和农业植物遗传资源国际条约〉与〈名古屋议定书〉比较研究》，《植物遗传资源学报》2013 年第 6 期，第 1096—1101 页。

② 王述民、张宗文：《〈粮食和农业植物遗传资源国际条约〉的实施进展》，《植物遗传资源学报》2011 年第 4 期，第 493—496 页。

③ 严永和：《目前遗传资源和传统知识法律保护机制国际探索的成就与不足——评 CBD 事先知情同意机制和 FAO 农民全机制》，《贵州大学学报（社会科学版）》2006 年第 3 期，第 31—36 页。

④ WIPO/GRTKF/IC/17/INF/12.

⑤ 张文显：《法理学》（第三版），高等教育出版社 2007 年版，第 121 页。

及其相关传统知识享有主权权利的主权原则、利益相关者[①]应当参与遗传资源及相关传统知识的获取和惠益分享的利益相关者参与原则、遗传资源及其相关传统知识提供国为使用者提供便利且不施加不合理限制的获取便利原则，以及充分兼顾各方利益相关者利益，实现和保证公平公正分享惠益的原则等则已被《生物多样性公约》《名古屋议定书》及《粮食和农业植物遗传资源国际条约》普遍接受为其核心价值，是支撑生物多样性国际保护制度的基石。

在国家主权原则方面，《生物多样性公约》在序言中强调“缔约国重申各国对它自己的生物资源拥有主权权利，也重申各国有责任保护它自己的生物多样性并以可持久的方式使用它自己的生物资源”，第 3 条作为公约原则明确了“依照联合国宪章和国际法原则，各国具有按照其环境政策开发其资源的主权权利”，第 15. 1 条规定“确认各国对其自然资源拥有的主权权利，因而可否取得遗传资源的决定权属于国家政府，并依照国家法律行使”，类似内容也体现在《粮食和农业植物遗传资源国际条约》第 10. 1 条，其规定“各缔约方在与其他国家的关系中，承认各国对本国粮食和农业植物遗传资源的主权，包括承认决定获取这些资源的权力隶属于各国政府，并符合本国法律”。但与《生物多样性公约》有所不同的是，其在序言及第 10. 2 条中规定，“各缔约国在行使其主权时，同意建立一个高效、透明的多边系统，以方便获取粮食和农业植物遗传资源，并在互补和相互加强的基础上公平合理地分享因利用这些资源而产生的利益”，即强调主权原则的确定不得阻止公平合理地分享惠益。

在利益相关者参与原则方面，《名古屋议定书》序言中明确“妇女在获取和惠益分享方面发挥的重要作用，并申明必须让妇女全面参与所有级别的

---

① CBD 获取与惠益分享专家组确认了遗传资源获取与惠益分享中的 12 种利益相关者：负责以下方面工作的政府部委和机构：自然资源、环境、农业、农村发展、社会福利、文化、包括渔业和林业在内的经济问题、海关、保护区、医药卫生、科研、司法和财政；地区政府和省政府的机构；从事遗传资源保护的国家组织和国际组织；工业行业，特别是育种、制药、植物病虫害及其他生物技术公司；科学界和学术界或其代表组织；民众组织；农民、森林居民及其组织；传统的民间医生或其协会和团体；地方社区和土著社区及其组织；从事遗传资源领域工作的非政府组织；没有组织起来的民间社会成员；新闻界。参见 Report of the Panel of Experts on Access and Benefit-sharing on the Work of Its Second Meeting. UNEP/CBD/WGABS/1/2。

生物多样性保护的决策和执行”，确认和强调妇女作为利益相关者参与政策制定和执行的必要性。同时，《名古屋议定书》第6.2条和第7条规定，“缔约方应根据国内法酌情采取措施，以期确保在获取土著和地方社区拥有既定的准予获取的权利的遗传资源时，得到土著和地方社区的事先知情同意或批准和参与”，第21条（h）规定，“让土著和地方社区以及相关利益攸关方参与本议定书的执行”，第22.1条规定在能力建设方面，“缔约方应为主要包括非政府组织以及私人部门的相关利益攸关方的参与提供便利”，从而确认了土著和地方社区的参与权利。《粮食和农业植物遗传资源国际条约》第9.2（b）条规定，各缔约方应采取措施保护和加强农民“公平参与分享因利用粮食和农业植物遗传资源而产生的利益的权利”，着重强调农民作为利益相关者参与惠益分享的原则。

在获取便利原则方面，《生物多样性公约》第15.2条规定，“每一缔约国应致力于创造条件，便利其他缔约国取得遗传资源用于无害环境的用途，不对这种取得施加违背本公约目标的限制”，从而确立了保证使用者不违背公约目的的前提下便利获得遗传资源的获取便利原则。《名古屋议定书》则在公约的基础上进一步简化了因非商业性研究目的而获取资源的措施，第8条（a）要求缔约方“创造条件以促进和鼓励有助于生物多样性保护和可持续利用的研究，特别是在发展中国家，包括采取非商业性研究目的的获取的简化措施”。《粮食和农业植物遗传资源国际条约》第10.2条则注重获取和惠益分享多边系统的建立，以此方便获取粮食和农业植物遗传资源。

在公平公正分享惠益原则方面，《生物多样性公约》第1条规定，“按照本公约有关条款从事保护生物多样性、持久使用其组成部分以及公平合理分享由利用遗传资源而产生的惠益”，从而将公平合理分享惠益同保护生物多样性、持久使用生物多样性共同列为公约的三大目标，并在第15.7条中进一步明确“要求缔约国与提供遗传资源的缔约国公平分享研究和开发此种资源的成果以及商业和其他方面利用此种资源所获的利益”。《名古屋议定书》第5条和第10条则规定，“确保根据共同商定的条件，与有关社区公正和公平地分享利用由土著和地方社区持有的遗传资源所产生的惠益”，以及“解决公正和公平分享从跨界的情况下发生或无法准予或获得实现知情同意的利用遗传资源和遗传资源相关的传统知识中获得的惠益”问题，从而将公平公正惠益分享原则延伸适用到跨界传统知识。《粮食和农业植物遗传资源国际条约》第 1 条明确“将公平合理地分享利用粮食和农业植物遗传资源而产生的利益”作为条约宗旨，并在第 13 条中要求缔约国建立一个多边系统来保证惠益分享的公平合理。

2. 获取与惠益分享的参与主体

遗传资源及相关传统知识的获取与惠益分享活动主要涉及提供方和使用方。使用方通常是跨国公司、科研机构及自然人等基于遗传资源及相关传统知识而进行科学研究和开发者，《生物多样性公约》《名古屋议定书》和《粮食和农业植物遗传资源国际条约》并未做出具体的规定。相比之下，提供者则根据具体情形或者为国家，或者为土著和当地社区，或者为自然人。比如，《生物多样性公约》第 15.1 条规定，“确认各国对其自然资源拥有的主权权利，因而可否取得遗传资源的决定权属于国家政府，并依照国家法律行使”，从而表明国家是拥有遗传资源的主权权利者，是获取与惠益分享活动的政策制定者、执行者和监督机构，是获取与惠益分享的参与主体。提供遗传资源的国家，其遗传资源可能是取自原地来源，包括野生物种和驯化物种的群体，或取自移地保护来源，不论是否原产于该国。

除非被确定为国家所有的遗传资源及相关传统知识，获取与惠益分享的主体主要是土著或当地社区，以及具体的持有者。比如《名古屋议定书》第 6.2 条和第 7 条规定，缔约方应根据国内法酌情采取措施，以期确保在获取土著和地方社区拥有既定的准予获取的权利的遗传资源及其相关传统知识时，得到土著和地方社区的事先知情同意或批准和参与。

一般情况下，遗传资源及相关传统知识的获取与惠益分享的参与主体只有双方，但在不止一个缔约方的领土内发现存在相同的遗传资源及相关传统知识时，则出现两个或多个提供方和一个或多个使用方的问题，比如跨界民族共同拥有的传统知识的获取和惠益分享则要考虑“持有人—持有人—使用人”的三方参与主体的获取与公平公正惠益分享的问题。

3. 获取与惠益分享的程序

遗传资源及其传统知识国际保护特殊机制的核心在于程序的合法性和公

平性。为此《生物多样性公约》《名古屋议定书》及《粮食和农业植物遗传资源国际条约》确立了事先知情同意和共同商定条件两项基本程序，旨在为遗传资源及其相关传统知识的保护创建公平的环境。

事先知情同意制度（prior Informed consent）是环境法领域为保护自然环境和生态环境而引入的制度，其目的一是为防范和减少危险化学物品和农药品国际贸易可能引发的环境损害，二是为了生物多样性及其相关土著人权保护。在自然环境方面，如联合国环境规划署 1992 年《控制危险废物越境转移及其处置巴塞尔公约》（Basel Convention on the Control of Transboundary Movements of Hazardous Wastes and Their Disposal）第 4.1 条（c）款一般义务中规定，“在进口国未以书面同意某一进口时，各缔约国应禁止或不许可此类废物的出口”，从而确立了事先知情同意义务。在此基础上，联合国环境规划署和联合国粮农组织于 1998 年制定了《关于在国际贸易中对某些危险化学品和农药采用事先知情同意程序的鹿特丹公约》（Rotterdam Convention on the Prior Informed Consent Procedure for Certain Hazardous Chemicals and Pesticides in International Trade），细化了危险化学品和农药进出口环节中的事先知情同意程序。在生态环境方面，《生物多样性公约》第 15.5 条明确规定，“遗传资源的取得须经提供这种资源的缔约国事先知情同意”，将事先知情同意确定为遗传资源获取的前置必要程序。在此基础上，《名古屋议定书》第 6.2 条和第 7 条规定，“缔约方应根据国内法酌情采取措施，以期确保获取由土著和地方社区拥有既定的准予获取的权利的遗传资源时，或持有的与遗传资源相关的传统知识，得到了这些土著和地方社区的事先知情同意或批准及参与”，从而赋予缔约国制定事先知情同意相关国内法律的权利。根据《名古屋议定书》第 6.3 条的规定，缔约国为事先知情同意程序可以采取包括由国家政府建立一个专门的事先知情同意部门，明确规定哪些信息应当提供给遗传资源及相关传统知识持有人，哪些情况下由个人持有者、当地社区代表或者整个国家切实参与到事先知情同意程序当中等必要的立法、行政或政策措施。

在事先知情同意基础上，为了强化遗传资源及相关传统知识利用领域的管理，《生物多样性公约》第 15.5 条和第 15.7 条首次引入“共同商定条件”，由遗传资源及其相关传统知识的持有者或提供者和使用者通过谈判确定包括知识产权权属安排在内的获取与惠益分享协议的具体条件，以保证提供遗传资源及其相关传统知识的缔约国及其持有者或提供者公平分享利用此种资源及相关知识所获得利益。《名古屋议定书》第5.5条则进一步明确“缔约方采取立法、行政或政策措施，以便惠益分享按照共同商定的条件进行”的义务。共同商定条件可包括持续向原先持有者提供货币惠益、技术转让、培训或研究、定期汇报资源用途和过程、知识产权权属、资源来源的充分披露，以及原先持有者获得的具体惠益。[①] 同时，第19.1条规定，“缔约方应酌情鼓励制定、更新和使用共同商定条件的部门和跨部门示范性合同条款”，以保障惠益分享协议的公平和公正。

4. 惠益分享的形式

《生物多样性公约》第1条规定，“保护生物多样性、持久使用其组成部分，以及公平合理分享由利用遗传资源而产生的惠益的手段包括遗传资源的适当取得及有关技术的适当转让”，但并未详细规定惠益分享的形式，只要求“需顾及对这些资源和技术的一切权利，以及提供适当资金”。《名古屋议定书》第5条及其附件[②]，则规定惠益不仅包括获取费、对每一收集的或用其他方法获得的样本收费、付费、使用费、许可费、向资助保护和可持续利用生物多样性的信托基金支付的特别费用、薪金和共同商定的优惠条件、科研经费、合资企业、有关知识产权的联合拥有权等货币惠益，以及在科学技术研发中的协调、合作和提供捐助、参与产品研发、教育和培训、允许利用设施和数据库、转让知识和技术、加强技术转让的能力、体制能力建设、人力资源及能力建设、培训、获得科学信息、对当地经济的贡献、遗传资源提供国国内用途相关科研活动、机构和专业关系的构建、粮食和生计保障惠益、社会认可，以及共同拥有相关知识产权等非货币惠益，但不限于上述形式。上述内容同2002年《关于获取遗传资源并公正和公平分享通过其利用

---

① Janak Rana Ghose, Benefit Sharing of Genetic Resources: The Convention on Biodiversity, The Bonn Guidelines and Emerging ABS Frameworks. Research Project on Protection of Indigenous Knowledge of Biodiversity, Briefing Paper. 1, August 2004.

②《名古屋议定书》附件：货币和非货币性惠益。

所产生的惠益的波恩准则》（Bonn Guidelines on Access to Genetic Resources and Fair and Equitable Sharing of the Benefits Arising out of Their Utilization）附件 2① 一脉相承。

第三节　跨界民族传统医药的权属及获取与惠益分享原则

一、跨界民族自决权决定传统医药的权属

与自然地理特征存在根深蒂固联系的传统医药通常都是由跨界民族在因领土疆界或迁徙而分割之前所创造和发展的。因此跨界民族应当是前述传统医药的共有人，但领土划界将共有人分割到了两个不同的主权国家境内，导致了跨界民族之间对与传统医药相关利益产生了争议。跨界民族是否仍然共同拥有这些传统医药？这个问题的答案将影响到事先知情同意和惠益分享制度的建立，而 WIPO 正在对这一问题进行讨论。如果答案是肯定的，那么传统医药的使用者可以仅获得任意一方共有人同意，并通过统一主旨的谈判来解决惠益分享问题。但是如果答案是否定的，那么使用者则需要获得双方或所有传统医药持有者的同意，并向每个持有者分别分享惠益，最坏的结果将是他们可能无法获得任何一方持有者的事先知情同意。

跨界民族的地域性和地理集中性特征为共有权的提出提供了理论基础。因为他们的土地连成一片，而土地是全世界所有土著居民的生活和文化的基础，这已经被认为是一项普遍原则。获得土地并控制土地及其资源的土地使用权对全世界土著居民来说是非常重要的，② 并且存在集合性的特征，包括占有、使用和管理权利在内。根据《国际劳工组织公约》第 169 号的声明，土著居民对传统占有的土地所拥有的所有权和占有权应当得到认可，并应当通过适当措施来对土地使用进行保护，这些土地不仅仅是由他们进行占有，

---

①《关于获取遗传资源并公正和公平分享通过其利用所产生的惠益的波恩准则》附件 2：货币和非货币性惠益。

② 联合国土著问题常设论坛第 16 届会议报告，2007 年 5 月 14 至 25 日，E/2007/43，E/C.19/2007/12。

而且是他们一直以来生存和从事传统活动的地方。[①]

正如传统医药，土地和知识之间的联系对自决权产生效力，使其不能成为可转让财产，而成为叙述和保护整片土地上社区的历史和文化故事的文化成果。[②] 土地是对土著人民的自决权进行解释时的关键和必争区域。[③] 联合国人权事务委员会和美洲人权委员会在尼加拉瓜米斯基托印第安人（Miskito Indians of Nicaragua）[④] 和巴西亚诺玛米人（Yanomami of Brazil）[⑤] 的案件中，也认可了土地和资源对于土著文化和自决的重要性[⑥]。因此，跨界民族应当被建议共同拥有传统医药，因为他们共享着将土地和传统医药聚集在一起的民族自决权。

但是，如果对资源的传统管理被看作是对国家利益的挑战，那么民族自决权不一定能有效保护社区知识。[⑦] 因为相较于被解释为在一国内的自治和分离而非国家之间进行的分离，国际法上的民族自决权表明了民族国家根据其一般的政治框架所进行的习惯法上的自治。由跨界民族提出的基于传统医药的民族自决是一种跨国民族自决，是排除他们所属国家对传统医药主权的民族自决，因此跨界民族将成为国家间的主要目标。如果相关国家中存在单

---

① 《国际劳工组织公约》第 169 号，第 14（1）条。

② Johanna Gibson, The UDHR the group: Individual and Community Rights to Culture, *30 Hamline J. Pub. L. & Pol'y* 285, 289 (2008).

③ 《联合国土著人民权利宣言》，G. A. Res. 61/295（2007 年 9 月 13 日）。

④ 在一个关于尼加拉瓜米斯基托印第安人的案例中，美洲人权委员会根据《联合国土著人民权利宣言》第 27 条确定了尼加拉瓜的义务，并认为与印第安人保护其文化认同相符的“特殊法律保护”应当延伸到“与生产组织相关联的方面，除此之外还应当包括与祖传的和公共的土地相关联的方面”。《关于尼加拉瓜部分米斯基托人的人权状况报告及关于友好协商解决尼加拉瓜部分米斯基托人的人权状况的决议》，美洲人权委员会，O. A. S. Doc. OEA/Ser. UV/II. 62, doc. 10 rev. 3 (1983), O. A. S. Doc. OEA/Ser. UV/ II. 62, doc. 26 (1984) (Case No. 7064 (Nicaragua)), at 81。

⑤ 在 1985 年关于巴西亚诺玛米人的决议中，美洲人权委员会再次引用了《联合国土著人民权利宣言》第 27 条的规定，并认为“现在的国际法认可了民族地区有权对自己的宗教进行特殊保护，总而言之，这种保护适用于所有对保护其文化认同所必要的各种特征”。第 7615 号案例（巴西），美洲人权委员会第 12/85 号决议（1985 年 3 月 5 日），美洲人权委员会 1984—1985 年度报告，O. A. S. Doc. OEA/Ser. L/II. 66, doc. 10, rev. 1, at 24, 31 (1985)。

⑥ S. James Anaya, *International Human Rights and Indigenous Peoples: The Move Toward the Multicultural State*, 21 Ariz. J. Int'l & Comp. Law 13, 36 (2004).

⑦ Shelly Wright, International Human Rights, Decolonisation and Globalisation Becoming Human, Routledge, at 153 - 154 (2001).

一民族国家，那么将引发国家之间的争端，因为多民族国家通常会对拥有同一跨界民族的邻国产生怀疑。

国家领土主权的存在，包括对自然资源、遗传资源和人口在内的主权，是跨界民族对传统医药实行分别管理的主要原因。正如帕尔马斯岛仲裁案独任仲裁员休伯法官的观点，“领土主权在国家间意味着独立。地球上某一区域的独立是国家排除他国在其中从事活动的权利的功能。”[①] 领土主权意味着一个国家对于其领土和领土上的资源享有一种排他性权利。联合国大会《关于自然资源永久主权的宣言》[②] 宣称所有人民享有为了国家的利益和人民福祉而行使对其自然财富和资源的永久主权。[③] CBD 和《粮食和农业植物遗传资源国际条约》详细阐述了国家对于遗传资源的主权，[④] 而遗传资源是传统医药知识的基础。尽管还没有国家提出对传统医药主张国家主权，但是随着传统医药相关利益的扩张，提出对包括传统医药在内的传统知识享有永久主权将成为可能。当出现对传统医药享有主权的宣称时，除非获得各方的同意，否则共有模式将成为幻影。因为根据国际法上国家主权原则，任何国家都不得干涉他国内部事务。只要不违反国际法，特别是人权法，各个国家可在其领土范围内自由决定和适用法律和政策。[⑤]

传统医药在维持人类健康中的作用不亚于现代医药。根据 WHO 的估计，在一些亚洲和非洲国家仍有 80% 的人口依赖传统医药进行初级医疗保健[⑥]。此外，根据传统医药而获得专利的医药产品市场的不断扩大，不仅引发了传

---

① 帕尔马斯岛仲裁案（荷兰 v. 美国），2 R. I. A. A. 829（1949）。

② G. A. Res. 3281，UN GAOR，29th Sess.，Supp. No. 31，at 51，U. N. Doc. 1/9631（1974）.

③ 同上，第 1 段。

④ FAO 作为第一个认可植物遗传资源国家主权的国际组织，在其第 3/91 号决议中支持了国家对其植物遗传资源享有国家主权的观点，参见 FAO 于 1991 年在罗马召开的第 26 届会议中发布的《FAO 第 3/91 号决议》。于 1992 年 6 月在里约热内卢通过的《生物多样性公约》同样认可了国家对自然资源享有的国家主权，并且国家有权决定对遗传资源的获取应当遵守其国内法，参见《生物多样性公约》第 15 条；于 2001 年获得通过的《粮食与农业植物遗传资源国际条约》以国际条约的形式认可了有关植物遗传资源的国家主权，但是仅限于粮食与农业植物遗传资源领域。

⑤ CBD，UNEP/CBD/WG-ABS/7/INF/5（2009 年 3 月 6 日），《关于遵守土著和当地社区习惯法、国内法、跨界管辖权和国际法的研究》，第 49 段。

⑥ WHO，http：//www. who. int/mediacentre/factsheets/fs134/en/index. html，最后访问日期：2018 年 5 月 20 日。

统医药持有者与新药专利权所有人之间的冲突，还会在跨界民族之间引起争端。

当然，相互连接的土地是跨界民族共同创造并发展传统医药的重要基础。然而，国界的存在却为共同拥有传统医药设置了障碍。虽然基于自决权的土地权利使共有传统医药成为可能，但是这注定会遭到跨界民族最初归属国的反对，因为这会侵犯他们的利益。1983 年《关于国家对国家财产、档案和债务的继承的维也纳公约》（Vienna Convention on Succession of States in Respect of State Property，Archieves and Debts）为证明系争传统医药源头的判定提供了法律依据，但是由于公约未能产生预期效果以及国家实践的缺乏，在传统医药领域适用该公约受到很大限制。

CBD 建立起的事先知情同意和惠益分享原则以及 WIPO 传统知识政府间委员会的努力，改善了增加与传统医药使用者进行谈判的风险、谈判的程序和标准之成本。由于传统医药持有者内部的分歧，使得使用者需要分别获得各方持有者的同意；或者由于持有者内部的争端，使用者最终可能无法获得任何同意。从传统医药持有者的观点出发，所有权分化将减少他们与使用者进行谈判的可能或能力。从整个国际社会的立场出发，跨界民族内部的争端将可能导致无法实现对传统医药的有效发展和利用，这些争端将可能为增加全球人类健康设置物质障碍。

因此，如何建立一个三赢机制（持有者—持有者—使用者）是保障跨界民族传统医药相关利益，同时降低使用者风险和成本的关键。

二、跨界民族传统医药的获取与惠益分享原则

《名古屋议定书》第 10 条规定，“缔约方应考虑有必要制定一种全球性多边惠益分享机制并考虑这一机制的模式，以便解决公正和公平分享从跨界的情况下发生或无法准予或获得事先知情同意的利用遗传资源和与遗传资源相关的传统知识中获得的惠益”，从而指出确立跨界传统知识获取与惠益分享制度的必要性。尽管第 10 条未明确建构跨界传统知识的获取与惠益分享制度，但《生物多样性公约》《名古屋议定书》以及国际法一般原则为确立跨界民族传统医药的获取与惠益分享提供了原则性安排。即，除上述遗传资

源及相关传统知识的获取与惠益分享相关原则之外，跨界民族传统医药的获取与惠益分享应满足符合其跨界民族或跨界特殊性的原则。

1. 跨界民族传统医药的国家主权原则

作为不断积累并由特定区域居民世代传承的利用当地植物、动物和矿物资源的知识，传统医药与土地之间有着不可分割的联系。土地的天性是促进特定传统医药形成的基石。边界区域的植物、动物和矿物资源是跨界民族得以创造和持续使用传统医药的依靠。明确基于领土、自然资源和遗传资源的国家主权所形成的传统医药的国家主权不仅符合《联合国宪章》及相关决议，而且符合国际习惯法。于1909年签署的关于美加边界水域的《边界水域条约》规定了签约双方享有使用各自领土境内水域的主权的原则①；在1937年的默兹河分流案中，常设国际法院裁定“沿岸国家对其境内的河流享有主权，但是不得妨碍其他沿岸国家对于各自境内的该河流行使主权”，从而公认沿岸国家的主权权利。② 确定传统医药的国家主权意味着国家有权决定其境内的传统医药应如何分配和使用，并将鼓励对传统医药的有效利用和保护。

2. 跨界民族传统医药相关国家间国际合作原则

人类社会的发展史是个人、团体甚至国家之间为了繁衍和生存的基本必需品的血腥斗争史。然而，随着社会的发展，这些斗争逐步演变成图求传统知识资源的斗争。例如，从中国文物拍卖案③和厄瓜多尔与秘鲁之间世界文化遗产申报争端④来看，印度楝树引发的生物海盗争端将很可能发展为保持国家历史正统的争端。这些争端牵涉到将来争端发展的趋势，即保持国家文

---

①《边界水域条约》第11条，36 Stat. at 2449。

② 默兹河分流案（荷兰 v. 比利时，1937年）P. C. I. J.（Ser. A/B）。

③ 2008年2月，法国佳士得公司举办了一场专场拍卖。拍卖项目包括于鸦片战争时期被英法联军掠夺而流至海外多年的中国皇家园林圆明园文物鼠首和兔首铜质雕像。这场拍卖引发了关于找回中国文物的广泛讨论。

④ 萨培拉人居住在厄瓜多尔和秘鲁境内的亚马逊雨林地区。亚马逊流域地区以生物多样性著称，萨培拉人已经在这里生活了4个世纪，他们是热带雨林方面知识的权威。萨培拉人通过语言、仪式、神话、艺术和传统医药来表达与雨林的紧密关系，其中传统医药具有全球性的重要意义。萨培拉文化已经被选为联合国人类口头和非物质文化遗产。其保护计划已经被提上了厄瓜多尔和秘鲁政府的工作日程。其中一项计划是实现萨培拉语言的重生，保护萨培拉人的文化遗产，学习并保护萨培拉人的原始宗教和传统医药，巩固萨培拉社区建设，并提升萨培拉人与厄瓜多尔和秘鲁居民的交流。

化的正统和寻求国家文化价值之间的争端。跨界民族之间的争端正是由国家利益推动的、在位于不同国家境内的同一民族之间进行传统医药价值分配的争端。然而，正如《联合国宪章》的规定，“促进国际合作”是“解决国际属于经济、社会、文化及人类福利性质之问题”的国际法原则。① 这不仅是联合国的目标，而且是维持国际和平与安定必不可少的措施。《名古屋议定书》第 11 条亦规定，“在不止一个缔约方的领土内发现存在相同的遗传资源时，这些缔约方应酌情尽力给予合作……在相同的与遗传资源相关的传统知识由几个缔约方的一个或一个以上土著和地方社区分享时，这些缔约方应酌情努力在有关土著和地方社区的参与下进行合作，以便执行本议定书的目的”，从而重申了跨界合作的必要性和重要性。因此，建立一个“持有者—持有者—使用者”三方合作机制，即三赢机制不仅是解决跨界民族之间有关传统医药争端的关键，而且是维持国际和平与安定的保证。

3. 跨界民族传统医药持有者之间平等原则

《联合国宪章》第 2 条第 1 款规定，“本组织系基于各会员国主权平等之原则”，指主权的平等或享有平等的主权的固有权利是联合国的基石。我国宪法第 33 条第 2 款②、民法典第 4 条③、刑法第 4 条④以及民事诉讼法第 8 条⑤都明确规定了法律主体在法律面前享有平等地位，将其确立为基本法律原则。在跨界民族传统医药的获取与惠益分享制度中，平等原则意味着跨界民族传统医药持有者之间主体地位平等、权利能力平等以及惠益平等分享，是跨界民族传统医药获取与惠益分享制度的核心，是基于跨界民族传统医药相关知识的共同形成而确定的原则。其中，主体地位平等意味着跨越国界的民族之间不因国籍不同、人口数量或遗传资源所赖以生存的生态资源的贫富

---

①《联合国宪章》第 1 条。

②《中华人民共和国宪法》第 33 条第 2 款规定，中华人民共和国公民在法律面前一律平等。

③《中华人民共和国民法典》第 4 条规定，民事主体在民事活动中的法律地位一律平等。

④《中华人民共和国刑法》第 4 条规定，对任何人犯罪，在适用法律上一律平等。不允许任何人有超越法律的特权。

⑤《中华人民共和国民事诉讼法》第 8 条规定，当事人有平等的诉讼权利。人民法院审理民事案件，应当保障和便利当事人行使诉讼权利，对当事人在适用法律上一律平等。

而左右，皆为获取与惠益分享活动中的平等权利主体；权利能力平等则意味着跨越国界的民族之间不论其处于何种经济发展水平都具有平等参与获取和分享活动的权利，包括事先知情同意、共同商定条件，以及惠益的分享过程中国家边界、行政区划及经济发展水平都不得阻止其平等参与获取和分享活动的权利；惠益平等分享则意味着跨界民族传统医药的每一权利主体皆为传统医药知识做出贡献的主体，不得因国籍不同、人口数量或遗传资源所赖以生存的生态资源的贫富而区别对待可享受惠益。

此外，从国家主权平等的国际法原则来看，跨界民族所在国家皆拥有决定其境内传统医药知识利用方式的权利，因此每一跨界民族参与到跨界传统医药知识的获取与惠益分享活动是国家主权平等原则的体现。

第四节 跨界民族传统医药获取与惠益分享机制

一、“持有者—持有者—使用者”三方共赢机制

保护传统医药或知识持有者的权益无疑是目前的主要工作目标，但保护和保留传统医药或知识并非目标本身。对传统医药进行持续的研究和发展，以使更多的人能使用传统医药并最终促进全人类的健康水平才是更进一步的目标，而这一伟大的目标则需要由具备现代科技知识的使用者来实现。因此，世界知识产权组织传统知识相关政府间工作委员会一直关注传统医药持有者和使用者之间的利益平衡。但是国界的存在使得同一项传统医药知识被许多持有者同时拥有成为可能，同时也成了引发跨界民族之间就传统医药的获取与惠益分享产生争端的导火索。一项在秘鲁进行的生物多样性国际合作组项目调查结果显示[1]，当社区之间就传统医药相关决定产生争议时，土著社

[1] 生物多样性国际合作组项目中的秘鲁项目精确地反映了这样的场景：有一些社区支持参与生物勘探项目，而其他一些社区则持反对态度。在这种情况下，肯定惯例和传统实践在社区的决策（包括承认事先知情同意）过程中的中心作用是非常必要的。Manuel Ruiz et al., The Protection of Traditional Knowledge in Peru: A Comparative Perspective, *3 WASH. U. Global STUD. L. REV. 755*, 794 – 795 (2004)。

区的习惯法和规则将提供具有效力的解决途径。但是习惯法和规则却无法适用于跨界民族之间产生的争端，因为跨界民族被分隔在不同的国家。然而跨界民族及其所属国家应当牢记，相互合作将比各自为政创造更大的利益。因此，构建跨界民族双方以及使用者利益最大化的三方之间共赢机制是非常重要的。

那么什么是构建利益最大化的三方共赢机制的最佳方案和途径呢？确保医药科学家中的使用者，特别是技术研发人员能够拥有自由的研究环境是解决方案的关键，事先知情同意原则不应当成为阻止世界制药企业或研究机构获取传统医药的障碍。由跨界民族所在国向任何持有者或联合管理机构发出的满足法律要求的通知都是有效的，没有必要再建立比 WIPO 保护传统知识的事先知情同意更加严格的制度。此外，可建立一个持有者能监控基于传统医药所进行的新药研发进程的机制或平台，比如，使用者应当在每年年末时报告研究的进程和成果，或者由持有者的代表成为制药公司监督委员会的成员，这将使三方共赢机制更加透明。

二、跨界民族传统医药联合管理委员会

跨界民族作为一个整体参与传统医药的获取与惠益分享是跨界民族共同拥有对跨界传统医药知识权利的一种体现，但如果每一次获取与惠益分享活动由跨越国界的双方代表进行处理不仅会大大增加使用者的研发成本，而且获取或商谈程序十分烦琐，从而不利于传统医药的保护、利用和管理。因此，跨界民族应协商构建跨界民族传统医药联合管理委员会，并由其代表跨界民族进行事前知情同意、谈判，以及惠益的分享等日常保护和管理工作。

那么如何构建以及构建何种结构的联合管理委员会？有一些关于跨界河流的国际条约——比如《多瑙河航行制度公约》（Convention Concerning the Regime of Navigation on the Danube）——建立了由多瑙河流域国家组成的多瑙河委员会，并由该委员会负责对跨界水体的改善和保护职责，在充分考虑多瑙河沿岸国家利益的前提下，为水资源的可持续利用进行决策，因此可为跨界民族传统医药联合管理委员会的建立提供法律原则和经验。

由于主权国家在国际组织中的平等地位是由国际法所公认的一般法律原则，所以可在跨界民族所属国家之间的平等协商基础上建立联合管理委员

会，并赋予事先知情同意权、商定条件权，以及惠益分配或惠益管理权。在联合管理委员会人员构成方面，不仅要有政府代表、跨界民族不同地区代表，而且要有对跨界民族传统医药知识非常了解或对其做出重要贡献的人员，特别是要考虑适当比例的妇女代表。在联合管理委员会的职能方面，除了传统医药知识的获取与惠益分享活动相关事前知情同意登记、审查及批准、谈判并商定条件、惠益的公平公正分享以及相关基金的管理之外，还要从事编制相关传统医药知识现状等数据库以及互联网共享平台建设和管理等保护工作。同时，联合管理委员会的职能应当由成员方会议进行统一，主要应考虑到如下一些要素：委员会的争端解决职能、成员方的协商机制、委员会的预算、为传统医药的可持续利用进行投资，等等。在联合管理委员会的决策方面，应坚持协商解决原则，但协商不一致时则参考国际货币基金组织执行董事会的决策方式，即国际货币基金组织（以下简称 IMF）执行董事会的投票权是根据他们在 IMF 的份额决定的。[①] 因为每个国家在 IMF 中的份额是根据他们在加入 IMF 时获得的配额所决定的，而这主要是根据其在成员国中的经济地位决定的。

三、事先知情同意

跨界民族传统医药联合管理委员会的成立，以及跨界民族所属国家及其跨界民族的授权意味着使用者若要获取传统医药相关知识应向联合管理委员会提起申请，由联合管理委员会按照事先、知情和同意三步骤最终确定是否予以授权。“事先”意味着在任何活动开始或授权之前已充分征求同意，协商过程的时间必须由相关代理保证；“知情”意味着相关土著人民收到关于项目关键要素的令人满意的资料，包括项目的性质、规模、进度、可逆性、范围、原因、期限，以及该项目将产生的经济、环境和文化影响相关主要报告；而“同意”则是一个以参与和协商为中心的过程。[②]

---

①《国际货币基金组织协定》第 12 条第 5（a）段规定，每个成员国都有 250 票基本票数以及按份额每 10 万特别提款权分配一票的以份额为基础的票数。

② Mauro Barelli, Free Prior and Informed Consent in the aftermath of the UN Declaration on the Rights of Indigenous Peoples: Developments and Challenges Ahead, The International Journal of Human Rights, 2012, Vol. 16, p. 2.

对于拟获取传统医药相关传统知识的使用者来说，第一，“事先”意味着向联合管理委员会提供理解、访问和分析提议活动相关信息的充分时间，而时间的充分与否则由联合管理委员会的决策程序来决定。必须尊重联合管理委员会根据习惯理解、分析和评价审议所需而制定的决策时间表，且必须在活动开始前，或者在活动、程序或实施阶段的开始或开始时提供信息。[①]因此，为了避免联合管理委员会因为仓促决策而给使用者造成不利后果，使用者应提前足够多的时间来寻求跨界传统知识联合管理委员会的同意，以便跨界传统知识联合管理委员会能够对其所提供的信息进行充分的讨论、审议和决定。此外，因授予事先知情同意是以所同意的该跨界传统知识的具体用途为依据的，故在事先知情同意后若约定用途发生改变时，使用者应重新进行申请事先知情同意程序。第二，“知情”意味着参与性质和信息的类型等两个部分，包括其信息的可获取性、明确性、一贯性、准确性和透明性，是否以当地语言及适当的文化方式提供，是否包括积极和消极双方面影响的客观信息，是否包括初步评估对经济、社会、文化和环境的潜在风险和福利的影响，是否包括对项目的持续性、可逆性的影响评估，是否由具有文化背景的人员在文化适宜的地方交付，是否可到达最偏远的农村社区，包括青年、妇女、老人以及有时被忽视的残疾人等都是要谨慎注意的要素。[②] 第三，“同意”意味着联合管理委员会以特定形式和方式就使用者针对获取传统医药相关知识的申请和相关计划做出明确的赞同意见，或者附条件的批准。[③]基于透明性原则，除了商业秘密或需要保密的其他信息，任何同意的决定应公之于众。

四、共同商定条件

在遗传资源及相关传统知识的获取与惠益分享活动中，共同商定条件与事先知情同意在内容上有所重合。但在程序上，只有在使用人获得事先知情

---

① FAO, Free Prior and Informed Conset-An Indigenous Peoples' Right and A Good Practice for Local Communities (Manual for Project Practitioners), 2016, http: //www. fao. org/3/a-i6190e. pdf.，最后访问日期：2019 年 3 月 8 日。

② 同上。

③ 同上。

同意之后，才可以同持有人进行协商具体使用条件；在形式上，必须为使用者和持有者共同商议并确定条件，其制度基础为合同的自由意思自治原则。

在跨界民族传统医药相关传统知识的获取和惠益分享活动中，共同商定条件的双方主体应当为联合管理委员会和申请获取该跨界传统医药知识的使用方。任何违背双方自由意思的协商，以及违背《生物多样性公约》《名古屋议定书》及国内相关法律制度的条件皆因其违法性而不具有“共同商定”的条件。使用者应提前了解联合管理委员会内部决策程序，不得以不知晓联合管理委员会内部决策程序为由否定已商定的条件；联合管理委员会也不能以违背内部决策程序为由否定已商定的条件。同时，联合管理委员会的内部决策程序不能成为延迟商定条件时间的理由，因为《生物多样性公约》及《名古屋议定书》的宗旨是促进遗传资源及相关传统知识的使用。

五、跨界民族间的惠益分享机制

在跨界民族传统医药相关知识的获取与惠益分享过程中，惠益分享不仅意味着使用者利用传统知识而获得利益同持有者按照共同商定的条件进行分享，而且还意味着跨界民族间的二次分享。基于主权平等原则，跨界民族应平等分享惠益，但不排除跨界民族所属国之间所签署条约约定的优先适用，即特别法优于普通法原则仍应得到遵循。

特别是在非货币形态的惠益分享方面，跨界民族所属国家和联合管理委员会应以有利于保护、继承、利用传统医药相关知识为根本原则，进行协商、密切合作，不得因跨界民族间惠益分享争议而损害同使用者之前的共同商定条件，以保证实现利用遗传资源及相关传统知识改善人类健康和生活福祉状况的最终目标。

本章小结

被国界线分隔在两个或两个以上不同国家境内的跨界民族不仅共同创造了传统医药，并且共同促进了传统医药知识的发展，因此他们应当作为传统医药的共有人。但是国家主权的存在是跨界民族之间就传统医药的获取与惠益分享产生潜在冲突的要素。有关民族自决权的研究证明了跨界民族间存在共有传统医药的可能性，但民族自决权不得侵犯国家利益和主权的国际法实践，最终可能会导致跨界民族对传统医药权属的分化。这种分化不仅会带来使用者无法获得事前知情同意的风险，而且会增加其获得惠益分享的成本。

因此，在管理机制方面，基于“持有者—持有者—使用者”三方共赢机制而建立一个联合管理委员会，不仅能解决跨界民族之间关于传统医药获取及惠益分享中的利益冲突，还能提高对传统医药的利用效率以增强全球人类健康水平并维持区域和平与安定。同时，在跨界民族传统医药知识的获取与惠益分享方面，基于国家主权原则、国际合作原则以及主体平等原则，实施事前知情同意、共同商定条件以及公平公正分享惠益程序，不仅能保证传统知识使用人的权益，而且还能保证传统知识共同持有人的利益。

第五章 传统知识的可持续发展和“一带一路”倡议

第一节 “一带一路”倡议及其国际法地位

一、国际法视野下的“一带一路愿景与行动”

1.“一带一路”倡议概述

“一带一路”是“丝绸之路经济带”和“21世纪海上丝绸之路”的简称。[①]“丝绸之路”之美称最初出现在德国地理学家李希霍芬于1887年出版的《中国：我的旅行与研究》一书中[②]，其是指从两千多年前的西汉到清朝鸦片战争之前，连接中国和中亚、西亚、欧洲和非洲贸易往来的交通要道，亦指沿线国家人民自发的商业交流行为。但新“丝绸之路经济带”和“21世纪海上丝绸之路”则是中国新一代领导人在经济全球化时代，为扩大东西方贸易、文化交流而提出的区域合作倡议，是对古丝绸之路文化的传承、创新和发展。

尽管“一带一路”倡议是中国领导人在各种国际外交场合中提出的，但

---

① “丝绸之路经济带”是最早由习近平主席于2013年9月7日在哈萨克斯坦纳扎尔巴耶夫大学演讲时提出的，指出“为了使我们欧亚各国经济联系更加紧密，相互合作更加深入，发展空间更加广阔，我们可以用创新的合作模式，共同建设‘丝绸之路经济带’”。“21世纪海上丝绸之路”是习近平主席于2013年10月3日在印度尼西亚国会做“携手建设中国—东盟命运共同体”的演讲时首次提出的设想，指出“东南亚地区自古以来就是‘海上丝绸之路’的重要枢纽，中国愿同东盟国家加强海上合作，发展好海洋合作伙伴关系，共同建设‘21世纪海上丝绸之路’”。中国经济网：《图解：习近平邀请那些国家共建“一带一路”》，http://www.ce.cn/xwzx/gnsz/gdxw/201409/23/t20140923_3578387.shtml，最后访问日期：2018年7月5日。

② 人民网：《历史上的丝绸之路》，http://culture.people.com.cn/GB/230446/230468/230470/1566 8310.html，最后访问日期：2018年7月5日。

目前已上升为国家的愿景和行动。2015 年 3 月 28 日，国家发展和改革委员会、外交部、商务部联合发布的《推动共建丝绸之路经济带和 21 世纪海上丝绸之路的愿景与行动》（以下简称《“一带一路”愿景与行动》），明确了与沿线国家的共建原则、合作框架思路、合作重点，以及合作机制。据中国“一带一路”网站报道，截至 2021 年 1 月 29 日，我国已与 171 个国家和国际组织签署了 205 份“一带一路”合作文件①，而且其数量还在不断扩大。因此，“一带一路”倡议正演变为亚洲、欧洲及非洲国家间的新一轮贸易、政治、外交、文化等全方位的区域合作行动。

2. “一带一路”倡议的内涵

“一带一路”倡议虽然源自我国，但其根植于古代东西方贸易的历史；“一带一路”倡议不仅是经济合作倡议，而且是和平发展的倡议；“一带一路”倡议不仅涉及我国的利益，而且是惠及参与国家共同利益的“普遍利益”之倡议。

（1）“一带一路”倡议的根本为发展

“一带一路”倡议源自古代丝绸贸易历史，聚焦于经济全球化过程中所遇到的经济发展问题，特别是“一带一路”参与国家之间的资源、市场以及创新能力的优势互补问题。“一带一路”倡议所倡导的“五通”，以政策构建为制度保障，以构建基础设施网为着力点，降低了区域间货物、资金、信息和技术等贸易成本，实现了“一带一路”倡议参与国家之间的互利共赢及合作发展。

（2）“一带一路”倡议的前提为和平

古丝绸之路，和时兴，战时衰。维护地区和世界和平、促进共同发展是“一带一路”的宗旨之一，同时也是“一带一路”倡议成功实施的保障。两者既是相互依存的关系，也是相互促进的关系。古丝绸之路的历史经验证明，只有坚持政治解决国家间争议，着力斡旋和调解的 ADR② 模式，共建安

① “一带一路”网站：《我国已签署共建“一带一路”合作文件 205 份》，https://www.yidaiyilu.gov.cn/xwzx/gnxw/163241.htm，2021 年 1 月 30 日，最后访问日期：2021 年 3 月 15 日。

② ADR，即 Alternative Dispute Resolution，中文译为“替代性解决争议”。

全风险预警防控机制和应急处置联合工作机制，共同打击跨国犯罪，才能为共建“一带一路”营造良好的发展环境。

（3）“一带一路”倡议的导向为开放

共建“一带一路”是基于规则的透明、非歧视，以及开放包容、共同发展的进程，其以开放为导向，旨在解决经济增长和平衡发展问题，让“一带一路”倡议的参与国家获得更加均等的发展机会，普遍享受“一带一路”倡议的开放导向所取得的成果。“打铁还要自身硬”，在推动开放包容的“一带一路”倡议的同时，我国自身的改革开放亦将一如既往地进行下去，要与“一带一路”倡议的参与国家共同携手构建人类命运共同体。

（4）“一带一路”倡议的理念为绿色

共建“一带一路”是联合国 2030 年可持续发展目标的有机组成部分，低碳、循环、可持续的绿色发展是“一带一路”倡议所要坚持的理念。加强环境保护、应对气候变化是“设施联通”“贸易畅通”的主抓手，绿色金融和生态政策是“政策沟通”“资金融通”的灵魂和核心。共建“一带一路”倡议要同参与国家携手共同推进环境友好、生态文明和绿色发展理念的全面融入，以绿色为主旋律的全方位投资、贸易及金融合作。

（5）“一带一路”倡议的宗旨为互利共赢

共建“一带一路”要兼顾参与国各方利益和关系，通过基础设施的互联互通推动贸易投资和产业合作的便利化，旨在将经济互补的优势转化为务实合作、持续增长的优势，达到共同发展、共享惠益、互利共赢，造福“一带一路”参与国及其人民。

3. “一带一路”倡议的国际法意义

2015 年 3 月 28 日，经国务院授权，国家发展改革委、外交部、商务部共同颁布的《“一带一路”愿景与行动》，邀请“一带一路”沿线国家共同打造开放、包容、均衡、普惠的区域经济合作框架。《“一带一路”愿景与行动》所阐述的共建原则、框架思路、合作重点以及合作机制具有如下国际法意义。

第一，《“一带一路”愿景与行动》是一国对外国家行为。国家行为是指经宪法和法律授权的专门国家机关以国家的名义实施的对内外行为，其中对外国家行为是国家专门机关在国际事务中代表整个国家行使国际法上的权利、履行国际法上义务的行为，而对内国家行为是专门国家机关在对国内全局性、重大性的国家事务中代表整个国家对内实施的统治行为。《“一带一路”愿景与行动》是中国与“一带一路”沿线国家新型关系的国家对外行为，尽管其中阐述了中国各地开放态势，但主要在于明确中国各地区在实施国家“一带一路”倡议中的分工，是各级行政机关授权行使的国家行为，因此也是国家对外行为的组成部分。

第二，《“一带一路”愿景与行动》是一国的单方法律行为。国际法上的国家行为可以分为国家单方法律行为和国际社会合意法律行为。国家单方法律行为是意图在国际法上引起法律后果的意思表示①，如一国外交宣言、一国制定和颁布法律，以及采取军事行动等；而国际社会合意法律行为是经国际社会协商而共同形成的意思表示，如签订条约、成立国际组织等。正如《“一带一路”愿景与行动》前言所指出的，“一带一路”倡议是中国为促进亚洲、欧洲、非洲各国区域经济合作，联系更加紧密，促进世界和平发展的“重大倡议”，并非经国际社会协商而共同形成的决议，因此是中国的单方法律行为。

第三，《“一带一路”愿景与行动》是一项国家“要约”。合同法上的要约是当事人一方向对方发出的希望与对方订立合同的意思表示，国家“要约”是一国向另一国发出的、希望协商和做出国际社会合意法律行为的意思表示，是受其行为后果之约束的法律行为。“一带一路”是中国新一代领导人在2013年9月和10月出访中亚和东南亚国家期间先后提出的倡议，是在坚持共商、共建、共享原则下，和“一带一路”沿线国家及非沿线国家共同打造政策沟通、设施联通、贸易畅通、资金融通、民心相通的区域政治、经济、文化合作平台的要约，是共同为世界和平发展增添新的正能量的意思表示。

第四，《“一带一路”愿景与行动》昭示着国家的国际法义务。国家的国际法义务可分为国际法上国家基本义务和国际条约之约定义务，不得使用

---

① ILC, Outline for the study of unilateral legal acts of states, July 14, 1997. Official Records of General Assembly, Fifty-second session, Supplement No. 10 (A/52/10), para. 210.

武力或武力威胁、不得干涉他国内政、用和平方式解决国家之间的争端、善意履行依公认的国际法原则和规则以及有效的国际条约所负的义务是国家的基本义务[①]，而后者是国家依有效的国际条约而承担的履约义务。违反或者不履行国际法义务则导致国家责任。《“一带一路”愿景与行动》明确了“尊重各国主权和领土完整、互不侵犯、互不干涉内政、和平共处、平等互利”为“一带一路”的共建原则，从而昭示着遵守不干涉他国内政之国家基本义务。而“中国每年向沿线国家提供1万个政府奖学金名额”等明确无误地规定具体义务的，则将导致中国在留学生教育方面基于禁止反言国际法原则须承担的一项国际法义务。

第五，《“一带一路”愿景与行动》昭示着未来区域合作的准据法。尽管全文未明确“一带一路”倡议的准据法为国际法，但在“共建原则”第1条明确指出将“恪守联合国宪章的宗旨和原则”。“恪守”之中文意义为“谨慎而恭敬地遵守”，只有至高无上的、不得违背的规则才需要“恪守”。因此，“恪守联合国宪章的宗旨和原则”将是“一带一路”沿线国家共同合作的准据法。

第六，《“一带一路”愿景与行动》中“五通”是实现“一带一路”倡议的国际法社会基础。国际法的产生必须有一个国际社会的存在，而国际社会则是众多国家交互作用的产物。沿线国家之间形成“政策沟通、设施联通、贸易畅通、资金融通、民心相通”是《“一带一路”愿景与行动》的合作重点，是彼此紧密相连、相互为前提或基础的、国家间交互作用的行为，离开“五通”则丧失了合作的基础和前提。因此，“五通”是实现“一带一路”倡议的国际法社会基础。

二、中国与“一带一路”倡议参与国家既存条约基础

自1949年中华人民共和国成立以来，中国已与“一带一路”倡议参与国家签署了5 000多项双边条约、协定等，其中不仅包含边界、领事、贸易、投资、司法协助等领域的双边条约，也包括世界贸易组织、上海合作组织，

① 邵津：《国际法》，北京大学出版社、高等教育出版社2002年版，第44—45页。

以及亚洲基础设施投资银行等国际组织共同参与的多边协定。尽管部分条约因更新、期满或者继承等原因而失效，但大部分条约仍然具有法律约束力。在形式上，采取了条约、协定、议定书、宣言、换文、公报或者备案函等多种形式，其中，涉及边界、友好合作、民事和刑事司法协助、领事、犯罪人引渡以及已判刑人员的移管等采取条约的形式；涉及双边人员的贸易、投资、海陆空运、文化等则普遍采取协定或议定书的形式；涉及国家之间的战略关系则主要采取宣言的形式。

根据条约的内容可以把中国与“一带一路”沿线国家既已签署且现行有效条约分为以下四个部分。

1. 战略同盟条约

中国同“一带一路”沿线国家历来是友好睦邻。中国在与它们建立外交关系时始终坚持和平共处五项原则，在外交事务方面倡导相互协商和通报机制，在争议解决方面一贯主张通过协商解决。战略同盟条约主要体现为建立战略伙伴关系宣言和友好合作条约两种形式。

建立战略伙伴关系宣言通常约定两国在政治、经济、文化、军事等各领域的合作原则和总体安排，一般不规定缔约国家的权利、义务、责任以及争端解决机制，因此实为在一段时期内指导两国全方位合作的软性约束力的“条约”。中国与“一带一路”沿线国家根据战略需要，适时更新合作内容或者提升伙伴关系级别，以此共同应对瞬息万变的国际社会。比如，中国与俄罗斯于2010年9月27日首次签署《中俄关于全面深化战略协作伙伴关系的联合声明》，但时隔2年之后的2012年6月5日又签署一份《中俄关于进一步深化平等信任的中俄全面战略协作伙伴关系的联合声明》，3年后的2015年5月8日又签署了《中俄关于深化全面战略协作伙伴关系、倡导合作共赢的联合声明》，而最近一次是在2019年6月5日，中俄两国元首决定将两国关系提升为“新时代中俄全面战略协作伙伴关系”，从而体现了随国际社会的变化而与时俱进的中俄战略伙伴关系。

友好合作条约则明确缔约方须以《联合国宪章》和公认的国际法，以及和平共处五项原则为缔约准据法，且在相互保障主权独立的基础上，对经济、文化、军事等领域的合作作出原则性规定，因而是奠定缔约国合作关系的、具有约束力的“宪章性”条约。外交合作或协商议定书是各缔约国外交部之间签署的、就双边关系以及共同关心的国际问题交换意见、进行磋商的双边条约。通过建立外交部部长级定期会晤或者磋商机制，不仅能够预防缔约国之间争端的发生，或者通过外交磋商解决争端，而且就区域或者国际社会共同关注的问题力争达成共识，从而形成合作共赢的国际关系。尽管议定书未涉及权利义务及责任，但“凡遇事须协商解决”以及“合作共赢”的中国外交政策则得到充分体现。

《“一带一路”愿景与行动》的合作重点之一是政策沟通，其核心是构建多层次政府间宏观政策沟通交流机制。中国与“一带一路”沿线国家之间既已签署的联合宣言、友好合作条约，以及外交合作议定书表明，中国在外交事务方面长期坚持的相互尊重、平等协商、合作共赢的外交原则已被诸多国家接受，并成为区域外交合作的国际惯例，因此中国与“一带一路”沿线国家之间已具备政策沟通的国际法基础。

2. 投资经贸融资协定

投资、贸易、金融一直是国际合作的主旋律，因为只有资本的相互渗透、人员的相互来访、财富的相互交换，以及共同富裕，才是促使国际社会稳定、和平与发展的原动力。古代“丝绸之路”是自发形成的跨国商品流通渠道，具有悠久的历史渊源，为东西方文明的相互传播做出了不朽贡献。中国与“一带一路”沿线国家既已签署的投资、贸易、融资相关双边协定，以及共同参加的多边协定，也是推动“一带一路”区域稳定发展的基石。

根据《马拉喀什协定》及入世议定书，“一带一路”沿线国家中世界贸易组织成员国之间将适用世界贸易组织规则，而货物贸易的多边协议、服务贸易总协定及贸易相关知识产权协定作为世界贸易组织协定的三大支柱将约束成员国。中国与非成员国之间签署的双边协定，根据最惠国待遇原则，须无条件适用于其他世贸组织成员国。中国同“一带一路”沿线国家曾签署过一年一度的贸易协定，如中国—印度某年度的贸易议定书等，但随着中国加入世界贸易组织和协定期限的到来而逐渐失效。

投资保护协定是鼓励和保护资本跨国移动的双边条约，协定中的争端解决条款等则可直接影响投资者的权益。截至2021年2月1日，中国已与“一带一路”沿线的韩国、新西兰等国家签订了含有投资措施的双边投资协定（BIT）。从签署协定的国家来看，不仅包括新西兰、韩国等经济合作与发展组织成员国，而且包括俄罗斯、印度等金砖国家，还包括斯里兰卡等发展中国家和欠发达国家；从签署时间来看，包含了20世纪80年代、90年代，以及21世纪初签署的双边协定。因此，双边投资保护协定的内容因签署时间、国家的不同而存在一些差异。

就投资者与缔约一方的争议及其解决方式为例，存在四种类型的争议及相应的解决途径。第一种，仅约定为“有关征收补偿数额的争议”。《中华人民共和国政府和塔吉克斯坦共和国政府关于鼓励和相互保护投资协定》第9.1至9.5条规定，任何有关征收补偿数额的争议可提交仲裁庭。仲裁庭应自行制定其程序规则，在此情况下仲裁庭在制定程序时可以参照斯德哥尔摩商会仲裁规则。仲裁庭应根据本协定的规定，对在其领土内进行投资的缔约一方的法律和法规（包括冲突规范）以及公认的国际法原则作出裁决。第二种，约定为“与投资有关的任何法律争议”。《中华人民共和国政府和印度共和国政府关于促进和保护投资的协定》也规定所有投资争议皆为管辖争议，但明确仲裁管辖为“解决投资争议国际中心”。第三种，约定为“任何投资争议与征收补偿款争议”。《中华人民共和国政府和斯里兰卡民主社会主义共和国政府关于相互促进和保护投资协定》第13.1至13.3条规定，任何争议可提交缔约方管辖权法院解决，但征收补偿款争议可选择法院或者仲裁庭仲裁解决。仲裁程序则约定参考《关于解决国家和他国国民之间投资争端公约》，但未约定仲裁准据法。《中华人民共和国政府和印度尼西亚共和国政府关于促进和保护投资协定》《中华人民共和国政府和马来西亚政府关于相互鼓励和保护投资协定》具有类似规定。第四种，约定为“有限制、有例外的所有投资争议”。《中华人民共和国政府和日本政府、大韩民国政府关于促进、便利及保护投资的协定》第15条规定，投资争议是指缔约一方与缔约另一方投资者之间的争议，前一缔约方被指违反其在本协定项下与投资者或投资者在前一缔约方领土内投资相关的任何义务致使或导致该投资者遭受损失或损害。但不包括缔约方的知识产权制度、金融审慎措施。同时规定，投资者损失的救济由以下一种或者两种救济的才可以作出仲裁：金钱赔偿及适当的利息、返还财产，裁决应当规定争议缔约方可支付金钱赔偿及适当的利息来代替财产返还。此外，规定仲裁之前必须经过缔约方国内行政复议程序。

在融资及金融监管方面，通过联合宣言表示要“巩固和深化金融领域的合作，探讨灵活多样的融资方式，为扩大双边贸易、投融资领域本币结算和适用创造条件，为重点合作项目提供融资支持。推广跨境银行卡支付业务，加强金融监督领域的专业合作”。[①] 此外，《中华人民共和国与俄罗斯联邦关于丝绸之路经济带建设和欧亚经济联盟建设对接合作的联合声明》还指出中俄双方“通过丝路基金、亚洲基础设施投资银行、上海合作组织银联体等金融机构，加强金融合作”的意愿。

投资贸易合作是“一带一路”建设的重点内容，资金融通则是重要支撑。尽管既存条约涵盖了贸易、投资及融资等经济贸易的主要部分，但难免受限于历史的、政治的因素，故而导致约定内容不符合现代国际法治的需求，或者相互间存在较大差距的现象。“一带一路”倡议并非为中国和某个沿线国家之间的双边合作行动，而是“一带一路”沿线国家共同参与的多边合作行动，因此保持规则的一致无疑是最为核心的任务。在仍有多个国家尚未成为世界贸易组织成员的现状下，区域贸易协定将是最佳选择，而《中国—韩国自由贸易协定》因其系统、翔实可为“一带一路”倡议提供最佳范本。

3. 海陆空运输协定

不论是贸易，还是投资，皆意味着商品、资本及人员的流动，而任何一种流动都离不开海陆空运输及其相关的软硬件基础设施。因此，若要实现贸易畅通，则首要实现基础设施的互联互通，包括航空运输、陆路运输、海上运输、管道运输、电力输送以及通信网络等建设。古代丝绸之路和海上贸易

① 《中华人民共和国和塔吉克斯坦共和国关于进一步发展和深化战略合作关系的联合宣言》（2014 年 9 月 13 日）、《中华人民共和国和蒙古国关于建立和发展全面战略伙伴关系的联合宣言》（2014 年 8 月 21 日）、《中华人民共和国和印度共和国联合声明》（2013 年 5 月 20 日）、《中华人民共和国和哈萨克斯坦共和国联合宣言》（2014 年 5 月 19 日）、《中华人民共和国和土库曼斯坦关于发展和深化战略伙伴关系的联合宣言》（2014 年 5 月 12 日）。

航道就是连接中国与亚洲、欧洲和非洲国家的贸易通道，因此“一带一路”建设具有坚实的历史基础。但经过近代和现代工业化及信息化建设和发展，国家之间的基础设施建设水平已存在不少差距，特别是各国铁路轨道的宽幅不一致比较严重，限制了跨国铁路运输业的快速发展。

在航空运输方面，除斯里兰卡等少数国家之外，中国同“一带一路”沿线国家都已签署民用航空运输协定，且其内容大体雷同，只在“航空保安”条款上，因缔约国是否为航空安全相关三个国际公约①的当事国而作了是否援引公约的区分。在陆路运输方面，中国与蒙古国、俄罗斯、塔吉克斯坦、哈萨克斯坦、吉尔吉斯斯坦共和国等陆地相连“一带一路”国家签署了汽车运输、铁路运输协定（或者两者皆签），以此保障陆路运输的畅通。此外，为了保证过境哈萨克斯坦或吉尔吉斯斯坦到乌兹别克斯坦的汽车运输，“一带一路”沿线国家又共同签署了过境汽车运输协定。在海上运输方面，除与斯里兰卡和马尔代夫尚未签署海运协定之外，中国与其他可通过海洋抵达的国家都签署了海运协定，并分别与俄罗斯和朝鲜签署了在界河上航行的协定。此外，中国分别与蒙古国、哈萨克斯坦签署了通过中国领土出入海洋和过境运输的协定，与韩国签署了陆海联运汽车运输的协定。尽管中国同哈萨克斯坦签署的协定②部分涉及石油和天然气的管道运输，但其本质仍为中—哈海关事务合作协定；中国—俄罗斯、中国—乌兹别克斯坦有关信息通信合作协定③，尽管部分涉及无线电频率的使用等内容，但总体上与网络信息平台建设的要求相去甚远。

基础设施互联互通是“一带一路”建设的优先领域。中国与“一带一路”沿线国家之间既已签署的海陆空运输协定，虽然基本保障了双边贸易的需求，形成了点对点的结构，但尚未形成网状互通结构，从而制约了区域经

① 即《关于在航空器内犯罪和犯有某些其他行为的公约》（1963 年 9 月 14 日，东京）、《关于制止非法劫持航空器的公约》（1970 年 12 月 16 日，海牙）、《关于制止危害民用航空安全的非法行为的公约》（1971 年 9 月 23 日，蒙特利尔）。

② 即《中华人民共和国政府和哈萨克斯坦共和国政府关于对通过中哈边境管道运输能源的海关监管协定》（2006 年 12 月 20 日）。

③ 即《中华人民共和国政府和俄罗斯联邦政府关于在信息化领域合作的协议》（1995 年 6 月 26 日）和《中华人民共和国政府和乌兹别克斯坦共和国政府信息通信合作协议》（1999 年 11 月 10 日）。

济的整体发展。因此，各方要在尊重国家主权和安全关切的基础上，加强基础设施建设规划、技术标准体系的对接，共同推进国际骨干通道建设，逐步形成连接亚洲、欧洲、非洲之间的基础设施网络。

4. 文化科学环境协定

人类文明的进步与文化的传承、科学的发展、教育的振兴，以及环境的变化息息相关。中国与“一带一路”沿线国家长期开展文化交流、留学生互访、科研合作等双边交流与合作，为区域社会稳定、人才培养、科技发展和经济繁荣做出了重要贡献。

中国与“一带一路”沿线国家签署的文化合作协定是奠定两国和两国人民在文化、教育、卫生、体育、科学等全方位合作的基础协定，尽管以“协定”命名，但一般只约定合作与交流的内容、主管机构等框架性内容，不具体约定权利、义务以及责任，且其内容大体雷同。

在双边科学技术合作协定方面，普遍与文化合作协定类似，一般只约定不具有权利义务关系的科技合作内容。但同文化合作协定相区别的是，科技合作协定按照因科技合作而产生的知识产权问题，作出了以下三种不同的约定：第一种，约定为“保密事项”，规定为“未经对方同意不得向第三方转让”，如中国与斯里兰卡、土库曼斯坦、哈萨克斯坦的双边协定；第二种，约定为“知识产权”，但规定须经单独协定予以解决，如中国与秘鲁的双边协定；第三种，约定为“知识产权”，并直接确定知识产权的权利分配。如《中国—印度尼西亚双边科技合作协定》第 5.2 条规定，“执行本备忘录共同研究项目所产生的知识产权将由双方共有，而且 1）任何一方可以为维护、改进和改善相关的产权之目的而使用这些知识产权；2）当任何一方出于商业目的许可第三方实施这些知识产权时，另一方应有权获得产权使用许可费的公平的一部分”。

在双边环境保护协定方面，尽管协定前言都提及“遵照一九九二年《里约热内卢环境与发展宣言》所确定的目标和原则”或强调“《联合国气候变化框架公约》及《京都议定书》的目标和原则”，但大部分协定只规定环境保护合作内容及合作方式，不约定具体环境保护措施相关权利和义务，因此普遍是不具有法律约束力的宣言。但在跨界河流的环境保护方面，双边协定确定了预防跨界河流污染、消除污染①、保持跨界河水流正常，以及进行协商等义务②，从而具有法律约束力。

民心相通是“一带一路”建设的社会根基。中国与“一带一路”沿线国家既已签署的文化、科技、环境协定普遍宣示着国家之间的合作意向，但也反映出不同时代和社会环境下各国民心的趋向，即：科技合作的前提是保护作为私权的知识产权，国际社会持续和平的前提是作为公权的环境权益保护。因此，在继续传承和弘扬丝绸之路友好合作精神的基础上，要强调对私权的尊重，要注重共同维护环境，才可以巩固“一带一路”建设的民意基础。

三、“一带一路”倡议下知识产权保护相关国际条约现状、问题及解决

1.“一带一路”倡议下知识产权相关多边条约现状及存在的问题

为推动全球国际贸易和技术进步，国际社会早在19世纪末就签订了《保护工业产权巴黎公约》以协调知识产权保护因其地域性而带来的诸多弊端，并以世界知识产权组织为核心，由世界贸易组织、联合国教科文组织、国际植物新品种保护联盟等国际组织共同构建了当今国际社会的知识产权国际保护法律体系。

我国自1980年6月3日加入《建立世界知识产权组织公约》以来，陆续加入了《保护工业产权巴黎公约》（1985年3月19日）、《与贸易有关的知识产权协定》（2001年12月11日）等知识产权国际公约，以及《专利合作条约》《世界知识产权组织版权条约》《商标国际注册马德里协定》等5个专利国际保护条约、5个著作权国际保护条约和3个商标权国

---

①《中华人民共和国政府和哈萨克斯坦共和国政府跨界河流水质保护协定》（2011年2月22日）第3.3条规定，双方各自制定和采取必要措施，预防跨界河流污染，努力消除污染，以使跨界影响降至最低。

②《中华人民共和国政府和蒙古人民共和国政府关于中蒙边界制度和处理边境问题的条约》（1988年11月28日）第8.1条规定，双方应尽可能保持边界水流正常，不得用堵塞界河水流、将水引入或故意排水的办法破坏界河的正常水位或改变水流方向。必要时，双方可就保持边界水流正常、消除妨碍界河河水自然流动的障碍问题进行协商。

际条约。[①]

按照“一带一路”倡议参与国家所共同加入的国际条约缔约国（方）数量来看，依次顺序是：《建立世界知识产权组织公约》的缔约国为143个国家，巴勒斯坦、南苏丹、密克罗尼西亚等尚未加入；《保护工业产权巴黎公约》的缔约国为131个国家，纽埃、斐济、巴勒斯坦、瓦努阿图、库克群岛、密克罗尼西亚、所罗门群岛、基里巴斯、缅甸、东帝汶、马尔代夫、佛得角、南苏丹、索马里以及埃塞俄比亚等15个国家尚未加入；《TRIPs协定》的缔约方为120个，亚洲有土库曼斯坦、巴勒斯坦、黎巴嫩、叙利亚、东帝汶、不丹、阿塞拜疆、乌兹别克斯坦、伊拉克以及伊朗等10个国家尚未加入，欧洲有波黑、白俄罗斯以及塞尔维亚等3个国家尚未加入，大洋洲有纽埃、库克群岛、密克罗尼西亚、基里巴斯等4个国家尚未加入，非洲有南苏丹、阿尔及利亚、索马里、利比亚、埃塞俄比亚、苏丹、赤道几内亚、科摩罗、刚果（金）等9个国家尚未加入。

总体来讲，“一带一路”沿线国家在知识产权国际保护方面存在如下问题。第一，“一带一路”沿线国家共同加入的国际条约数量有限，普遍适用某一特定条约的可能性稀少。不管是否为国际组织创立公约，还是知识产权相关实体条约或程序条约，都不存在所有“一带一路”沿线国家都加入的国际条约。《建立世界知识产权组织公约》作为国际组织成立的宪章，尽管“一带一路”沿线国家加入数量最多，但其宗旨在于通过国家之间的合作促进世界范围内的知识产权保护，以及保证成员国之间的行政合作，并未赋予成员国保护知识产权的义务，故其不能为“一带一路”倡议的实施提供强有力的国际法保障。第二，缔约方对特定条款的保留影响条约的有效适用。比

---

① 具体为《专利合作条约》（1994年1月1日）、《建立工业品外观设计国际分类洛迦诺协定》（1996年9月1日）、《国际专利分类斯特拉斯堡协定》（1997年6月19日）、《国际承认用于专利程序的微生物保存布达佩斯条约》（1995年7月1日）、《国际保护植物新品种公约》（1999年4月23日）等5个专利国际保护条约，《世界知识产权组织版权条约》（2007年6月9日）、《世界知识产权组织表演和录音制品条约》（2007年6月9日）、《保护录音制品制作者防止未经许可复制其录音制品公约》（1993年4月30日）、《世界版权公约》（1992年10月30日）、《伯尔尼保护文学和艺术作品公约》（1992年10月15日）等5个著作权国际保护条约，《商标国际注册马德里协定》（1989年10月4日）、《商标国际注册马德里议定书》（1995年12月1日）、《商标注册用商品和服务国际分类尼斯协定》（1994年8月9日）等3个商标权国际保护条约。

如，《保护工业产权巴黎公约》（简称《巴黎公约》）的缔约国通过 1967 年《斯德哥尔摩议定书》就公约第二十八条争议的解决提交国际法院管辖作出保留，以及就《专利合作条约》第五十九条的国际法院之争议管辖作出保留，从而排除了国际法院对特定争议的强制管辖，减损了缔约方之间的条约效力。[①] 第三，国家之间加入国际条约的数量差距比较大，直接或间接影响其国内知识产权法律制度的建立和实施。欧洲普遍加入知识产权国际条约的国家居多，但我国海外投资或对外贸易比较集中的亚洲、非洲国家则相对较少。公约的加入与否直接或间接反映其本国相关知识产权制度的建立或完善程度，最终将影响海外投资或经贸活动中的知识产权权利人的利益保护及救济。

2. “一带一路”倡议下知识产权相关双边条约现状及存在的问题

截至 2021 年 1 月 8 日，我国已同 146 个“一带一路”倡议参与国家签署了近 5 000 项双边条约，其中包括 554 项知识产权双边条约或含有知识产权条款的双边条约，约占双边条约总数的 10%。

但我国同“一带一路”倡议参与国家知识产权相关双边条约存在法律规范碎片化、合作法律体系落伍，以及缺乏实施机制等问题，亟待各方建立和完善创新合作机制。

（1）知识产权双边条约法律规范之碎片化

我国同“一带一路”倡议参与国家间存有不同时期签署的双边知识产权条约等法律规范，因时间跨度长、主管部门林立、“领域割据”严重等原因，存在缺乏体系性、延续性、科学性等不适应表现。

第一，时间跨度长。中国同“一带一路”倡议参与国家既已签署的知识产权双边条约或含有知识产权条款的协定可追溯至改革开放前的 20 世纪 70 年代初，以 1973 年 1 月 5 日中国外交部同意大利驻华大使馆签署的《关于互惠商标注册问题的换文》为起点，中国外交部分别于 1975 年同希腊和伊朗、1977 年同奥地利和泰国签署了商标注册相关的换文，距今有近 50 年的历史。其间，中国同部分国家签署了独立的知识产权合作协定，同大部分国

① 值得关注的是我国对《巴黎公约》的相关条款作了保留声明，但对《专利合作条约》则未作保留声明。

家签署了一些含有知识产权条款的科技、文化、经贸、投资、航运等双边协定。但大多数条款并没有及时更新，同一个条款反复出现在不同国家的双边条约的情形比较普遍，典型的是《关于对所得避免双重征税和防止偷漏税的协定》中的“特许权使用费”条款。从 1988 年中国和波兰的双重税收协定到 2016 年中国和柬埔寨的双边税收协定，历时 28 年，第 12 条第 6 款有关特许权使用费的定义几乎未改变。

第二，主管部门林立。中国同“一带一路”参与国家签署的双边协定一般由中华人民共和国政府名义签署，并根据协定所涉领域指定主管中央部门。但部分涉及科技合作、商标、矿产、能源、航空航天等领域的双边协定，则由科技部（部分为中国科学院）、工商行政管理总局、地质矿产部、水利部、国家航天局等中央部门或科研机构的名义签署。根据 1990 年《中华人民共和国缔结条约程序法》第 5 条的规定，协定中的中方草案由国务院有关部门审核，或者通过会商决定，故上述双边协定中的知识产权相关条款应由国家知识产权局或国家工商行政管理总局参与确定，但很难发现知识产权条款的一致性或知识产权理念的持续性。

第三，“领域割据”严重。中国同“一带一路”参与国家签署的知识产权双边协定中既有由国家知识产权局牵头签署的专门知识产权协定，又有作为独立部分分散于自由贸易协定或者科技领域双边协定的知识产权章节，还有以“知识产权”为条目的知识产权条款，以及包括含有知识产权事项的条款。其中，自由贸易协定或科技领域协定中的知识产权章节所约定的知识产权定义、原则、制度、程序事宜等比较明确，知识产权协定则比较宏观，而知识产权条款或条目则过于简单，其效力或意义微乎其微，体现出不同知识产权双边条约“领域割据”的严重性。

（2）知识产权双边合作法律体系之落伍

既存知识产权双边条约基本上停留在传统知识产权领域，存在脱离信息安全、互联网知识产权、传统知识保护等时代性需求的不适应表现。

第一，知识产权双边条约未能体现信息安全。信息是对客观世界中各种事物的运动状态和变化的反映，是客观事物之间相互联系和相互作用的表现状态和变化的实质内容。信息是一种资源，具有财产性、可处理性、易拷贝性、分享性等特征。信息安全既指信息的保密性和可用性，又指信息的完整性和可靠性。从国家层面上，信息安全涉及国家安全；从个人层面上，信息安全涉及个人隐私及其财产权利；从法律体系层面上，信息安全法体系正在逐步完善中；从知识产权法层面上，信息安全体现为信息系统不因偶然或恶意的原因而遭到破坏、更改、泄露，如我国《著作权法》第 49 条规定了著作权权利人的技术措施："未经权利人许可，任何组织或者个人不得故意避开或者破坏技术措施，不得以避开或者破坏技术措施为目的制造、进口或者向公众提供有关装置或者部件，不得故意为他人避开或者破坏技术措施提供技术服务。"但目前既已签署的知识产权双边条约中，除了《中韩自由贸易协定》等个别协定之外，鲜有相关约定。

第二，知识产权双边条约鲜有约定互联网知识产权。互联网知识产权是指伴随互联网技术的发展而演进的知识产权的新领域，如计算机软件、数据库、多媒体、域名、数字化作品，以及互联网传播权等。因为互联网环境的传播速度快、无国界化等特征，互联网知识产权特别是著作权遭受侵权后易出现查明侵权主体、适用法困难等诸多问题，需要以条约的形式确立互联网知识产权的保护。中国同"一带一路"倡议参与国家既已签署的双边协定中鲜有互联网知识产权相关的条款或条约，亟待后续完善。

第三，传统知识保护仅在个别条约中有约定。根据世界知识产权组织的定义，传统知识是基于传统的文学、艺术或科学作品；表演；发明；科学发现；外观设计；标记、名称和符号；未公开信息；和所有其他在工业、科学、文学或艺术领域内产生的基于传统的发明和创造，归纳为传统文化艺术、传统医药、遗传资源以及文化遗产等几个类型。在传统知识保护方面，我们在同南美国家和韩国等个别国家签署的自由贸易协定中虽有所约定，但从传统中医药的海外保护角度考虑，既存双边条约存在约定不明或者未予以约定等问题。

（3）知识产权双边合作条约有效实施机制之缺失

既存知识产权双边合作条约在对条约实施机构及其职责、议事规则等方面存在规定不明确等不适应表现。

第一，知识产权双边条约的实施机构及其职责的约定不明。除了由国家知识产权局代表中华人民共和国政府签署的知识产权双边协定，以及国家工商行政管理总局以中华人民共和国政府部门签署的谅解备忘录等双边协定中明确约定实施机构为国家知识产权局或国家工商行政管理总局之外，其他双边协定中就知识产权问题未明确指明负责机构。

特别是对条约项下自然人诉求的协调解决机构或共同管理机构，以及其职责的约定几乎均无涉及，应根据知识产权保护需求予以专门设计。

第二，知识产权双边条约实施机构的议事规则约定不明。既存知识产权双边条约一般约定“对实施本协定过程中产生的问题，当缔约双方中的一方请求时，作为另一方的主管部门负责进行磋商”，但除了自由贸易协定之外，鲜有约定协商程序及议事规则，不利于双边条约的有效实施。

3.“一带一路”倡议下知识产权国际合作法律制度的创新

（1）以“共同但区别”原则为基础构建双边知识产权条约体系

“一带一路”倡议的成功实施也需要差别待遇原则，即以“共同但区别”为原则，因为“一带一路”倡议参与国家的多样性及目的的唯一性决定了“共同但区别”原则是“一带一路”倡议成功实施的保障。因此，必须根据知识产权产品和服务贸易的类型，构建双向交易型、单向输出型、支持能力建设型等双边条约内容体系。

（2）知识产权合作应采取“以双边合作为主，多边合作为辅”战略

现阶段“一带一路”倡议的合作形式决定中国同“一带一路”倡议参与国家的谈判易采取双边模式，短期内不易采取多边谈判模式。特别要谨慎对待中东国家、非洲国家、南美国家等部分国家在“一带一路”倡议参与中的条约“卡特尔（cartel）”。

为防止“一带一路”倡议参与国家的条约“卡特尔”，在谈判前需要做到“尽职调查”和“条约实施评估”。谈判前的“尽职调查”不仅要对履约意愿和能力进行调查，而且要对对方谈判历史进行梳理，也要对对方是否在历史上存在过条约“卡特尔”进行调查，以防卷入某几个谈判国家的谈判陷阱。“条约实施评估”则不仅要对本国主管机构的条约履行情况进行评估，而且要对对方国家的履约情况进行定期评估，以确认对方的履约信念和意愿，从而辨析其是否存在条约“卡特尔”。

（3）知识产权合作应采取“先易后难，渐进式发展”战略

知识产权合作需要知识产权市场的培育、知识产权法治环境的完善，以及知识产权合作互利共赢的渐进过程。因此，要先对“一带一路”倡议参与国家的科学和技术水平予以支持和援助，再加速其对知识产权法律制度的构建和完善。同时，知识产权双边保护谈判要遵循先易后难、循序渐进的原则，最终达到较高的保护水平。

（4）知识产权双边合作须建立条约协调机构

知识产权产品和服务的交易类型可分为双向交易型、单向输出型，以及支持能力建设型等，因此要规定三种类型协调机构的“共同但区别”职责和议事规则。

四、“一带一路”倡议下国家间贸易争端相关国际条约现状、问题及解决

国家之间的国际经贸争端是指国家（包括独立关税区）之间缔结或共同加入的双边或多边协定的解释、履行过程中产生的法律或事实上的分歧，包括贸易、投资、竞争、知识产权、金融、劳工、运输以及环境等相关的争端。据不完全统计，我国同“一带一路”沿线国家共签署了包括边界、领事、贸易、投资、司法协助等领域约 5 000 项双边条约和多边协定，其中约 25%为双边经贸条约和自由贸易协定，也包括世界贸易组织、上海合作组织以及亚洲基础设施投资银行等共同加入的多边协定。

其中，WTO 享有当前国际经贸领域最为成功的争端解决机制，有助于“一带一路”沿线国家中同属 WTO 成员方之间的争端解决，但直接适用 WTO 争端解决机制则受主体和争端事项的限制。首先，“一带一路”沿线国家中，非 WTO 成员方的数量为 22 个①，故我国同非 WTO 成员方之间的国际经贸争端不能诉诸 WTO 的争端解决机制。其次，根据 WTO《关于争端解决

① 笔者根据 WTO 网站统计，非 WTO 成员方有纽埃、库克群岛、密克罗尼西亚、南苏丹、阿尔及利亚、索马里、苏丹、利比亚、东帝汶、不丹、伊朗、伊拉克、黎巴嫩、叙利亚、巴勒斯坦、塞尔维亚、波黑、乌兹别克斯坦、土库曼斯坦、白俄罗斯、阿塞拜疆，以及埃塞俄比亚等共 22 个国家。其中除了纽埃、土库曼斯坦和巴勒斯坦、库克群岛、密克罗尼西亚等 5 个国家之外，其余 17 个国家是 WTO 的观察员国。

规则与程序的谅解》第 1 条第 1 款的规定，WTO 争端解决机制适用于“按照本谅解附件 1 所列各项协定①的磋商和争端解决规定所提出的争端”，以及“各成员间有关它们在《建立世界贸易组织协定》规定和本谅解规定下的权利和义务的磋商和解决”，故不属于 WTO 规范调整的国际经济和贸易争端则不能诉诸 WTO 的争端解决机制，比如属于 GATT 和 GATs 减让表之外的贸易政策和措施、TRIPs 协定中作者的精神权利保护问题，以及竞争政策和措施等。尽管 WTO 争端解决制度是我国当前唯一接受的以及利用最多的国际争端解决机制，但我国也是被诉次数最多的国家之一，共在 39 个案件中当被诉方②。虽然申诉方为加拿大、欧盟③、危地马拉、日本、墨西哥和美国等，暂不包括“一带一路”沿线的国家（单独），但“一带一路”倡议下的国际经贸趋势则不能保证“一带一路”沿线国家不加入申诉方的行列。因为国际经贸关系越是密切，产生国际经贸争端的概率越是频繁。例如，就中美经贸关系而言，美国是中国第一大出口市场，占中国出口总额的 16%；而中国是美国除北美市场外最大的出口市场，是美国飞机、大豆的第一大出口市场，汽车、集成电路、棉花的第二大出口市场。④ 同时，中美两国又是贸易摩擦最为频繁的国家，因为中国在 WTO 被诉的 43 个案件中，美国是其中 23 个案件的申诉方；而美国在 2002—2019 年 WTO 被诉的 97 个案件中，中国是其中 15 个案件的申诉方。

除了 WTO 的《关于争端解决规则与程序的谅解》之外，我国在既已签署双边或多边协定的争端解决条款往往采取以下三种方式。第一，采取“当事方之间谈判和协商解决”的方式，甚至连调停、斡旋及仲裁等非强制性争

① 附件 1：本谅解的使用协定：（A）建立世界贸易组织协定；（B）多边贸易协定：附件 1A：多边货物贸易协定、附件 1B：服务贸易总协定、附件 1C：与贸易有关的知识产权协定、附件 2：关于争端解决规则与程序的谅解；（C）诸边贸易协定：民用航空器贸易协定、政府采购协定、国际奶制品协定、国际牛肉协定。

② 美国在 130 个案件、欧盟在 84 个案件中当被诉方。

③ 笔者根据欧盟网站统计，28 个欧盟国家中包括保加利亚、克罗地亚、捷克、爱沙尼亚、匈牙利、拉脱维亚、立陶宛、波兰、罗马尼亚、斯洛伐克、斯洛文尼亚、希腊、奥地利等 13 个“一带一路”沿线国家。

④ 商务部：《关于中美经贸关系的研究报告》，2017 年 5 月 25 日，第 5 页和第 22 页。中国驻美国大使馆经济商务参赞处，http：//us. mofcom. gov. cn/article/ zxhz/hzjj/201705/20170502582053. shtml，最后访问日期：2018 年 11 月 20 日。

端解决方式都予以排除，比如2007年11月2日签署的《上海合作组织成员国政府海关合作与互助协定》第15条规定，“本协定解释或执行过程中各方间所产生的争议和分歧由各方通过谈判和协商解决。”第二，如果当事方之间通过协商无法解决争端时，则提交到由参加国代表组成的常务委员会或理事会解决，如2006年9月1日起实施的《亚太贸易协定》第21条规定，“各参加国对本协定的规定及在其框架内通过的任何文件的解释与实施所产生的争议，应由有关各方达成协议友好解决。如参加国之间无法解决争端，该争端将被提交常委会解决。常委会将对时间进行审核，在争端提交之日起120天内提出建议。为此，常委会应通过引用适当的法规解决争端。”尽管《亚太贸易协定》没有规定更加细致的争端解决机制，但其在第24条“决策”中规定了“常委会应就本协定的解释和实施与第三国和国际组织沟通，并可寻求各国和国际组织的技术咨询和合作”，从而留下了借鉴WTO等国际组织争端解决机制的可能性。第三，借鉴WTO争端解决机制中的采取磋商、调解或调停，以及磋商失败时的专家组审理或仲裁制度，如2004年11月29日签署的《中华人民共和国与东南亚国家联盟全面经济合作框架协议争端解决机制协议》，以及中国—韩国、中国—新西兰、中国—格鲁吉亚、中国—澳大利亚等双边自由贸易协定。总体来讲，我国在国家间国际经济贸易争端的解决方面倾向于非强制性协商解决，但比较缺乏一贯性、统一性。此外，在仲裁庭的构成方面，上述自由贸易协定普遍约定了“应任何一方的请求，WTO总干事有权指定仲裁员”的权利①。该条款貌似给予WTO总干事指定仲裁员的权利，但其实质是赋予其一项义务，因为条款并没有规定WTO总干事或副总干事拒绝行使这项权利时的措施。尽管WTO的《关于争端解决规则与程序的谅解》第5条第6款规定，“总干事可依其职权提供斡旋、调解或调停，以期协助各成员解决争端”，但并没有赋予WTO总干事上述义务。此外，根据《维也纳条约法公约》和《关于国家和国际组织或国际组织相互间条约法的维也纳公约》第34条的规定，“条约非经第三方同意，不为第三方创设义务或权利”，除非根据第35条的规定有给第三方施加义务的

① 参见《中国—格鲁吉亚自由贸易协定》第十五章“争端解决”和第六条第四款之规定。

意图，以及第三方以书面形式明示接受此项义务，否则不得对第三方创设义务并产生效力。[①] 两个公约中的第三方要么是国家，要么是国际组织，并不包括自然人、国家或国际组织的一个机构，故此种约定的合法性、有效性值得探讨。

那么，“一带一路”倡议下的国家间经济贸易争端应采取何种机制？笔者认为，除了多国跨境铁路运输、公路运输、管道运输，以及多式联运领域之外[②]，在其他国际经济贸易领域应采取双边解决机制。因“一带一路”沿线国家的国际经济贸易主要围绕着我国展开的，是以我国为中心的“点对点”贸易状态，而不是 WTO 多边贸易体制下的“网状”贸易状态，故这种贸易状态下的争端不具有互联性，却可能存在一国对多国的利益博弈，所以多边争端解决机制不利于保护我国的利益。具体形式可参照双边 FTA 争端机制的基础上，明确磋商、调解，以及仲裁机制、适用法律、程序和运行机制，特别要明确专家组或仲裁员的选任程序。比如，双方各自任命 1 名专家，同时推荐不属于任何一方国家的国民，以及不具有任何一方国家常驻住所地的 4 名候选人。如果双方就首席专家的选任无法达成一致意见时，则从候选人中抽签产生。[③] 当然，从国家层面上应制定一个双边国际贸易中争端解决机制的范文条款，以保持我国对“一带一路”沿线国家待遇的一致性和一贯性。

五、“一带一路”倡议下非国家为双方的跨国商事交易争端相关国际条约现状、问题及解决

非国家为双方的跨国商事交易争端是指自然人、法人或其他经济组织之间关于商事交易的争议，包括贸易、投资、知识产权转让和许可，以及特许权许可等商业行为相关的争议，一般属于一国涉外法律纠纷。因跨国商事交易双方对相对方国家司法体制的严重不信任，所以除非相关国家具有强

---

① 此外，根据《维也纳条约法公约》第 36 条的规定，一项条约要为第三方创设权利须满足给第三方创设权利的意图、第三方的同意，以及第三方的权利行使等三个条件。

② 因跨境运输一般涉及多个国家主体之间的利益关系，且始发地、途径国和终点地国家之间的立场各有不同，故多边合作机制相比双边机制更有利于问题的解决。

③ 参照 2015 年 1 月 1 日生效的《韩国—加拿大自由贸易协定》第 21.7 条之规定。

制性的司法管辖权（如合资企业的破产清算），则一般倾向于采取仲裁解决机制。

问题在于仲裁地和仲裁机构的选择。因为跨国商事交易中的仲裁地及仲裁机构的管辖是基于交易双方的意思自治，换句话来讲，要依靠双方当事人在交易中的地位而决定。比如，如果其中一方非常强势，则要求对方接受其有关仲裁地、仲裁机构、仲裁规则以及适用法律等主张，其结果是选择强势一方所在地国的仲裁机构，或者其认为有利的第三国的仲裁机构作为仲裁管辖机构。如果交易双方地位平等，则可能会寻找双方共同商定的、享有较高信誉的第三国国际仲裁机构，比如瑞典斯德哥尔摩商会仲裁院、英国伦敦国际仲裁院、新加坡国际仲裁中心等。因第一种情形显失公平，故不利于公平、稳定、安全和可持续的商事交易行为；而第二种情形尽管保证了仲裁管辖选择权的公平，但因高昂的仲裁费用和律师费用，中小额标的争议双方当事人在权衡利弊之后放弃仲裁请求的情形比比皆是，反而不利于争端的解决。因此，有些商事交易合同将仲裁条款规定为“如有一方申请仲裁，须在被申请一方所在地的某某仲裁机构，根据该机构的仲裁规则裁决解决”，从而达到仲裁地或仲裁机构选择权的公平，也在一定程度上保证了双方诚实履行合同的义务。

跨国商事交易争议的解决是否获得当事人的满意，还得看仲裁裁决是否能够得到有效执行。1958 年《关于承认和执行仲裁裁决的纽约公约》（以下简称《纽约公约》）是目前国际社会普遍接受的、最具影响力的仲裁裁决执行机制。根据《纽约公约》的规定，除了第 5 条规定的情形之外①，缔

① 《纽约公约》第 5 条规定：一、裁决唯有于受裁决援用之一造向声请承认及执行地之主管机关提具证据证明有下列情形之一时，始得依该造之请求，拒予承认及执行：（甲）第二条所称协定之当事人依对其适用之法律有某种无行为能力情形者，或该项协定依当事人作为协定准据之法律系属无效，或未指明以何法律为准时，依裁决地所在国法律系属无效者；（乙）受裁决援用之一造未接获关于指派仲裁员或仲裁程序之适当通知，或因他故，致未能申辩者；（丙）裁决所处理之争议非为交付仲裁之标的或不在其条款之列，或裁决载有关于交付仲裁范围以外事项之决定者，但交付仲裁事项之决定可与未交付仲裁之事项划分时，裁决中关于交付仲裁事项之决定部分得予承认及执行；（丁）仲裁机关之组成或仲裁程序与各造间之协议不符，或无协议而与仲裁地所在国法律不符者；（戊）裁决对各造尚无拘束力，或业经裁决地所在国或裁决所依据法律之国家之主管机关撤销或停止执行者。二、倘声请承认及执行地所在国之主管机关认定有下列情形之一，亦得拒不承认及执行仲裁裁决：（甲）依该国法律，争议事项系不能以仲裁解决者；（乙）承认或执行裁决有违该国公共政策者。

国法院不得拒绝承认与执行仲裁裁决，更不得撤销仲裁裁决。截至 2019 年 2 月，共有 163 个国家加入和批准了《纽约公约》，其中包括 105 个“一带一路”沿线国家，但仍有格林纳达等 25 个国家尚未加入《纽约公约》①。因此，《纽约公约》无疑是我国同“一带一路”沿线国家间解决跨国商事交易争端的最有效机制。

除《纽约公约》外，可以考虑将双边民商事司法协助条约及海牙《选择法院协议公约》成为我国同上述 25 个国家的判决或裁决执行机制的替代方案。根据外交部网站公布的信息，截至 2017 年 2 月，我国已与 70 个国家缔结司法协助条约、资产返还条约和分享协定、引渡条约和打击“三股势力”协定共 135 项（108 项已生效），其中包括已生效的 19 项民刑事司法协助条约和 17 项民商事司法协助条约②。尽管民商事司法协助条约不一定包括仲裁裁决或法院判决的相互承认和执行条款，但截至目前，除了纳米比亚、土库曼斯坦、埃塞俄比亚、格林纳达 4 个国家外，我国仍未同上述 15 国签署过任何民商事司法协助条约。此外，2005 年 6 月 30 日于海牙国际私法会议第二十次外交大会通过，2015 年 10 月 1 日生效的《选择法院协议公约》，尽管我国已于 2017 年 9 月 12 日签署该公约，但对我国尚未生效，且在 32 个已生效的国家③中亦不包括上述 25 个国家。

那么“一带一路”倡议下如何解决我国同沿线国家的跨国商事交易争端？首先，既然 117 个“一带一路”沿线国家中有 98 个国家是《纽约公约》的缔约国，那么仲裁无疑是个首选方案。至于如何选择仲裁地和仲裁机构，可凭借各自优势协商选择《纽约公约》缔约国内的仲裁机构。其次，至于我国同上述 25 个国家间的跨国商事交易争端，可查阅同上述 25 国中和我国皆

---

① 笔者根据纽约公约网站分析统计，截至目前尚有格林纳达、苏里南、纽埃、巴布亚新几内亚、土库曼斯坦、也门、东帝汶、伊拉克、马尔代夫、多哥、冈比亚、乍得、纳米比亚、塞舌尔、南苏丹、塞拉利昂、索马里、利比亚，以及埃塞俄比亚等 25 个国家尚未加入《纽约公约》。

② 外交部：《我国对外缔结司法协助及引渡条约情况》，http：//www.fmprc.gov.cn/web/ziliao674904/tytj674911/wgdwdjdsfhzty_674917/t1215630.shtml，最后访问日期：2018 年 10 月 2 日。

③ 根据海牙国际私法会议网站，批准该公约的国家中“一带一路”参与国家是：希腊、奥地利、黑山、拉脱维亚、爱沙尼亚、斯洛文尼亚、克罗地亚、捷克、匈牙利、波兰、保加利亚、罗马尼亚、斯洛伐克、新加坡等 14 个国家，还有乌克兰、中国等 2 个国家已签署。

签署双边民商事司法协助条约的国家，并选择其国家的特定仲裁机构作为仲裁管辖机构申请裁决则为次要替代方案。当然，若无此国家，则只能期待我国相关部门尽快推进同上述25国的双边民商事司法协助条约的谈判和签署。最后，可期待“一带一路”倡议下的政府间、民间的调解机构以及调解机制建设的推动和迅速推广。调解被国际社会誉为“东方价值”“东方瑰宝”。“一带一路”系由中国发起，其争端解决制度强调调解一方面可以起到弘扬中国传统文化的作用，另一方面亦符合争端解决的趋势。

第二节 “一带一路”倡议与我国遗传资源获取与惠益分享法律制度

一、我国遗传资源获取与惠益分享法律体系与制度

2017年3月23日，我国生态环境部发布了《生物遗传资源获取与惠益分享管理条例（草案）》征求意见稿，意味着我国为履行《名古屋议定书》的国内立法义务而建立生物遗传资源获取与惠益分享相关法律制度的专门立法工作正式开启，但并不意味着我国在生物遗传资源监管方面的法律体系和制度为空白状态。

1. 法律体系

在宪法层面上，我国《宪法》虽然未直接规定生物遗传资源的保护和监管，以及惠益分享，但其第9条规定了“矿藏、水流、森林、山岭、草原、荒地、滩涂等自然资源，都属于国家所有”，以及“保障自然资源的合理利用”和“保护珍贵的动物和植物”，“禁止任何组织或者个人用任何手段侵占或者破坏自然资源”，从而明确了所有权关系及基本法律原则。

在法律层面上，我国2014年修订的《环境保护法》是环境保护基本法，其第30条规定了“开发利用自然资源，应当合理开发，保护生物多样性，保障生态安全”，强调生物多样性保护的重要性，但未明确规定生物遗传资源的保护、利用及惠益分享问题。此外，20世纪80年代立法，最近几年修

订的自然资源各领域单项法律，如《海洋环境保护法》[1]、《草原法》[2]、《农业法》[3]、《森林法》[4]、《野生动物保护法》[5]、《渔业法》[6] 以及《种子法》[7]等，也都规定了各自领域生态自然资源的保护和利用，但仍仅停留在资源的保护和利用方面，很少提及遗传资源及其获取与惠益分享问题，只有在《畜牧法》[8] 中首次明确了遗传资源的保护，即其第 9 条规定“国家建立畜禽遗传资源保护制度”，其第 11 条和第 12 条规定了遗传资源的鉴定、评估，以及调查遗传资源目录和遗传资源基因库制定等事宜，第 13 条第 3 款还规定，畜禽遗传资料采集相关方有获得适当经济补偿的权利。2017 年实施的《中

---

① 、《海洋环境保护法》（1983 年 3 月 1 日施行，2017 年 11 月 4 日修订）第 20 条第 1 款规定：“国务院和沿海地方各级人民政府应当采取有效措施，保护红树林、珊瑚礁、滨海湿地、海岛、海湾、入海河口、重要渔业水域等具有典型性、代表性的海洋生态系统，珍稀、濒危海洋生物的天然集中分布区，具有重要经济价值的海洋生物生存区域及有重大科学文化价值的海洋自然历史遗迹和自然景观。”

②《草原法》（1985 年 6 月 18 日施行，2013 年 6 月 29 日修订）第 1 条规定：“为了保护、建设和合理利用草原，改善生态环境，维护生物多样性，发展现代畜牧业，促进经济和社会的可持续发展，制定本法。”第 9 条第 1 款规定：“草原属于国家所有，由法律规定属于集体所有的除外。国家所有的草原，由国务院代表国家行使所有权。”

③《农业法》（1993 年 7 月 2 日施行，2013 年 1 月 1 日修订）第 18 条规定：“国家扶持动植物品种的选育、生产、更新和良种的推广使用，鼓励品种选育和生产、经营相结合，实施种子工程和畜禽良种工程。”

④《森林法》（1985 年 1 月 1 日施行，2009 年 8 月 27 日修订）第 3 条第 1 款规定：“森林资源属于国家所有，由法律规定属于集体所有的除外。”

⑤《野生动物保护法》（1988 年 11 月 8 日施行，2016 年 7 月 2 日修订）第 3 条第 1 款规定：“野生动物资源属于国家所有。”第 17 条第 2 款规定：“国务院野生动物保护主管部门应当会同国务院有关部门制定有关野生动物遗传资源保护和利用规划，建立国家野生动物遗传资源基因库，对原产我国的珍贵、濒危野生动物遗传资源实行重点保护。”

⑥《渔业法》（1986 年 1 月 20 日施行，2013 年 12 月 28 日修订）第 29 条规定：“国家保护水产种质资源及其生存环境，并在具有较高经济价值和遗传育种价值的水产种质资源的主要生长繁育区域建立水产种质资源保护区。未经国务院渔业行政主管部门批准，任何单位或者个人不得在水产种质资源保护区内从事捕捞活动。”

⑦《种子法》（2000 年 12 月 1 日施行，2016 年 1 月 1 日修订）第 8 条规定：“国家依法保护种质资源，任何单位和个人不得侵占和破坏种质资源。禁止采集或采伐国家重点保护的天然种质资源。”第 25 条规定：“国家实行植物新品种保护制度。”第 11 条规定：“国家对种质资源享有主权，任何单位和个人向境外提供种质资源，或者与境外机构、个人开展合作研究利用种质资源的，应当向省、自治区、直辖市人民政府农业、林业主管部门提出申请，并提交国家共享惠益的方案；受理申请的农业、林业主管部门经审核，报国务院农业、林业主管部门批准。”

⑧《畜牧法》（2005 年 12 月 29 日施行，2015 年 4 月 24 日修订）第 13 条第 3 款规定：“畜禽遗传资源基因库应当按照国务院畜牧兽医行政主管部门或者省级人民政府畜牧兽医行政主管部门的规定，定期采集和更新畜牧遗传材料。有关单位、个人应当配合畜禽遗传资源基因库采集畜禽遗传材料，并有权获得适当的经济补偿。”

医药法》是首次明确“获取、事先知情同意以及惠益分享”制度的一部法律，其第43条规定：“国家建立中医药传统知识保护数据库、保护名录和保护制度。中医药传统知识持有人对其持有的中医药传统知识享有传承使用的权利，对他人获取、利用其持有的中医药传统知识享有知情同意和利益分享等权利。”此外，《专利法》及其实施细则第26条规定，“依赖遗传资源完成的发明创造，申请人应当在专利申请文件中说明该遗传资源的直接来源和原始来源；申请人无法说明原始来源的，应当陈述理由”，从而确立了专利申请前的遗传资源信息披露制度。

在行政法规、部门规章层面上，《农业转基因生物安全管理条例》①、《植物新品种保护条例》②、《野生药材资源保护管理条例》③、《野生植物保护条例》④、《进出境动物检疫法实施条例》⑤、《畜禽遗传资源进出境和对外合作研究利用审批办法》⑥、《病原微生物实验室生物安全管理条例》⑦ 以及农业部《农业转基因生物安全评价管理办法》⑧、林业局《引进陆生野生动物外来物种种类及数量审批管理办法》⑨、环保部《进出口环保用生物菌剂环境安全管理办法》⑩ 等一系列行政法规和部门规章为特定类型生物资源的保护利用做出了具体的解释，但对生物遗传资源的获取与惠益分享管理机制仍未提出更为明确、细致的规定。

---

①《农业转基因生物安全管理条例》，2001年5月23日由国务院令第304号发布，2017年10月7日第二次修订。

②《植物新品种保护条例》，1997年3月20日由国务院令第213号发布，2014年7月29日第二次修订。

③《野生药材资源保护管理条例》，1987年12月1日施行。

④《野生植物保护条例》，1997年1月1日由国务院令第204号发布，2017年10月7日修订。

⑤《进出境动植物检疫法实施条例》，1996年12月2日由国务院令第206号发布。

⑥《畜禽遗传资源进出境和对外合作研究利用审批办法》，2008年10月1日由国务院第23次常务会议通过。

⑦《病原微生物实验室生物安全管理条例》，2004年11月12日由国务院令第424号发布，2016年2月6日修订。

⑧《农业转基因生物安全评价管理办法》，2002年3月20日由农业部令8号发布，2016年7月25日修订。

⑨《引进陆生野生动物外来物种种类及数量审批管理办法》，2005年9月27日由林业局令第19号发布，2015年4月30日修订。

⑩《进出口环保用生物菌剂环境安全管理办法》，2010年4月2日由环保部、国家质检总局令第10号发布。

2. 法律制度

第一，在国家对生物遗传资源及相关传统知识的主权方面，尽管尚未出台一部法律明确指向遗传资源及其传统知识产权的主权所属关系，但《种子法》第 8 条、第 11 条中首次确认了国家对种质资源享有的主权，从而同《粮食和农业植物遗传资源国际条约》第 10. 1 条规定保持一致。

第二，在遗传资源及其相关传统知识的获取方面，20 世纪 90 年代及 21 世纪初制定的《畜牧法》《野生动物保护法》《渔业法》《野生药材资源保护条例》《草原法》及《森林法》等确立了严格的许可证制度，并辅以行政措施保护和利用有限的自然资源，但同《生物多样性公约》及《名古屋议定书》的获取及事前知情同意制度差距甚远。但 2017 年实施的《中医药法》则首次明确了“中医药传统知识持有人对他人获取、利用其持有的中医药传统知识享有知情同意和利益分享等权利”，从而为单独立法奠定了基础。

第三，在专利申请中的来源信息披露方面，《专利法》第 26 条要求申请人就依赖遗传资源完成的发明创造说明遗传资源的来源和原始来源，但对未能提供来源证明的只规定“要说明理由”，其不利后果则规定得不明确，从而削弱了其执行效力。

第四，在遗传资源及相关传统知识的数据库建设方面，《种子法》《畜牧法》及《中医药法》等都明确规定了建设资源数据库的重要性，比如《种子法》第 10 条规定，国务院农业、林业主管部门应当建立种质资源库；《畜牧法》第 11 条至第 13 条规定，国务院及各级畜牧兽医行政主管部门制定和公布畜牧遗传资源目录，并建立基因库，承担畜禽遗传资源的保护任务；《中医药法》第 43 条规定，国家建立中医药传统知识保护数据库、保护名录和保护制度。但上述法律都未详细规定基因库的事后使用、维护和管理问题。

总而言之，尽管我国现行的法律中含有部分遗传资源获取与惠益分享相关规定，但是其主要是对部分物种或遗传资源的采集、猎捕、出境进行管理，普遍缺乏共同商定条件和惠益分享的规定，特别是在微生物资源、生物遗传资源相关传统知识、衍生物、生物遗传资源数字化信息等的获取与惠益分享方面存在立法空白。此外，因管理部门林立且其管理目标不一致，故难以完全实现《名古屋议定书》对缔约国法律制度建设的要求。

二、《生物遗传资源获取与惠益分享管理条例（草案）》评析

为了规范我国有关遗传资源获取与惠益分享活动，满足遗传资源监管需求，积极履行《名古屋议定书》的立法要求，我国环境保护部于 2017 年 3 月 23 日发布了《生物遗传资源获取与惠益分享管理条例（草案）》（以下简称《管理条例（草案）》或草案）的征求意见稿。该《管理条例（草案）》共 7 章 48 条，除总则与附则外，包括监督管理、生物遗传资源获取、生物遗传资源的惠益分享、生物遗传资源的出境管理及法律责任五个方面的内容。

1. 立法目的和原则

《管理条例（草案）》在第 1 条中确立了四个立法目的，即：加强生物遗传资源获取和惠益分享管理、保护和持续利用生物多样性、履行《名古屋议定书》，以及维护国家利益。其中，第一个目标意味着我国现行法律制度存在管理方面的不足，需要强化行政管理；第二个和第三个目标宣示着我国的国际条约履约义务；第四个目标意味着生物遗传资源获取和惠益分享制度对国家利益具有重要意义。但从条例草案的主要内容来看，其宗旨更多地体现了如何维护遗传资源权利主体的合法权益，故应将“维护生物遗传资源相关权利主体的合法权益”作为立法目的之一。

《管理条例（草案）》在第 3 条中明确了获取和利用生物遗传资源应遵循国家主权、保护优先、事先知情同意、科学合理利用，以及公平分享惠益等 5 项基本原则。其中，“保护优先原则”之意义不甚明确，也不符合平等保护遗传资源及相关传统知识持有人利益的《生物多样性公约》及《名古屋议定书》原则，故应予以删除。此外，应增加“分类管理原则”，从而有助于采取内外有别和用途差异化管制制度，规范获取、跨境转移、利用和惠益分享制度；增加“广泛参与原则”，从而有助于提高公众的认知度和参与度。

2. 监督管理的主体及职责

《管理条例（草案）》第 11 条至第 17 条规定了国务院生态环境部主导

下的国务院农业、林业、住建、卫生计生、海洋、中医药等生物遗传资源相关部门，以及市场、进出境、科研开发、知识产权等领域的协同管理体制和机制，主要包括协调机制、咨询机制、信息交换机制、监督检查机制、失信名单制度，以及执法检查措施。其中，因信息交换机制将决定不同部门之间的信息共享、协同执法和相互监督的效率，故信息交换机制的具体管理办法应与管理条例同时出台。

3. 生物遗传资源的获取

《管理条例（草案）》第 18 条至第 30 条规定了在我国获取生物遗传资源及相关传统知识的三个要件，即：事先征得生物遗传资源持有人的同意、签订获取与惠益分享协议，以及报省级人民政府相关主管部门审批。在具体监管制度方面，草案分别规定我国主体、外方单位和个人获取和利用生物遗传资源的不同监管措施。如，草案第 20 条规定，“外方单位和个人获取和利用我国生物遗传资源，应当与我国单位进行合作，在我国境内进行，并由我国人员参与实质性研究开发利用活动”，并要求惠益分享协议“报国务院相关主管部门审批”。但根据草案第 19 条规定，如果我国单位和个人为学术研究目的而获取生物遗传资源时，无需事先征得生物遗传资源持有人同意，也无需签订协议，只需到生物遗传资源所在地县级人民政府相关主管部门登记即可。如果我国单位和个人为商业目的而获取生物遗传资源，那么在事先征得同意，并签订协议之后，只需报省级人民政府主管部门审批即可。

但是，草案第 20 条遗漏了我国单位和个人获取生物遗传资源之后再与外方合作的情形，故应增加 1 款为“我国单位和个人为商业目的获取生物遗传资源，征得生物遗传资源持有人的同意，签订获取与惠益分享协议之后，与外方单位进行合作的，要报国务院相关主管部门审批”。此外，“合作”是否意味着资本合作，还是仅意味着非资本合作的科研合作不是很明确。若是资本合作，则要在外商投资法正面清单或负面清单中予以明示。

4. 惠益分享制度

《管理条例（草案）》第 31 条至第 35 条规定了获取与惠益分享协议的

主要内容、惠益的形式、国家收取的生物遗传资源保护和惠益分享基金及其用途，以及惠益分享相关主体的平等权益保护等内容，充分体现了我国独特的行政保护色彩。尽管《名古屋议定书》并不要求各国立法同其保持一致，但草案在惠益形式方面所作出的规定同《名古屋议定书》存在一些差距。比如，草案第32条规定了货币惠益和非货币惠益两种形式，但在其具体形式方面，草案采取了有限列举的方式，而《名古屋议定书》则采取了“包括但不限于”的开放式列举方式，为可采取的惠益形式留下更多的空间。尽管草案最后也规定了“其他货币或非货币惠益”等兜底条款，但在草案的语境下，存在哪些属于“其他货币或非货币惠益”的判断问题，故其适用范围相对狭窄。

此外，草案第33条第2款和第3款规定，“获取人应按年度将获取和利用生物遗传资源所产生利润的0.5%～10%作为国家应得惠益直接缴存至生物遗传资源保护和惠益分享基金。生物遗传资源保护和惠益分享基金应当用于生物遗传资源的保护和可持续利用活动，并优先用于支持生物遗传资源原始提供地区的社会经济发展事业”，从而为良性保护和可持续利用生物遗传资源构建了制度基础。但从另外一个角度来讲，这无疑增加了遗传资源获取人的经济负担，与鼓励科学研究和发展知识经济的主流原则也相互冲突，特别对获取企业的研发积极性可能造成负面影响。尽管《名古屋议定书》第5条第1款规定，“根据《生物多样性公约》第15条第3款和第7款，应与提供遗传资源的缔约方——此种资源的原产国或根据《生物多样性公约》已获得遗传资源的缔约方分享利用遗传资源以及嗣后的应用和商业化所产生的惠益。以公正和公平的方式分享时应遵循共同商定条件”，第9条规定“缔约方应鼓励使用者和提供者将利用遗传资源所产生的惠益用于保护生物多样性和可持续利用其组成部分”，但《名古屋议定书》所规定的为保护和可持续利用生物多样性而分享的是“惠益”，而不是“利润”，而且是基于“共同商定的条件”分享惠益的一部分，与草案中所规定的“利润”具有本质性的差别。同时，提取比率标准、基金管理制度不够明确等缺陷将有损于本草案的法律效力和影响力。

草案第35条规定了传统知识持有人参与所得惠益分配的权利，但按照草案规定，可能产生“先分配，后出现补充登记”的情况，容易造成对后补登记权利人无钱分配的情景，故建议将第35条修改为：“传统知识集体管理组织代表已登记传统知识的持有人签订获取与惠益分享协议，并将扣除规定的管理费用后的所得惠益等相关信息对外公示。在公示之日起六个月内，向所在地县级人民政府相关主管部门提出申请，协议所涉传统知识的未登记持有人，经省级人民政府相关主管部门审核合格的，有权参与所得惠益的再分配。集体管理组织应将惠益分配信息予以公示。”

5. 生物遗传资源国际证书

《管理条例（草案）》第25条规定了生物遗传资源国际证书制度，在不影响现行管理体制、不增加获取人审批负担的前提下，草案规定由国务院环境主管部门根据当事人的申请，依据相关主管部门获取登记和审批的备案信息，出具生物遗传资源国际证书，并通过信息交换机制发布。但草案没有明确国际证书的用途，只有在第36条第3款提及其作为生物遗传资源出境所需的必要文件之一，故如果在实践中生物遗传资源国际证书为申请知识产权保护和生物遗传资源出境等环节的合法证明文件，那么生物遗传资源国际证书将是合法身份证明，故不应规定为“经申请而签发”的证书，而应规定为“经批准而签发”的证书。

6. 生物遗传资源出境管制制度

《管理条例（草案）》第36条至第38条规定了生物遗传资源的出境管理制度，规定需要运送、邮寄、携带生物遗传资源出境的，应当根据相关法律法规的规定向国务院生物遗传资源主管部门申请，取得出境批准和证明后，申请人须将出境生物遗传资源的复份材料提交至国务院生物遗传主管部门指定的保藏机构保存，并凭出境证明办理检验检疫手续。海关凭生物遗传资源出境证明、进出境检验检疫部门出具的出境货物通关单和国务院环境保护主管部门出具的生物遗传资源国际证书办理验放手续。此外，草案还规定国务院环境保护主管部门会同国务院相关主管部门制定生物遗传资源出境管制名录，加强对重要生物遗传资源的出境查验，从而明确了我国对生物遗传资源的出境活动进行严格管制，申请人原则上应当在我国境内利用我国生物遗传资源。

第三节　“一带一路”倡议与中药可持续国际化措施

一、中药出口海外特征

1. 中药出口海外情况

我国中药出口产品主要有中成药、保健品、中药材及饮片和植物提取物等四种。据中国医药保健品进出口商会统计，2012 年我国中成药出口额为 2.7 亿美元，占出口总额的 11%；保健品出口额为 2.13 亿美元，占出口总额的 9%；中药材及饮片出口额为 8.6 亿美元，占出口总额的 34%；植物提取物出口额为 11.6 亿美元，占出口总额的 46%。其中，中成药主要出口至非洲、中东、美国、泰国、新加坡和中国香港等国家和地区；保健品主要出口至美国、加拿大、越南和日本等国家；中药材及饮片主要出口至日本、韩国、越南、马来西亚等国家；植物提取物则主要出口至美国、日本和韩国等国家。①

单以中成药为例，世界各国的消费趋向都不尽一致。2012 年中成药在亚洲国家的出口商品为一些消炎止痛、清热去火的药品，如银翘片、乌鸡白凤丸、复方南板蓝根颗粒、枇杷叶膏、三金西瓜霜、白凤丸、扶正解毒散、花红片、牛黄解毒片、人参再造丸、黄连素片等。这些产品大多是中国老字号产品，具有久远的医药历史，容易获得知悉或者长期服用老字号中成药的日本、新加坡、马来西亚、越南、印度尼西亚以及韩国等中华文化圈国家消费者的认同。在中东及非洲一些国家中，中成药主要出口产品是清凉油，这与当地的炎热气候和清凉油的清凉散热、预防中暑、止痒止痛等药效有着一定的关系。出口美国和加拿大的中成药大多和出口亚洲的产品相似，是一些清热解毒、消炎止痛的药品，其主要消费者是旅居北美的华人及其后裔。而出口欧盟的中成药产品，大多为浓缩颗粒及胶囊，这与欧盟严格的植物药品标

---

① 霍卫：《2012 年中药产品出口“三足鼎立”》，http://www.xatrm.com/cjswcyjsfzcydt/192369.jhtml，最后访问日期：2019 年 4 月 23 日。

准有着密切联系。

2. 中药海外出口特征分析

第一，我国中成药出口显现出相对集中的药理性特征。从我国 2012 年中成药主要出口品种来看，大多是具有消炎止痛、清热去火功效的药物，以及一些配方悠久的妇科药物。在这些品种中，真正连续多年单个品种出口超过千万美元的只有人参和清凉油两种产品。清凉油作为我国主要中成药出口品种，其具有清凉散热、醒脑提神，尤其针对蚊虫叮咬具有止痒止痛的功效，因此其出口地区也主要集中在东南亚、非洲等气候潮热、蚊虫较多的国家和地区。2012 年我国对非洲清凉油的出口量达到 3 465 216 公斤，占清凉油总出口量的 63%。①

第二，在中药出口总额中，我国植物提取物、中药材及饮片的出口额所占比重远高于中成药出口的比重，表明我国中药出口仍为初级产品和半成品为主，技术含量较低，未能充分体现中药产品的附加值。植物提取物产业是中药出口行业发展最为迅速的一个产业，近 20 年来其出口额一直保持较高的增幅。这与全球“崇尚自然”的理念相吻合，与大健康产业密切相关，如广泛应用于食品、药品和化妆品的芦丁，主要出口至德国、法国、日本等国家。② 此外，也体现了中西方消费者在中药消费理念上的差异。中药强调辨证论治和君臣佐使，应用复方配药以减缓某些成分的毒性，例如正天丸复方中就含有白芍、防风以及麻黄等成分以减缓乌头根部——附子的毒性。但是西药一直追求药物成分的准确性，强调药物的安全性和有效性，重点研究药物的纯度、体内代谢途径等因素。因对中药毒性的认识不足，西方医药管理机构经常以含有某种有毒成分为由禁止中药（主要是中成药）的进口及销售，或提出使用警告。但经认可为安全的提取物，则激发出巨大的市场需求，如 2012 年我国甜叶菊出口额约为 7 800 万美元③，主要原因是欧盟市场认可了甜叶菊提取物的低热量、高安全性特点。

---

① 霍卫：《2012 年中药产品出口“三足鼎立”》，http://www.xatrm.com/cjswcyjsfzcydt/192369.jhtml，最后访问日期：2019 年 4 月 23 日。

② 中国行业研究网：《2013 年植提物出口增幅惊现新低情况探析》，http://www.chinairn.com/news/20130428/152504197.html，最后访问日期：2019 年 4 月 23 日。

③ 于志斌、罗扬：《2012 年中药进出口分析》，《中国现代中药》2013 年第 2 期，第 144 页。

第三，供出口的中药材在国内外有不同用途。因中西方在用药习惯及医疗机构用药规定方面存有差异，一些在我国中药体系中主要被用于治疗疾病等健康用途的药物在国外则不然。例如，出口到西方国家的相当一部分甘草并非用于中药配药，而是被用来提取甘草甜素、甘草酸和甘草次酸，但其在我国则是中药体系中最常用的一味药（俗称“十方九草”）。我国出口的麻黄和麻黄浸膏相当一部分在国外被用于生产冰毒[①]，而这两种药物在我国则主要用于发汗散寒、宣肺平喘、利水消肿。

第四，中成药消费主体相对集中在亚裔群体。日本、美国、新加坡、马来西亚、越南、泰国、印度尼西亚、加拿大、俄罗斯以及澳大利亚是我国中成药出口额总量较多的国家，但针对亚洲国家的出口额明显高于大部分欧美国家，其主要原因是亚洲人对于中医的接受程度普遍高于西方国家。在西方国家，使用中医药的群体则相对局限于华人和其他一些亚裔群体，其中以出口美国的中成药量为最多。中成药进口国的华人和亚裔群体的数量与出口国的中成药数额虽然并不形成确定的线性关系，但也体现出一定的相关性。

二、中药国际化的困境分析

1. 医药文化之屏障

西医是建立在病理解剖学基础上的医学体系，认为疾病是人体内的脏器发生病理变化造成的，因此其治疗多以恢复这些脏器的实体为目的，治的是“病”，用药的机理也多为“对抗”。而中医是一种循证医学，认为疾病是由于人体与环境不协调或自身脏腑间失去平衡而造成的，因此治疗更多地考虑机体功能的恢复，治的是“症”，用药的机理多为“调整”。因此，西药是经提纯的，治疗的疾病范围比较严格，限定使用在固定的几类疾病，而中药是未经过提纯的原药材，治疗的是症状。[②] 中医重宏观，治疗上讲究辨证论治，而西医重微观，侧重于单纯病种和局部定位治疗，东西方医药文化的差

---

① 中华中医师承网：《中药现代化国际化的反思》，http：//www. zhzysc. com/html/？8858. html，最后访问日期：2015 年 5 月 23 日。

② 刘挺立：《中药与西药有什么区别?》，http：//www. 360doc. com/content/13/1113/16/14131888_328919468. shtml，最后访问日期：2019 年 4 月 23 日。

异给中药国际化形成一道文化壁垒。①

2. 技术标准之壁垒

西方医药讲究单一性、准确性和数据性，基于用药的安全性和有效性要求，西方医药管理机构对中药也提出相应的准入标准，但我国大多数中药企业无法满足西药的标准认证要求。比如，欧美对于在民间和临床上已长期应用，且人体对其有较好耐受性的植物药要求较为宽松，仅要求提供多年临床使用数据，或是以动物毒性数据等其他安全性文献代替所要求的临床试验数据。但我国目前多数中药研发只停留在粗略观察阶段，没有建立相应的药品非临床研究质量管理规范（Good Laboratory Practice of Drug，GLP）和药物临床试验质量管理规范（Good Clinical Practice，GCP）等标准规范，缺乏基于采用双盲、随机、对照方法进行的和基于新药临床试验所获得的询证医学科学数据的准确临床疗效评价。

3. 国际市场被侵蚀

在世界植物药市场中，日本和韩国的汉方药市场在不断扩大，我国一些传统的中药出口市场正在被日本和韩国的同类产品所侵蚀。比如，在国际中成药市场份额中日本占80%、韩国占10%，而我国目前的出口中药多以原料药材廉价出卖，成药比例不足10%。② 越来越激烈的国际市场竞争使我国中药产业面临更加严峻的挑战，这是我国中药国际化的又一道障碍。

三、“一带一路”倡议对中药国际化的意义

“一带一路”倡议是一项系统工程，其在地域空间上是跨越亚洲、欧洲及非洲130多个国家及其领土的国际合作工程；其在时空上是千百年来“和平合作、开放包容、互学互鉴、互利共赢”的丝绸之路精神的传承与弘扬。基础设施的互联互通是实现“一带一路”倡议的硬件保障，贸易和资金的自由融通是实现“一带一路”倡议的软件保障，政策和民心相通则是实现

---

① 王学东：《中药国际市场营销环境》，《南通大学学报（社会科学版）》2009年第3期，第110页。

② 健康网：《中国仅占国际中药市场10%份额》，http：//cj.39.net/ypqx/20101026/1524430.html，最后访问日期：2015年8月25日。

"一带一路"倡议的持续保障。尽管"一带一路"倡议是中国领导人在各种国际外交场合中所倡议的，但目前已上升为国家的"愿景和行动"，并已获得 170 多个沿线国家和国际组织的支持。诸多沿线国家通过与我国签署联合宣言或联合公报的形式肯定了共建"一带"或"一路"的意义，表达了积极合作的愿望。

《"一带一路"愿景与行动》明确指出，要扩大与沿线国家在传统医药领域的合作，旨在促进沿线贫困地区生产生活条件的改善，为深化双边和多边合作奠定坚实的民意基础。中医药参与"一带一路"倡议也被纳入中医药发展"十三五规划"重点，比如《中医药健康服务发展规划（2015—2020）》规定："遴选可持续发展项目，与丝绸之路经济带、21 世纪海上丝绸之路沿线国家开展中医药交流与合作，提升中医药健康服务国际影响力。"

其实，我国早已与一些"一带一路"沿线国家签署过中医药研发和利用的双边协议，比如于 1996 年和印度签署了《卫生和医学科学合作协定》，并约定将"传统医学，包括瑜伽和针灸"作为科技合作的范围；于 2007 年和法国签署了《关于在中医药领域合作的协议》，明确"双方就中医治疗的各个不同阶段中对中药产品以及中医治疗手段的认证等进行双边合作研究，以便保证安全有效地应用中医药，为民众的健康提供服务"为合作宗旨。

因此，"一带一路"倡议对中药国际化具有以下三个方面的意义。

1. "一带一路"倡议为中药国际化提供内在动力

就中药国际化来讲，"一带一路"倡议是中国与"一带一路"沿线国家确立新型关系的国家对外行为，不仅具有历史基础，而且已获得众多沿线国家的支持；而《中医药健康服务发展规划（2015—2020）》作为指导国内相关部门、行业产业发展的国家对内政策，已明确中药国际化与"一带一路"倡议的对接路径。因此，随着"一带一路"倡议的实施，中药国际化已走出国内规划阶段，获得可持续向外发展的内在动力。

2. "一带一路"倡议为中药国际化提供创新思路

"一带一路"倡议不仅在合作内容方面提出"政策沟通、设施联通、贸易畅通、资金融通和民心相通"等创新合作内容，而且在合作机制方面也提出"通过多层次、多渠道沟通磋商强化双边和多边合作机制，建立更加开放包容、互利共赢”的创新区域合作机制。因此，“一带一路”倡议不仅是对古代丝绸之路精神的传承，而且是对目前区域国际合作模式的一种制度创新，为中药国际化提供了一个创新思路。即，中药国际化需相应确立中医药政策沟通、中医服务贸易和中药货物贸易畅通、资金融通，以及民心相通的合作方案，且为合作方案的保障实施建立各种双边或多边协商机制、运行机制和监督机制。

3.“一带一路”倡议为中药国际化提供全新机遇

中药的海外传播历史证明，中药国际化并不是孤立的，它是与使团、商团的来往和宗教的传播而得以发展的。“一带一路”倡议既是跨越亚洲、欧洲及非洲 130 多个国家的国际合作工程，也是覆盖新一轮贸易、政治、外交、文化等全方位区域合作的总规划，因此，“一带一路”倡议的实施无疑将为中药的国际化提供更加广阔的国际市场和全新的发展机遇。

四、“一带一路”倡议与中药可持续国际化应对策略

1. 在国家和政府层面上，一方面要将中药国际化纳入“一带一路”区域合作谈判的一揽子协议之中。中药国际化作为个别事项进行谈判可能不具有优势或障碍重重，但纳入服务贸易或货物贸易的一揽子协议之中，借助服务贸易或货物贸易的优势则相对容易获得优势谈判地位。另一方面要凸显中药国际化与中华传统文化的紧密关系，借助中华传统文化的海外传播一同推广中医药文化及产品。据国家汉办网报道，截至 2014 年 12 月，全球 126 个国家（地区）建立了 475 所孔子学院和 851 个孔子课堂。① 通过在孔子学院开设中医药文化体验课程，改善外国消费者对中医药的负面形象，使得外国人对中医药文化有正确的认识，是中药国际化宣传战略的不二选择。

2. 在行业协会层面上，一方面要因地制宜地树立中药出口战略。不仅要巩固传统的中药市场优势，而且要借助边境贸易，以及宗教和文化趋同优势，因地制宜地制定中药行业出口战略，比如通过宁夏与伊斯兰阿拉伯地区在宗教习俗和文化方面的深厚历史关系拓展中东中药市场。另一方面要依靠

① 国家汉办官网，http://www.hanban.edu.cn/confuciousinstitutes/node_10961.htm，最后访问日期：2019 年 4 月 23 日。

中医推动中药国际化。“以医带药”是中药走向国际市场的重要途径，只有不断增强世界对于中医阴阳五行、辩证统一、君臣佐使等用药理念的理解，才能更好地将更多种类中药推向国际市场。

3. 在企业层面上，一方面要熟知和灵活运用进口国家准入制度。尽管我国积极推动中药国际化标准的制定，但各国市场准入标准仍有可能存有差别，因此中药出口企业需要熟知中药进口国的准入制度，并建立相应的实验室规范、临床试验标准等标准规范，才能保障其产品进入国外市场。另一方面要不断提高中药的科技化水平。应紧跟当今国际市场标准变化趋势，进一步完善我国中药从源头种植的品种归属、农药残留、重金属超标到生产过程中的质量控制、工艺完善等中药生产销售整条流水线的技术要求，同时学习和借鉴日本和韩国在中药国际化方面的经验，加快中药技术的改进，才能提升中药出口产品的附加值，扩大中药产品的海外市场份额，提高中药在国际植物药市场中的知名度。

4. 在法律制度层面上，尽快完善生物遗传资源及相关中医药传统知识的获取和惠益分享管理制度。随着“一带一路”倡议的成功推进以及中医药国际化的推广，中药生物遗传资源如同化石能源将成为跨国医药企业争夺的目标。公开、透明和完善的获取与惠益分享法律制度不仅能够公平对待持有者和使用者的利益，而且可以促进科技研发，有利于经济、社会和环境的可持续发展。尽管《中医药法》的颁布明确了获取与惠益分享制度，但具体制度还需《生物遗传资源获取与惠益分享管理条例（草案）》来明确和支撑，尽快完善和通过生物遗传资源获取与惠益分享管理相关法律、法规，为“一带一路”倡议及中医药的国际化推广提供制度保障。

本章小结

“一带一路”倡议是中国新一代领导人审时度势提出的新形势下国际合作模式，是基于“人类命运共同体”的理念下倡导和谐、包容、共同发展，造福于人类的发展模式。自 2013 年习近平主席首次提出“一带一路”倡议以来，经 2014 年 10 月共同设立亚洲基础设施投资银行、2015 年 3 月三部委共同发布《推动共建丝绸之路经济带和21世纪海上丝绸之路的愿景与行动》、2017年5月召开“一带一路”国际合作高峰论坛圆桌峰会等一系列机构建立、政策制定和高峰论坛，“一带一路”倡议已非常清晰地走进了法学的研究领域，“一带一路”倡议与传统中医药国际化推广则是其中一个重要的组成部分。

“一带一路”是“促进共同发展、实现共同繁荣的合作共赢之路，是增进理解信任、加强全方位交流的和平友谊之路”，“一带一路”倡议的终极目标是沿线国家之间的共同繁荣发展，是创造和促进“一带一路”沿线国家间的相互“网状贸易”，是共同奏响和谐的交响乐。尽管现阶段以“点对点”的双边贸易为主要合作形式，且现有双边合作条约是“一带一路”倡议成功实施的坚实基础，但在争端解决机制、条约管理机制等方面仍需要进一步完善。

特别是在中医药国际化推广方面，我国所面临的医药文化、医药品准入壁垒等困境须通过“一带一路”倡议的实施，以及国内相关立法的完善来得以改善。其中，《生物遗传资源获取与惠益分享管理条例（草案）》的出台将为中药生物遗传资源及相关中医药传统知识的获取与惠益分享提供坚实的制度保障，也为人类社会的健康保障以及国际社会的可持续发展做出贡献。

第六章　传统文化遗产的可持续发展与国家继承

第一节　传统文化遗产的内涵及其属性

传统文化遗产是一种稀缺的财产，但又不仅仅是单纯的一种财产，因为每一种文化遗产都蕴含着历史、艺术及文化等价值。它的形成是一个历史过程，是一个民族灵魂的创造过程，甚至是一个民族的象征。

传统文化遗产的国际保护在战时对文化遗产的掠夺和返还、破坏和保护的平衡中产生，经历了习惯法到成文法的过程，并已基本确立文化遗产国际保护法律体系。特别是在联合国教科文组织（UNESCO）、国际统一私法协会（UNIDROIT）等国际组织的努力下，传统文化遗产的国际保护已超出战时对动产和不动产文化遗产的保护，延伸到自然文化遗产、水下文化遗产、非物质文化遗产的国际保护，以及文化遗产的国际贸易，从而建立了涵盖战时和平时、贸易和人权、环境与发展等多维度互动保护制度。

在因领土主权的变更而发生的国家继承中，传统文化遗产仅仅被看作一般的财产而转移其所有权，却不能充分体现文化遗产中所包含的内涵。1983年《关于国家对国家财产、档案和债务的继承的维也纳公约》① （以下简称《1983年维也纳公约》）第八条规定，国家所继承的是在国家继承之日，按照被继承国国内的规定为该国所拥有的财产、权利和利益。即《1983年维也纳公约》中所称国家继承对象是被继承国国内法律规定为该国所有的财产，而特定财产是否为继承的对象，是依据被继承国在继承事实发生前的界

---

① 尽管该公约尚未生效，但对其之后发生的国家继承实践产生重大影响，如东欧国家分裂独立和继承中均遵循了该公约的主要原则，故本书仍以该公约为主要研究对象。

定，判断主体是被继承国，从而与文化遗产国际保护相关习惯国际法规则相背离。例如，希腊的巴特农神殿是希腊的一个标志，但是巴特农神殿的一部分大理石雕塑却被“保护”在大英博物馆里，因为在19世纪初奥斯曼帝国占领希腊期间，曾授权英国驻奥斯曼帝国的大使“发掘和取走任何带有铭文和人像的石头”。希腊一直强烈要求英国归还其财产，但是英国以“继承条约、合法取得”为由而拒绝返还。①

本章将从传统文化遗产的内涵及其属性，以及传统文化遗产国际保护的实践出发，分析和归纳文化遗产国际保护之国际习惯法，再分析和指出《1983年维也纳公约》下文化遗产国家继承实践中存在的问题，旨在寻求既符合国际法的基本原则，又有利于传统文化遗产的完整保护，使得其内在价值获得最大体现的国际法律制度。

一、传统文化遗产的内涵

目前，国际社会尚未就文化财产（Cultural Property）或文化遗产（Cultural Heritage）形成一个普遍性定义，各公约都基于自身目的对文化遗产或财产进行界定，有的甚至仅指出文化遗产或财产的外延而没有明确其内涵。

在文化财产领域，1954年《关于发生武装冲突时保护文化财产的海牙公约》的适用范围仅限于保护战时容易蒙受风险的文化财产②，但仍具有重要意义。公约第1条将文化财产界定为“对各国人民的文化财产具有重大意义的动产和不动产，用以保存和展览这些可移动的文化财产的建筑物，以及用以存放大量的文化财产的中心站”。其中，针对“对各国人民的文化财产具有重大意义的动产和不动产”则以举例形式作了规定，即将“建筑、艺术或历史上的宗教性的或世俗性的纪念物；考古遗址；具有历史或艺术上价值的整套建筑物；艺术品；手稿、书籍和其他具有艺术、历史或考古价值的物品；以及科学珍藏和书籍或档案的重要珍藏或者上述歌舞的复制品”明确为文化财产。1970年《关于禁止和防止非法进出口文化财产和非法转让其所

① 丁宁：《“埃尔金大理石”事件——作为重要文化遗产的艺术品的归属问题》，《文艺研究》2002年第3期，第117—131页。

② 参见1954年《关于发生武装冲突时保护文化财产的海牙公约》第4条、第11条的规定。

有权的方法的公约》第 1 条将“文化财产（Cultural Property）”规定为“各国根据宗教的或世俗的理由，明确指定为具有重要考古、史前史、历史、文学、艺术或科学价值的财产并属于下列各类者……”，并列举了 11 类[①]重要而可能被非法发掘并转移到其他国家的文化财产，从而将文化财产概念的内涵和外延都规定得十分宽泛。而 1995 年《国际统一私法协会关于被盗或者非法出口文物公约》第 2 条则把文物（Cultural Objects）规定为“因宗教或者世俗的原因，具有考古、史前史、历史、文学、艺术或者科学方面重要性，并属于本公约附件所列分类之一的物品”，其内涵与上述公约并无不同。

在文化遗产领域，1972 年《保护世界文化和自然遗产公约》第 1 条将“文化遗产（Cultural Heritage）”定义为“文物、建筑群和遗址”，其中“文物（Monuments）”指从历史、艺术或科学角度看，具有突出的普遍价值的建筑物、碑雕或碑画，具有考古性质的成分或结构、铭文、窟洞以及联合体；“建筑群（Groups of Buildings）”指从历史、艺术或科学角度看，在建筑式样、分布均匀或与环境景色结合方面具有突出的普遍价值的单立或连接的建筑群；“遗址（Sites）”指从历史、审美、人种学或人类学角度看，具有突出的普遍价值的人类工程或自然与人的联合工程以及包含考古地址的区域。2001 年联合国教科文组织《保护水下文化遗产公约》第 1 条规定，“水下文化遗产（Under Water Cultural Heritage）系指至少 100 年来，周期性或连续地，部分或全部位于水下的具有文化、历史或考古价值的所有人类生存的遗迹”，并列举了部分外延——“包括（1）遗址、建筑、房屋、工艺品和人类遗骸，及其有考古价值的环境和自然环境；（2）船舶、飞行器、其他运输工具或其任何部分，所载货物或其他物品，及其有考古价值的环境和自然环境；（3）具有史前意义的物品”。2003 年联合国教科文组织《保护非物质文化遗产公约》第 2 条规定：“非物质文化遗产是指被各群体、团体、有时为个人视为其文化遗产的各种实践、表演、表现形式、知识和技能有关

---

① 包括动植物群落、矿物和解剖以及具有古生物学意义的物品的稀有收集品和标本；有关历史、重要人物和国家重大事件的财产；考古发掘或发现的成果；业已肢解的艺术或历史古迹或考古遗址的构成部分；100 年以前的古物；具有人种学意义的文物；有艺术价值的财产；稀有手稿和古版书籍、古书、文件和出版物；邮票、印花税票及类似票证；档案 100 年以前的家具物品及古乐器等。

的工具、实物、工艺品和文化场所。”公约将非物质文化遗产视为文化遗产的一种。

通过比较可以发现，文化财产和文化遗产是一组含义十分接近的概念：两者都包括可移动的物和不可移动的物，且这些物都应具有重要历史、史前史、考古、文学、科学、艺术或建筑价值。但两者仍有较大区别：文化财产通常限于一件或一组具有重要历史、史前史、考古、文学、科学、艺术或建筑价值的客观存在的有形财产，文化遗产则指各种有形的人类生存遗迹，以及各时代流传的习俗、知识、技能、艺术表演与空间等。①

尽管两者都是指具有重要历史、文学、艺术或科学价值的财产，但“文化遗产”相对于“财产”突出了保护对象的历史性和传承性，避免过分强调物品的商业价值。但不论文化遗产还是文化财产，都强调“文化（Culture）”的价值，这一点也是文化遗产区别于一般财产的关键标准。若失去这种价值，则无从称其为文化遗产。同时，也反映了文化遗产所具有的双重特征：其一是文化遗产本身作为物所具有的价值，即有形价值；其二是文化遗产所蕴含的历史、艺术、文化等价值，即无形价值，而文化遗产的无形价值又比其有形价值更为珍贵。正是这种无形的文化价值，加之其不可再生的稀缺性共同造就了文化遗产的经济价值。②

二、传统文化遗产的属性

1. 历史时代性、地域性和民族特性的混合体

任何一项传统文化遗产都是历史遗留下来的，具有鲜明的历史时代性，是反映当时科学水平、社会政治、经济、军事、文化状况的财产。同时，文化遗产因其所处的地理位置、气候环境、民俗风情和生活习俗的不同，其表现形式和内涵也存有差异，比如中韩两国民众皆有尊重端午节习俗，但两者在理念、形式等方面存在诸多差异。因此，文化遗产是由处于特定地理位置

① 张亮、赵亚娟：《“文化财产”与“文化遗产”辨：一种国际法的视角》，《学术研究》2012 年第 4 期，第 50 页。

② 杨树明、郭东：《“国际主义”与“国家主义”之争——文物返还问题探析》，《现代法学》2005 年第 1 期，第 91 页。

的民族在特定的历史时期共同创造的，且承载着该民族先辈的集体智慧，具有历史时代性、地域性和民族特性的文化传承载体。

2. 领土主权和人权（民族自决权）的辩证统一体

领土主权是国家对其领土范围内的人和事务的最高权力，包括国家对其领土范围内的人、物和事件拥有的排他性管辖权，国家对其领土范围内的一切土地和资源拥有占有、使用、收益和处分的权利，以及领土主权和领土完整的不可侵犯的权利。[①] 传统文化遗产不管其为动产还是不动产，甚至为非物质文化遗产，皆依附于领土或其管辖下居民的财产，是国家行使领土主权的客体。也就是说，主权国家对其领土管辖范围内的文化遗产具有最高权力。但此时文化遗产仅包括生成在该领土之上的，以及生成在他国领土之上但合法取得的文化遗产，而不应包括非法获取的、生成在他国领土之上的文化遗产。

人权是指在一定的社会历史条件下每个人作为人而享有或应该享有的基本权利。[②]《世界人权宣言》将人权划分为公民、政治权利，经济、社会和文化权利。联合国《经济、社会及文化权利国际公约》第 1 条规定，所有人民都有自决权，根据这种权利自由决定自己的政治地位，并谋求其经济、社会和文化的发展，为他们自己的目的自由处置其天然财富和资源。传统文化遗产的民族属性意味着民族是与文化遗产具有密切关系的一个共同体，其属性不能因领土主权的更迭而受影响。因为只有与该特定民族相联系才能发掘出文化遗产的最大价值，离开了该特定民族，文化遗产就会成为无根之树。正如希腊人民所认为的那样，“不能因为奥斯曼帝国当时占领了希腊就使埃尔金所获得的勒令具有合法性。只有希腊人民才是埃尔金大理石的唯一合法的持有者”。[③] 因此，传统文化遗产的创始民族就有为谋求其文化发展、自由处置其天然财富和资源的自决权，包括发掘、保护传统文化遗产及其价值的权利。

---

① 邵津：《国际法》（第四版），北京大学出版社、高等教育出版社 2011 年版，第 99—100 页。

② 同上，第 345 页。

③ 丁宁：《“埃尔金大理石”事件——作为重要文化遗产的艺术品的归属问题》，《文艺研究》2002 年第 3 期，第 117—131 页。

正如领土主权和人权两者的相互关系一样，领土主权的存在是享有传统文化遗产相关民族自决权的保障，但领土主权的行使应有利于保护传统文化遗产相关民族自决权。因此，两者是相辅相成的，是矛盾的统一体。

3. 传统与科学两种价值的和谐统一体

传统文化遗产的历史时代性就意味着其价值其实是历史史料的价值，体现文化遗产生成时期的文学艺术、风俗习惯和科学技术等正史的是通常被称为文化中的“大传统”，而散落在于民间的非物质文化遗产是文化中的“小传统”。[①] 传统文化遗产就是这些“大小文化”传统的结晶体和不可再生的遗存体，体现了人类文明的传统价值。同时，传统文化遗产生成过程中所含有的知识，比如古代建筑中所蕴含的力学或声学原理，某些金属器物中所蕴含的化学、物理学原理及其铸造工艺，在今天看来仍然是科学的[②]，而且是支撑和推动现代科技发展的基石。

在某种意义上，现代科学技术和文化的发展都以传统文明为基础，而从科学的角度出发，传统文化知识是第一资源也是最重要的资源。因此，传统文化遗产的传统价值和科学价值是和谐的统一体。

第二节　传统文化遗产的国际保护沿革及其存在的问题

传统文化遗产的国际保护法律制度是在战争中诞生、形成和发展的，并逐渐演变为涵盖国际贸易法、人权法、刑法和环境法的跨部门法律制度，其沿革可归纳为萌芽状态、初步形成阶段、正式形成时期，以及国际法体系的建立和完善节点四个阶段。

一、19 世纪之前：萌芽状态

在人类历史上，尽管大部分战争将传统文化遗产的掠夺与取得看作战争

---

① 杨晓新：《关于文化遗产的属性、价值及保护的文化思索》，《殷都学刊》2011 年第 2 期，第 117 页。

② 同上。

中战利品的处理，但文化遗产必须在原产地或者出处地（land of origin）保存的原则早已存在，该原则可以追溯到亚历山大大帝时期。根据希腊和罗马古代文献的记载，罗马的西塞罗（Cicero）在公元前 70 年，就掠夺殖民地西西里地区（Sicily）的文化遗产并转移至罗马的行为追究了罗马执政官韦雷斯（Verres）的刑事责任。① 因基督教只关注战争的合法性，所以在中世纪末对战争行为及方式予以特别的考虑②，但仍有学者对在征服南美过程中对印第安人财产的未授权掠夺行为予以批判和指责。比如，16 世纪西班牙著名神学家、法学家弗朗西斯科·维多利亚曾批判西班牙殖民征服者对印第安人财产的掠夺行为，称："印第安人和平地占有着公共和私有财产，所以在未提出相反证据的前提下，其应被认为所有者；若无法证明正当原因，他们的占有状态不得被妨碍。"③ 在威斯特伐利亚和约之后，欧洲各国之间签署的诸多和平条约④都将战争中失散的档案和艺术品的返还作了规定⑤，特别是与割让领土相关的档案，以及从出处地移出去的档案的返还。比如，波兰与瑞典于 1660 年签署的《奥利维（Oliva）条约》规定了瑞典对波兰王国国立图书馆的恢复原状义务；英国和荷兰签署的 1662 年《怀特霍尔（Whitehall）条约》亦规定了英国皇室珍藏艺术品的返还义务。尽管拿破仑统治时期法国奉行了掠夺战利品的做法，在一系列战争中大量掠夺了艺术珍品堆放在卢浮宫，故而将巴黎造就为欧洲文明的新首府，但奥地利、英国、普鲁士、俄国和法国于 1815 年通过签署《维也纳和平条约》责令法国返还在战争中掠夺

---

① Louis-Jacques Rollet-Andriane, Precedents, *Museum*, Vol. 31, No. 1, 1979, p. 4.

② Nahlik, S. E., Protection of Cultural Property, *International Dimensions of Humanitarian Law*, Paris: UNESCO, 1988, p. 203.

③ Fransisco de Vitoria, *De Indis et de iure beli relectiones* 1532 (Washington: Carnegie Institution of Washington, 1917 - Nys edition), p. 316. 转引自 Kim, Hyung-man:《文化财产的返还和国际法》，三宇社 2001 年版，第 146 页。

④ 参见 1648 年《明斯特和约》第 19 条（西班牙和荷兰）、1659 年《Isle des Faisans 和约》第 59 条（西班牙和法国）、1679 年《奈梅亨（Nimwegn）和约》第 19 条（奥地利和法国）、1679 年《伦登（Lunden）和约》第 12 条（丹麦和瑞典）、1697 年《里斯维克（Ryswick）和约》第 2 条和第 6 条（荷兰和法国）、1713 年《乌特勒支（Utrecht）和约》第 6 条（荷兰和法国），以及 1713 年《乌特勒支和约》第 12 条［法国和萨凡（Savoie）］。Louis-Jacques Rollet-Andriane, *Supra note* 1, p. 6。

⑤ Nahlik, *Supra note*2, pp. 203 - 204.

的艺术品。[1] 为了促使法国返还战争中掠夺的艺术品，英国全权大使卡斯尔雷（Castlereagh）在给各同盟国部长的备忘录中主张“艺术珍品不能从其所属国分离应得以尊重，艺术珍品的转移则违反正义原则以及现代战争习惯”。[2] 尽管法国仍未返还拿破仑战争时期掠夺的艺术珍品，但 1815 年维也纳和平会议之后法国大量返还了比利时和意大利的艺术珍品，是人类历史上有记载的最大规模的文化遗产返还事例[3]，从而为禁止战时大规模掠夺行为，以及各国对其固有文化遗产主张权利奠定了基础。

二、19 世纪末至第一次世界大战结束：初步形成阶段

一般被称为战争法鼻祖的 1863 年《美联邦陆军野战命令》（Instruction for Government Armies of the United States in the Field）又称《利伯守则》（The Lieber Code），其第 34 条、35 条和 36 条中规定了交战时对文化财产的保护，禁止将缴获的文化遗产进行贩卖、转让，以及转为私人所有等内容，从而奠定了战时文化遗产保护国际公约的始源。[4] 《利伯守则》中关于文化财产保护的规定，在 1874 年俄国召集并由 15 国家参加的《布鲁塞尔宣言》第 8 条中得以重申，“尽管市政的财产或者贡献给宗教、慈善、教育、艺术及科学的设施归属于国家，但应看作私有财产。若扣押、破坏或者故意损坏这些设施、历史纪念物、艺术品或科学作品，皆应被有权当局起诉。”尽管因英国的反对，该宣言最终未生效，但上述内容被其之后的公约所反复确认。[5] 比如，1899 年海牙和平国际会议上通过的海牙第二公约（《陆战法规和惯例公约》）、1907 年海牙和平国际会议上通过的海牙第四公约（《陆战法规和惯例公约》）、第九公约（《关于战时海军轰击公约》），以及 1923 年《海牙空战规则》都规定了战时禁止掠夺、没收和摧毁文化遗产等战时保

---

① Marchisotto. A., The Protection of Art in Transnational Law, *Vanderbilt Journal of Transnational Law*, Vol. 7, 1974, p. 693.

② Nahlik, S. E., Protection of Cultural Property, *International Dimensions of Humanitarian Law*, Paris: UNESCO, 1988, p. 204.

③ Louis-Jacques Rollet-Andriane, Precedents, *Museum*, Vol. 31, No. 1, 1979, p. 6.

④ John H. Merryman, Two Ways of Thinking about Cultural Property, *American Journal of International Law*, Vol. 80, 1986, p. 833.

⑤ Ibid., p. 834.

护文化遗产的原则。简而言之，战时文化遗产的保护仅聚焦于战时交战者的文化遗产保护义务，且以军事之需为条件。即非军事之需的文化遗产的扣押和破坏则产生赔偿责任，且被以战争罪处罚。

第一次世界大战给人类带来空前的灾难，也给世界文化遗产带来了严重毁损，无数历史和艺术纪念物、教堂、历史建筑、古老城镇及其存放的艺术珍品被炮火摧毁，这促使国际社会制定更加系统的保护文化遗产的法律，其中“恢复原状”理念的引入为传统文化遗产的国家继承应遵循“最密切民族原则”铺垫了国家实践。比如，比利时和德国签署的《圣日耳曼条约》（Treaty of Saint-Germain-en-Laye）中强烈主张“一幅形态完整的画构成一个国家文化遗产的不可分割的一部分”，从而导出了艺术珍品“原状保存”的重要原则。[①] 此外，《圣日耳曼条约》在其附件中亦赋予波兰、捷克斯洛伐克等国家请求赔偿的资格，从而强调了历史性文化遗产应归属于原所有国（出处地国家）的原则。1921 年波兰和俄罗斯、乌克兰签署的《里加（Riga）和平条约》亦命令俄罗斯和乌克兰将从波兰掠夺的文化遗产予以“恢复原状（total restitution）”。[②]

1935 年在泛美同盟（Pan-American Union）的主导下，世界上第一个专门性文化遗产保护公约——《关于保护艺术和科学机构及历史纪念物条约》（《洛里奇公约》，Roerich Pact）获得通过。《洛里奇公约》的通过标志着文化遗产国际法保护初步形成。[③] 但公约第 1 条规定的“尊重和保护艺术和科学机构及历史纪念物的原则”[④] 过于泛泛，不具有实质性拘束力，以及公约第 1 条所约定的“战时和平时”保护义务并不明确等诸多问题，从而导致其

---

① Teresa McGuire, African Antiquities Removed during Colonialism: Restoring a Stolen Cultural Legacy, *Detroit College of Law Review*, Spring, 1990, p. 38.

② Ibid.

③ 郭玉军、唐海清：《文化遗产国际法保护的历史回顾与展望》，《武大国际法评论》2010 年第 1 期，第 17—43 页。

④《洛里奇公约》第一条规定，历史纪念物，博物馆，科学、艺术、教育和文化机构应视为中立，依此受交战国尊重与保护。上述机构之人员也应受同样尊重与保护。历史纪念物，博物馆，科学、艺术、教育和文化机构在平时及战时也应受同样尊重与保护。百度文库 http：//wenku. baidu. com/link? url = n0T3lOTFc9zAynEuauNxoVU _ kVdKpqUsnG01xm4Q7JO _ 59WCD74593XzEVKrpWKuxyyJtQZuNirOL84QYxgtX98kD2ucUebErbwim96Da9O，最后访问日期：2018 年 7 月 5 日。

已变为无用之物。①

三、第二次世界大战之后：正式形成时期

第二次世界大战期间，希特勒和纳粹军队对传统文化遗产的史无前例地掠夺和毁坏使得战时文化遗产保护制度名存实亡，也激起了国际社会对于加强文化遗产国际法保护的强烈关注，其中纽伦堡审判和1943年《伦敦宣言》(The Declaration of London) 及其履行措施是两起重要的法律事件。

在纽伦堡审判中，希特勒和纳粹军队的掠夺、毁损文化遗产行为是控诉战犯的主要罪行之一。纽伦堡审判认为，"国际军事法庭宪章的本质是个人承担超越个别国家赋予其的服从国家义务 (National obligations of obedience) 的国际义务 (International duties)。违反战争法规者，若国家超越国际法所赋予的权限而允许其行动，即使其追随国家权威而行动也不得获免"②，从而将阿尔弗雷德·罗森堡 (Alfred Rosenberg) 等纳粹分子以违反被占领国家传统文化遗产保护义务而处以有罪判决。③ 与纽伦堡审判相比，东京审判却未追究日本国及其军队战时掠夺、破坏传统文化遗产的责任。

《伦敦宣言》是1943年1月5日，由18个国家④在英国伦敦联合宣布的，是确定被掠夺文化财产的返还以及恢复原状等文化遗产保护积极原则的国际法规范。《伦敦宣言》明确了所有外国侵略军队在占领本国或与本国交战期间，对占领国所有文化财产的掠夺、转让和处置行为都是无效的。⑤ 根据《伦敦宣言》，法国、英国、美国和苏联各自在占领地区颁布了有关文化遗产之恢复原状的法律，如1947年11月10日美国在占领地区颁布《可识别财产的返还法规》(Law No. 59 Restitution of Identifiable Property)，规定

---

① John H. Merryman, Two Ways of Thinking about Cultural Property, *American Journal of International Law*, Vol. 80, 1986, p. 835.

② Gerhard von Glahn, *Law Among Nations*, 5th ed. New York: Macmillan Publishing Co., Inc., 1986, pp. 781 - 782.

③ John H. Merryman, Two Ways of Thinking about Cultural Property, American Journal of International Law, Vol. 80, 1986, p. 836.

④ 中国、英国、南非、美国、澳大利亚、比利时、加拿大、捷克斯洛伐克、希腊、印度、卢森堡、荷兰、新西兰、挪威、波兰、苏联、南斯拉夫和法国等18个国家。

⑤ Kim, Hyung-man:《文化财产的返还和国际法》，三宇社2001年版，第176—177页。

“即使不知非法取得事实者的利益被轻视，根据本法的规定，财产应恢复到前所有者或者其继承者”。[①] 1943 年的《伦敦宣言》及其履行措施意味着文化遗产的返还及恢复原状是国家责任领域的问题。

基于上述“二战”期间及其之后的经验，在联合国教科文组织的主持下，1954 年通过了《武装冲突情况下保护文化财产公约》及其议定书。公约及其议定书在以往文化遗产国际保护文件的成果基础上，对文化遗产的保护制度作了进一步完善。比如，禁止转移被占领地区的所有动产和不动产文化遗产，不管其出处或所有权；各国负有对为履行本议定书的宗旨而直接或间接运入的文化遗产的保管义务；文化遗产的返还是无条件的[②]等，都是对战时文化遗产保护制度的重大补充和完善。总之，1954 年海牙公约是世界上第一个战时全面保护文化财产的专门性和国际性公约，标志着武装冲突情况下文化财产国际法保护的正式形成。[③]

四、20 世纪 70 年代以后：国际法体系的建立和完善节点

20 世纪 60 年代亚非拉国家的脱殖民运动，以及 90 年代东西冷战体制的结束等国际重大事变，促使国际社会不仅致力于传统文化遗产保护相关法律体系的建设，也促进了传统文化遗产国际保护相关组织的建设。

在法律体系的建设方面，在 1954 年《武装冲突情况下保护文化财产公约》及其议定书之后，通过了一系列的有关文化遗产保护的法律文件。比如，在联合国教科文组织的主持下，1970 年通过了《关于采取措施禁止并防止文化财产非法进出口和所有权非法转让公约》，从而扩大了对文化财产的保护，遏制了跨国非法贩卖动产文化遗产的行为，促使各国制定禁止和惩处非法进出口和贩卖文化遗产的行为的国内法律，以及与缔约国之间的合作。为了协调国家之间的合作，作为 1970 年公约的补充，在国际统一私法协会的主导下，1995 年通过了《关于被盗或非法出口文物的公约》，就被盗

---

① Angela Joy Davis, Beyond Repatriation: A Proposal for the Equitable Restitution of Cultural Property, *UCLA Law Review*, Vol. 33, 1985, pp. 648 - 650.

② 参见 1954 年《武装冲突情况下保护文化财产公约海牙议定书》第 1、2、3、5 条。

③ 郭玉军、唐海清：《文化遗产国际法保护的历史回顾与展望》，《武大国际法评论》2010 年第 1 期，第 17—43 页。

或非法出口文物的恢复原状及返还达成一致，同时允许由缔约国国内法院直接受理文物的归还申诉。该公约不仅对登记在册及已申报的文物，而且对所有被盗文物生效，并规定必须归还所有文化遗产。此外，在1954年《海牙公约》及其议定书之后，1999年通过了海牙第二议定书，增加了缔约国对被占领地区文化遗产的运出应采取预防措施等义务。

在国际刑事司法实践方面，就南斯拉夫社会主义联邦共和国解体时发生的武装冲突和各种暴行，联合国安全理事会在其1993年2月22日通过的第808号决议中决定设立一个国际法庭（即前南问题国际法庭）来起诉自1991年1月1日以来在前南斯拉夫境内所犯的严重违反国际人道主义法行为的人。[①] 根据《前南问题国际法庭规约》第3（d）条的规定，法庭对"扣押、破坏或蓄意损坏专用于宗教、慈善和教育、艺术和科学的公共机构建筑物、历史纪念物和艺术品及科学成果的行为"拥有管辖权，并在检察官诉蒂霍米尔·布拉斯基奇、迪里奥·科尔迪奇和马里奥·切尔凯兹、姆拉登·纳莱迪里奇和温科·马丁诺维奇、米奥德拉格·约基奇，以及斯特鲁加尔的案中，裁决指出对由民用建筑组成的、受到特别保护的遗址直接攻击并导致遗址内大面积破坏是更为严重的罪行。[②]

除此之外，以传统文化遗产作为全人类共同遗产必须得到保护作为出发点，为了帮助一些国家提升文化遗产的科技与经济能力，在联合国教科文组织的努力下，通过了一系列国际公约，促进了文化遗产全球保护行动的开展，如1972年的《保护世界文化和自然遗产公约》、2001年的《保护水下文化遗产公约》，以及2003年的《保护非物质文化遗产公约》，从而补充了战时文化遗产保护相关公约未能涵盖的自然文化遗产以及无形文化遗产的保护，使得文化遗产保护国际法律体系框架更加完善。

在文化遗产保护相关国际组织机构的建设方面，以联合国为主，1946年成立了联合国教科文组织主管世界遗产事务，并在其下附设世界遗产委员会

---

① 联合国安全理事会，S/RES/808（1993），22 February，1993。

② 联合国教科文组织：《〈1954年关于在武装冲突情况下保护文化财产的海牙公约〉及其1954年和1999年两项议定书的执行报告——1995年至2004年的活动报告》，CLT-2005/WS/6，第7—8页。

(1976年)管辖世界遗产事务、世界遗产中心(1982年)协助缔约国具体执行《世界遗产公约》,对世界遗产委员会提出建议,执行世界遗产委员会的决定。此外,为了协助1970年公约及其他国际协议的履行工作,联合国教科文组织成立了诸多政府间委员会,比如1978年成立的《促使文化财产返还原主国或归还非法占有文化财产》政府间委员会,旨在促进重要文物的归还工作,同时致力于制定防止非法贩卖文物活动的措施,提高公众对打击非法贩卖活动的认识。

综上所述,传统文化遗产的国际保护始于战时并在战时对敌对国家或被占领地区文化遗产的掠夺与返还、破坏与保护的平衡中形成,其中传统文化遗产应返还给传统文化遗产的原始所有国(origin of state)之“恢复原状”已形成习惯国际法。但对传统文化遗产国际保护制度形成之前所掠夺的传统文化遗产“恢复原状”方面仍存在诸多争议。因为,尽管殖民独立国家等文化遗产原始所有国主张民族文化的共性,进而强烈要求文化遗产保有国返还文化遗产,但文化遗产的保有国则强调文化遗产的人类共有性,从而拒绝返还给原始所有国。

第三节 传统文化遗产国家继承原则辨析及其存在的问题

一、国家继承及其一般原则

国家继承从古至今时有发生。但随着第二次世界大战结束后殖民独立运动的蓬勃发展,出现了一大批新生独立国家,也引发了原宗主国和被殖民统治国家之间的条约、财产、债务等权利和义务的继承问题,并促使国际社会着手制定国家继承相关国际规则。1961年联合国大会建议国际法委员会将国家继承与政府继承的部分纳入国际法编纂的优先列表。[①] 1963年国际法委员会将国家继承划分为三个议题,即条约继承、条约以外权利义务的继承,以

---

① G. A. Res. 1686 (XVI) (Dec. 18, 1961), *Future work in the field of the codification and progressive development of international law*, U. N. Doc. A/RES/1686 (XVI).

及国际组织成员身份的继承。[①] 几经周折，直到1978年联合国大会才通过了《关于国家在条约方面继承的维也纳公约》，但又因迟迟无法满足须有15个签署国的生效条件，最终于1996年11月6日才生效。在1978年公约尚未生效的时候，1983年公约在1978年公约编纂的基础上，在平衡国家利益和全球政策中也获得联合国大会的通过，试图澄清国家继承中财产、档案和债务的分配问题。但因与1978年公约相比，1983年公约未能协调好国家之间的利益和国际秩序，所以截至目前该公约仍未生效。但《1983年维也纳公约》的未生效状态并未影响国家继承事实在当事国的适用，比如南斯拉夫联邦共和国继承各当事国是基于1983年公约就国家继承事宜进行协商，并签订了条约。

关于“国家继承”的概念，不同的学者有着不同的理解。《奥本海国际法》认为，当一个国际人格者由于本身情况的某些变动的结果被一个或一个以上国际人格者所取代时，就发生了国际人格者的继承。[②] 1978年《关于国家在条约方面继承的维也纳公约》第2条第1款（b）和《1983年维也纳公约》第2条第1款（a）则把国家继承简洁明了地定义为“一国对领土的国际关系所负的责任，由别国取代”。这是因为国家人格与领土息息相关，“发生继承问题主要是国家领土的变更，具体地说，就是领土从一个主权移转到另一个主权之下”。[③] 根据上述两项公约的规定，国家继承是在一国部分领土的移交、诞生新独立国家、国家合并，以及国家的一部分或几部分领土分离与国家解体时发生[④]，其国家继承的客体为条约、国家财产、国家债务以及国家档案等四项。

根据《1983年维也纳公约》之规定，由国家享有的财产、权利和利益，或者由被继承国保存或掌握的档案，无论是动产还是不动产，在继承当日都是可以继承的。[⑤] 同时确定了协议解决、领土相关以及贡献比例等国家继承

---

① Year Book of International Law Commission, 1963, Vol. 2, para. 224.

② 詹宁斯（Jennings R.）等修订，王铁崖等译：《奥本海国际法》，中国大百科全书出版社1995年版，第136页。

③ 周鲠生：《国际法》（上册），武汉大学出版社2007年版，第127页。

④ 因本书只研究国家分离、分立时的文化遗产继承问题，故以下研究仅限于一国将其一部分领土移交给另一国，或者国家的一部分或几部分领土与该国分离而组成一个国家，以及新生国家独立等三种情况。

⑤ 参见《1983年维也纳公约》第8条和第20条。

三个原则。

首先，协议解决原则。《1983 年维也纳公约》第 14 条第 1 款、第 17 条、第 27 条第 1 款以及第 30 条等规定，一国将其一部分领土移交给另一国时，或者国家的一部分或几部分领土与该国分离而组成一个国家时，被继承国的国家财产或者国家档案的转属继承国的问题应按照他们之间的协议解决。公约之所以将“协议解决”作为国家继承中的前提条件，是因为国家在国际法上具有平等的地位，需要平衡继承国和被继承国的竞争利益。①

此外，被继承客体的不特定性亦是公约首要规定“协议解决”的重要因素。例如，就“文化遗产”的国家继承而言，公约第 28 条第 7 款、第 30 条第 3 款和第 31 条第 4 款规定，“双方不应损害相关国家的人民对于发展和取得有关其历史的资料和其文化遗产的权利”，从而确立了国家继承中文化遗产例外协议原则。这个原则在前南斯拉夫国家解体时所签署的《前南斯拉夫社会主义联邦共和国继承问题协议》中很好地得到体现，称“严格的领土原则并不适用于对某个继承国的文化遗产非常重要并起源于该国领土范围内的有形国家动产，如艺术品、手稿、书籍和其他艺术作品、该国的历史或考古利益”。②

其次，领土相关原则。根据《1983 年维也纳公约》第 14 条第 2 款等的规定，继承国家继承被继承国的国家财产应与领土相关联，其中位于国家继承所涉领土内的被继承国的不动产一般随领土的转移而转移给继承国，而位于国家继承所涉领土内的被继承国的动产则按照领土最密切联系原则处理。

领土相关原则源自欧洲在结束大陆战争的和平协议中约定动产返还，以及在割让领土时考虑国家档案的分配制度。早在《威斯特伐利亚和约》之后，欧洲各国之间就已对战争中失散的档案和艺术品的返还作了规定，特别是到了 19 世纪后半时期，领土相关原则更加明确。1866 年意大利和奥匈帝国签署的《维也纳和平条约》第 18 条就将国家档案馆基于领土相关原则予以分配，但针对国家档案，将其作为文化遗产却基于领土出处相关原

---

① Cheng, Tai-Heng. State Succession and Commercial Obligations, *Transnational Publishers. Inc*. 2005, p. 135.

② The Agreement on Succession Issues of the Former Socialist Federal Republic of Yugoslavia, Annex art. 3 (2).

则予以分配。[①] 档案的继承尤其被看作继承的一个单独类别，因为尽管它们构成国家财产的一部分，但其具有历史或文化价值，或者与特定领土范围有关系。[②] 因此，继承国家应当从其所拥有的被继承国国家档案中提供最有效的证据，这关系到其领土权利或与其他继承国的边界问题，并且有必要澄清由被继承国根据其他条款规定而留传给继承国的国家档案的文本含义。[③]

但从长远的观点而论，把档案看作领土的从属物，根据领土原则分配档案是相当有害的，是最危险的错误原则，因为这会严重地破坏档案的完整性。[④] 延伸至文化遗产的国家继承亦如此，因为国家基于领土属性确立了主权，其领土主权在国际法位阶中享有至高无上的地位，所以任何国家都不会让步基于领土属性的主权及其权利，其结果将严重损害传统文化遗产的完整性。

最后，贡献比例原则。《1983 年维也纳公约》第 15 条第 1 款（c）和（f）规定，“继承国为新独立国家时，位于所涉领土之外的不动产和不属于所涉领土所有、与所涉领土的活动无关的被继承国的国家动产，如该附属领土曾为其做出过贡献，应按所做贡献的比例转属新独立国家”，从而为在被殖民期间对不再继承领土相关的动产或不动产的生成所做出的贡献予以了继承权利，体现了公平性。但公约未对“贡献”以及“比例”做出任何解释，即：“贡献”是否仅指“财物贡献”，还是包括“智力贡献”和“劳务贡献”，以及“比例”是否意味着动产和不动产的“比例分割”，还是意味着“权利的比例分割”，都不很明确。此外，任何一件动产或不动产的比例分割都意味着完整性的破坏，故亦不利于传统文化遗产的完整保护。

二、传统文化遗产国家继承之现存问题

尽管公约规定了国家继承原则，但是被继承国有权根据其国内法决定哪些财产构成国家财产或者属于国家档案。关于这方面，大部分的国家实践也

---

① Andrzej Jakubowski, Territoriality and State Succession in Cultural Heritage, *International Journal of Cultural Property*, vol. 21, 2014, p. 377.

② Carsten Stahn, The Agreement of Succession Issues of the Former Socialist Federal Republic of Yugoslavia, *American Journal of International Law*, vol. 96, 2002, pp. 379 – 393.

③ 参见《1983 年维也纳公约》第 31. 3 条。

④ 参见李凤楼等编著:《世界档案史简编》，档案出版社 1983 年版。

是变化无常的，往往取决于各个事例的非常特殊的情况，而且是以特定协定为根据的，而这些协定又可能不一定反映对国际习惯法立场的见解。①

因此，延伸至传统文化遗产的国家继承，公约之特定文化遗产是否为继承对象财产则由被继承国国内法来确定的规定，可能引发如下问题：

首先，继承国通过国内立法，将传统文化遗产变为非国家所有的财产。比如，假设甲国被乙国合并，按照公约规定，乙国便将拥有甲国所有的国家财产，包括甲国所有的传统文化遗产。在这种情况下，乙国是否可以在甲国的财产免遭损害或破坏为由，“合法”地将位于甲国的动产文化遗产运回乙国？如果乙国通过国内立法，将这些财产转为非国家所有财产，那么即使甲国独立后，已作为非国家所有财产的传统文化遗产将不属于被继承的对象，甲国将可能丧失追索传统文化遗产的权利。例如，1910 年日本强制合并朝鲜，并掠夺大量朝鲜王室的传统文化遗产，但当获得独立的韩国政府要求返还传统文化遗产时则遭受拒绝。

其次，继承国授权第三国处分传统文化遗产问题。就如前言所述的巴特农神殿大理石案，奥斯曼帝国“合法”拥有巴特农神殿之后，授权英国大使埃尔金“合法”地将巴特农神殿的大理石切割后运回英国。如此情况在殖民地国家更是数不胜数。出现这种问题的根源在于国家领土的不稳定性及传统文化遗产与领土绑定之间的矛盾。比如 1958 年叙利亚和埃及合并成为阿拉伯联合共和国，1961 年叙利亚又从阿拉伯联合共和国分离，短短的三年间，在这片领土上发生了两次国家主权的更迭。而最后独立的叙利亚则很难对这三年期间阿拉伯联合共和国对它领土上的传统文化遗产所做出的“合法”处分提出返还主张。

最后，在发生国家继承时，如果是产生两个或两个以上的新国际人格者，把动产文化遗产作为一般的财产，而给予均分或按比例划分，则可能会造成与文化遗产具有实际密切关系但缺乏领土相关联系的民族失去文化遗产，或可能导致被人为地分隔在不同国家，从而减损其文化价值的完整性。这不仅是对该民族继承先辈智慧权利的一种侵犯，而且是对他国或民族文化遗产的赤裸裸的掠夺。

---

① 詹宁斯（Jennings R.）等修订，王铁崖等译：《奥本海国际法》，中国大百科全书出版社 1995 年版，第 137 页。

尽管《1983 年维也纳公约》确立了国家继承的协议解决、领土相关，以及贡献比例等原则，但是未明确具体继承原则的“文化遗产”例外协商方式并非为有效保护传统文化遗产的最佳选择，以及“主权国家决定文化遗产的构成，以及保护文化遗产义务的国家继承文化遗产的领土相关原则”① 反而为特定文化遗产的掠夺国家提供了各种借口。因此，如果把传统文化遗产仅作为一般的国家财产而继承，显然不利于文化遗产的整体性保护，以及其所蕴含的历史、文化、民族性的传承。

第四节　传统文化遗产可持续发展国家继承法律制度设计

一、传统文化遗产国家继承之最密切联系民族原则

如上所述，传统文化遗产与特定的民族和地域息息相关，其价值内在于特定地域的民族文化与智慧。这也正是传统文化遗产区别于一般财产的实质，失去这种价值，传统文化遗产也就失去了其内在本质。实践中，我们总是把传统文化遗产归为国家财产的一部分而予以继承，然而即便是继承国公平地继承了这部分文化遗产，由于这些文化遗产是属于国家所有，也有可能给文化遗产带来一定的重负，甚至是带来毁灭。这是因为国家的利益是至高无上的，所以对某种文化保护的善意往往容易演变为一厢情愿，对传统文化遗产的保护势必简化、淡化。②

统治阶级的意志指导主流文化的价值取向，这是不可否认的事实。就如资本主义国家对社会主义价值观的排斥必然导致它对社会主义主流文化思想的排斥一样，传统文化遗产如果归属于国家，则不可避免地要经过这个国家机器所提倡的价值观的筛选及影响。即，符合统治阶级意志的文化遗产，便会被标榜成有“价值”的；反之便被遗弃，甚至毁灭。因此，传统文化遗产

① Forrest, Craig. *International law and the Protection of Cultural Heritage*, New York: Routledge, 2012, p. 410.

② 杨树明、郭东：《“国际主义”与“国家主义”之争——文物返还问题探析》，《现代法学》2005 年第 1 期，第 97 页。

如果归属于国家，就会使那部分与该国家价值观不符的传统文化遗产遭遇流失、破坏，甚至毁灭，而不利于对这种稀缺“财产”的保护。

那么传统文化遗产应归属于谁？本书认为，传统文化遗产是独立于特定国家的地理位置或所有权而存在的，应为民族文化的一部分。因为民族是人们在历史上形成的具有共同语言、共同地域、共同经济生活以及表现于共同文化上的共同心理素质的稳定的共同体①，是与传统文化遗产有密切关系的一个共同体。此外，传统文化遗产不单单是物质文化依存，而是过去或现在复杂社会面貌，特别是特定民族组织、宗教信仰、仪式和生产技能的体现，只有将其置于特定的环境中，与当时的社会背景相联系，才能更好地研究和保护传统文化遗产。因此，传统文化遗产的国家继承应遵循最密切联系民族原则，在保护其完整性的前提下，使其内在价值获得最大的体现。传统文化遗产的民族归属性，以及其独立于这些国家的地理位置或所有权而存在的特点，使传统文化遗产的国际间返还具有合法性。②

二、传统文化遗产的国家继承一般规则

传统文化遗产既然归民族所有，那么其国家继承应结合它的特性，重新制定一套符合国际法基本原则的法律制度，以便在保护其完整性的前提下，使其内在价值获得最大的体现。

1. 应该尽可能地把传统文化遗产归于与它具有最密切相关的民族及其所在国家

“民族”可能是该民族的全部，也可能仅仅是该民族的一个分支，具体的外延要与各继承国主权下的民族分布状况相联系。例如，1947 年，印度从英国的殖民统治下独立，由于印度和英国主权下的民族构成有明显的区别，在国家继承过程中，只要区分传统文化遗产所表现出的文化内涵与哪个民族相关，就可以判断它的归属。但是，在 1961 年，阿拉伯联合共和国分裂后形成埃及和叙利亚两个国际人格者，它们都是阿拉伯国家，都有阿拉伯民

① 闵昊：《论民族的产生及民族概念》，《黑龙江民族丛刊》1993 年第 1 期，第 37 页。

② John H. Merryman, Two Ways of Thinking about Cultural Property, *American Journal of International Law*, Vol. 80, 1986, p. 832.

族，对于一个表现阿拉伯文化的文化遗产，则要具体讨论它与哪个分支的阿拉伯民族关系较为密切。

2. 文化遗产一经生成，其创造民族则具有权利渊源（title）

若按照《1983年维也纳公约》第8条和第20条的规定，作为国家继承客体的国家财产或者国家档案是在国家继承之日按照继承国国内法的规定为该国所拥有或属其所有，则可能会出现如上所述的被继承国通过其国内法改变传统文化遗产之所有属性的规避继承行为，因此特别要明确禁止被继承国通过其国内法改变所有权属性的做法。这是因为传统文化遗产是特定民族在特定地域和时期内完成的财产，是被赋予的权利渊源，而民族之权利渊源应不受其之后发生的事实之影响，除非依据国际法其权利属性发生变更。即，传统文化遗产创造民族的权利属性不因被继承国法律规定而更改为非国家所有财产，而仍为被继承之客体。

3. 动产传统文化遗产之国家继承直接适用最密切联系民族原则，不动产传统文化遗产则仍适用领土相关原则

在发生国家继承时，根据传统文化遗产的动产或不动产属性，动产文化遗产则根据其文化属性和民族属性确认与其最密切联系民族，以及该民族所属国家，并将其交付该国保护和管理；若为不动产文化遗产，则根据其地理位置所属国家主权，归属该国管理。因为在一般情况下，与不动产文化遗产密切相关的民族总是分布在不动产文化财产的周边区域，且同归于一个继承国。在出现不动产文化遗产与其所属的民族不同时位于一个继承国时，出于保护文化遗产完整性和转移的可操作性考量，加之此种情况出现的概率较低，不动产文化遗产的继承适用领土相关原则仍是最优的方法。毕竟只有完整的文化遗产特别是不动产文化遗产，才能使其价值最大化。

当然，亦可以考虑给予一国海外不动产财产的特殊待遇和豁免权利。即，尽管保持不动产文化遗产的原址，但赋予文化遗产所处国家的严格保护义务，并确定不动产文化遗产真正所有国家的特殊待遇及豁免权利，如免予征税、拆迁等。

4. 对于部分从不动产文化遗产中被强制分离而形成的动产文化遗产，应回归于原不动产文化遗产后再继承

例如，各种历史建筑物的构造部分，如门廊、窗户是不动产文化遗产的

部分，是不动产物权的有机构成，离开建筑物就丧失其价值。此外，不管是天灾还是人祸，从保护传统文化遗产的完整性考虑，强制分离构成部分都是对原不动产文化遗产的重大伤害。而且，如果将其当作一般的动产文化遗产给予继承，则是对破坏特定不动产文化遗产完整性的非法行为的变相鼓励，亦不可取。

本章小结

每一项传统文化遗产都蕴含着珍贵的历史、艺术、文化等价值，这种价值亦不能替代其不可再生的特性。但如果将传统文化遗产仅作为一般的财产由国家来继承，根据《1983 年维也纳公约》的规定则可能造成文化遗产的流失，因为公约规定的继承客体是国家财产，而国家财产常常会遭受统治阶级价值观的“筛选”，最终可能被遗弃，甚至被毁坏。2001 年塔利班曾以“反对偶像崇拜”为名，炸毁了阿富汗境内的巴米扬大佛，2015 年伊斯兰极端组织“伊斯兰国”在占领的伊拉克某地区博物馆大肆毁坏伊斯兰化之前的古代文物，都是一个很好的例证。

国家继承相关 1978 年和 1983 年两项公约几乎是在同一时期在国际法委员会以及联合国大会上被审议的，其考量的政策因素也是非常类似。但在公约的制定过程中考虑更多的是政治、军事关系，而非法理；更多体现了各国利益的博弈，而几乎未考虑国家继承相关习惯国际法。因此，传统文化遗产相关国家继承需要构建新的国际制度。

传统文化遗产是历史和文化积淀的产物，是一个民族创造的历史。其内在蕴含的文化价值远高于流于表面的艺术欣赏价值，但这种价值只有在其回归于创造它的民族时才能得到完美的诠释。创造它的民族才是真正的所有者。因此，在涉及传统文化遗产的国家继承时，应在保护传统文化遗产完整性的前提下，将传统文化遗产的继承权归还给于其最密切的、创造其的民族，以及该民族所在国家。这是国家继承发生时传统文化遗产的继承所要遵循的首要原则。

第七章　传统知识的可持续发展与气候变化

第一节　利用传统知识适应气候变化

众所周知，自工业革命以来，由于人类大量使用化石燃料，加之大规模的毁林开荒等改变土地用途的开发活动，大气中的温室气体含量不断上升，引发了地球变暖等一系列环境问题。根据政府间气候变化专门委员会（Intergovernmental Panel on Climate Change，IPCC）2007 年发布的《气候变化 2007：综合报告》预测，未来二十年全球气温将以每十年增加大约 0.2 摄氏度的速率继续变暖，中低纬度地区的干旱可能进一步加剧，极端高温事件、热浪以及强降水事件的频率很可能更加频繁，从而导致农业病虫害增多、农作物减产、森林火灾发生频率增多等不良影响。①

正因为气候变化对人类生存和发展造成了严重威胁，自 20 世纪 90 年代人们开始关注并设法缓解和应对气候变化。如《联合国气候变化框架公约》及其《京都议定书》建立了全球应对气候变化的机制，促进了一系列国家政策的出台，为减缓气候变化带来的消极影响奠定了制度框架。但在当前的研究中，无论是自然科学领域还是社会科学领域，对于气候变化的研究均偏重预防和减缓气候变化，而缺乏对在当前气候变化的现实中如何适应气候变化并尽量减缓气候变化消极影响的研究。正如 IPCC《气候变化 2007：综合报告》分析称，无论是适应还是减缓都不能避免所有气候变化的影响，但是适

① IPCC：《气候变化 2007：综合报告》。政府间气候变化专门委员会第四次评估报告第一、第二和第三工作组的报告［核心撰写组、Pachauri，R. K 和 Reisinger，A.（编辑）］。瑞士日内瓦，第 48—50 页。

应和减缓能够互补并能够共同大幅降低气候变化的风险。[①] 通过适应气候变化[②]的影响，并通过减少或减缓温室气体排放，从而降低气候变化的速率和幅度，人类社会能够应对气候变化。[③]

土著居民往往生活在生态环境脆弱的地区，并主要依赖自然资源以维持生计。全世界土著居民居住区域占全球土地面积的22%，且与80%的全球生物多样性热点相重合。[④] 这一特点一方面导致土著居民容易遭受气候变化的不利影响，另一方面，正是由于对环境的变化、转移及动态等观察也是土著居民生活的一部分，所以土著居民在数千年来的生存和发展过程中所积累的适应气候变化的传统知识，就逐渐被国际社会接受为适应气候变化的重要资源之一。

据世界知识产权组织2013年1月10日公布的《关于保护传统知识的条款草案》，传统知识是指"在传统范畴内依靠土著居民和当地社区得到发展并一代代传承的诀窍、技能、创新、做法、教导和学问。传统知识是充满活力、不断发展的知识，它因智力活动而产生，与农业、环境、医疗和药物知识、生物多样性、传统生活方式、自然和遗传资源、传统建筑及建筑技术相关联，以经过整理的、口头的或其他形式存在，是土著居民和当地社区集体的、地方的、文化的、智力的有形遗产的不可分割并不可侵犯的一部分"。[⑤]

---

① IPCC：《气候变化2007：综合报告》。政府间气候变化专门委员会第四次评估报告第一、第二和第三工作组的报告［核心撰写组、Pachauri，R.K和Reisinger，A.（编辑）］。瑞士日内瓦，第19页。

② 适应是指对实际或预期的气候及其影响进行调整的过程。在某些系统中，适应是为了趋利避害。在自然系统中，人为干预可能会促进对预期的气候及其影响的调整。IPCC，2014：Summary for policymakers. In：Climate Change 2014：Impacts，Adaptation，and Vulnerability. Part A：Global and Sectoral Aspects. Contribution of Working Group II to the Fifth Assessment Report of the Intergovernmental Panel on Climate Change［Field，C.B.，V.R. Barros，D.J. Dokken，K.J. Mach，M.D. Mastrandrea，T.E. Bilir，M. Chatterjee，K.L. Ebi，Y.O. Estrada，R.C. Genova，B. Girma，E.S. Kissel，A.N. Levy，S. MacCracken，P.R. Mastrandrea，and L.L. White（eds.）］. Cambridge University Press，Cambridge，United Kingdom and New York，NY，USA，p.5.

③ IPCC，前引注1，第56页。

④ Nakashima，D.J.，Galloway McLean，K.，Thulstrup，H.D.，Ramos Castillo，A. and Rubis，J.T. 2012. Weathering Uncertainty：Traditional Knowledge for Climate Change Assessment and Adaptation. Paris，UNESCO，and Darwin，UNU，p.7.

⑤ WIPO：《关于保护传统知识的条款草案》，WIPO/GRTKF/IC/24/4，2013年1月10日。

而根据《联合国气候变化框架公约》的规定，气候变化是指“除在类似时期内所观测的气候的自然变异之外，由于直接或间接的人类活动改变了地球大气的组成而造成的气候改变”，气候变化的不利影响是指“气候变化所造成的自然环境或生物区系的变化，这些变化对自然的和管理下的生态系统的组成、复原力或生产力，或对社会经济系统的运作，或对人类的健康和福利产生重大的有害影响”。①

应对气候变化是当今国际社会最热门的研究领域之一，但不论在自然科学领域还是在社会科学领域，应对气候变化的研究几乎偏重减缓气候变化的不利影响，而缺乏适应气候变化的研究。适应和减缓不仅能够互补，而且能够共同降低气候变化带来的风险。土著居民在数千年来的生存和发展过程中所积累的适应气候变化的传统知识，逐渐被认为气候学科和适应战略的重要资源。

本章从利用传统知识适应气候变化的意义着手，分析利用传统知识适应气候变化国际法律制度的现状及存在的问题，最终提出促进适应气候变化效率的制度完善之方案。

第二节　利用传统知识适应气候变化的意义及国际实践

一、利用传统知识适应气候变化的意义

1. 土著居民观察和识别天气相关传统知识是研究和适应气候变化的重要资源

土著居民和当地社区在长期的生活实践中，通过观察植物生长、动物活动等自然现象而积累的关于气候变化的传统知识，可以使人们更清晰地了解某一地区的气候变化所带来的影响，进而采取更符合当地实际、准确率较高的天气预测和气象灾害预警系统。一项有关秘鲁和玻利维亚安第斯山脉民族地理学的研究报告显示，在应对厄尔尼诺气候现象的过程中，当地居民根据

① UN:《联合国气候变化框架公约》，1994 年 3 月 21 日生效，第 1 条。

气候相关传统知识作出的天气预测结果比基于计算机模拟出的预测结果更加准确。①

2. 农业生产相关传统知识有助于减少气候变化对粮食安全的威胁

传统农民的生活通常依赖于贫瘠的土地，其中妇女和老人是积极的植物育种者，而且从水、土壤和病虫害管理到水土流失的控制和土地复垦等传统农业活动保护了水、土地、养分，以及生物多样性等关键资源，以确保农业的气候复原力和适应力。在这种环境下，传统农民在世代耕作中能辨认并使用气候复原力强的农作物，且在保护地方物种的同时，也筛选出适应性强的优良品种。如通过在农场周围的野地进行物种的改良和栽培，改善农作物的品种，以备农作物产量下降时补充食物需求供给。②

3. 水资源利用相关传统知识有助于适应气候变化导致的干旱和荒漠化问题

防止气候变化所带来的干旱和荒漠化是联合国长期以来关注的重要议题之一，而土著居民和当地社区世代传承的水资源利用相关传统知识对于适应干旱气候、保障社区的生存和发展具有重要作用。例如，在玻利维亚和秘鲁的高原地区，石材结构建筑物被设计为捕获和储藏雨水以便于灌溉。③

4. 林火防控相关传统知识有助于保护森林资源、控制温室气体浓度

土著居民和当地社区在长期实践中积累的关于控制森林火灾的传统技能，以及敬畏自然的宗教信仰，对于保护森林资源，进而控制温室气体浓度具有十分重要的实用价值。

综上所述，土著居民和当地社区虽然是气候变化中被动的受害者，但他们在长期实践中代代相传的传统知识对于适应气候变化有着非常重要的意

---

① Orlove, B., Chiang, S., John, C. H. and Cane, M. A., Ethnoclimatology in the Andes, *American Scientist*, 2002, Vol. 90, p. 428.

② Swiderska, K. etc. The role of traditional knowledge and crop varieties in adaptation to climate change and food security in SW China, Bolivian Andes and coastal Kenya, Paper prepared for UNU-IAS workshop Indigenous Peoples, Marginalised Populations and Climate Change: Vulnerability, Adaptation and Traditional Knowledge, Mexico, July 2011, pp. 2 – 3.

③ ELLA Brief, How Traditional Knowledge and Technologies are contributing to climate change adaption in Latin America's Mountains, http://ella.practicalaction.org/knowledge-brief/how-traditional-knowledge-and-technologies-are-contributing-to-climate-change-adaptation-in-latin-america-s-mountains/，最后访问日期：2019 年 4 月 11 日。

义。越来越多的研究人员开始意识到应对气候变化不能仅靠现代科学，还要基于与自然环境亲密接触而形成的具有数百年历史的传统知识。因此，主张对气候变化及其影响的理解、适应和减缓过程中，传统知识应当得到应有的考虑。①

二、利用传统知识适应气候变化相关“里约三公约”实践

早在 1992 年，在里约热内卢召开的联合国环境发展大会上通过的《关于环境与发展的里约宣言》就肯定了“土著居民及其社区和其他地方社区的知识和传统习惯在环境管理和发展方面具有重大作用”，并确定了“各国应承认和适当支持他们的特点、文化和利益，并使他们能有效地参加实现持久发展”的义务。② 之后，被称为“里约三公约”的《联合国生物多样性公约》《联合国防治荒漠化公约》（全称为《联合国关于在发生严重干旱和/或荒漠化的国家特别是在非洲防治荒漠化的公约》）以及《联合国气候变化框架公约》则开展了适应气候变化的研究和工作，并加强在适应气候变化领域的协同，如 2001 年“里约三公约”共同成立了秘书处之间的联合联络小组（A Joint Liaison Group），旨在加强适应领域合作在内的“里约三公约”之间的合作。③ 在适应气候变化方面，“里约三公约”之间的相互合作多次体现在缔约方大会决议中，比如《联合国气候变化框架公约》在 2002 年第 8 次缔约方大会的决议中即提出，确认“里约三公约”需加强相互间的合作，以确保这些公约在环境领域的整体影响力，在可持续发展的共同目标下促进协同作用，避免重复工作，各方共同努力，以提高现有资源的利用效率④；

---

① Anja Byg, Jan Salick. Local Perspectives on a Global Phenomenon-Climate Change in Eastern Tibetan Villages, Global Environmental Change, 2009, Vol. 19, pp. 4 - 29, 转引自汤跃：《气候变化条件下民族地方社区生物多样性相关传统知识多元化保护刍议》，《贵州师范大学学报》2014 年第 1 期，第 55 页。

② 联合国大会：《关于环境与发展的里约宣言》，A/CONF. 151/26 (Vol. I)，1992 年 8 月 12 日，原则 22。

③ Joint Liaison Group of the Rio Conventions, Adaptation Under the Frameworks of the CBD, the UNCCD and the UNFCCC, 2011 年 10 月 24 日，https://unfccc.int/resource/docs/publications/adaptation_eng.pdf，最后访问日期：2019 年 4 月 13 日。

④ UNFCCC, *Report of the Conference of the Parties on Its Eighth Session*, New Delhi, FCCC/CP/2002/7/Add. 1, 28 March 2003.

《生物多样性公约》在2004年第7次缔约方大会也有关于加强《联合国气候变化框架公约》和《联合国防治荒漠化公约》合作，以互惠和协同增效的方式开展适应气候变化的活动的决议，该决议同时邀请《联合国气候变化框架公约》和《联合国防治荒漠化公约》共同设立联合联络小组，以应对气候变化。①

1994年通过的《联合国防治荒漠化公约》是首次规定利用传统知识应对气候变化——防治荒漠化的公约，指出传统知识对了解和评价干旱和荒漠化的影响、保护传统知识、传统知识的惠益分享以及与现代技术相结合的必要性等基本问题。比如，在符合各自国家立法或政策的前提下就当地传统知识交流信息，对不利的气候变异时期提供早期预警和先期规划②；保护、综合、增进和验证传统的和当地的知识、诀窍和做法，在符合各自国家立法政策的前提下确保拥有这种知识的人能以平等、相互商定的条件从这些知识的商业利用或从这些知识所带来的技术发展中直接获益③；请当地群众参加将这种技术、知识、诀窍和做法及其潜在用途登记造册，并酌情与有关政府间组织和非政府组织合作传播这方面的信息；鼓励和积极支持改进和推广这种技术、知识、诀窍和做法或据以发展的新技术；酌情便利改造这种技术、知识、诀窍和做法，以利广泛使用，并酌情将其与现代技术相结合。④

1992年通过的《联合国生物多样性公约》尽管在第8（j）条中要求“各缔约方尊重和维持土著与地方社区拥有的与生物多样性相关的传统知识，并促进其应用和惠益分享”，但直到2000年5月第五次缔约方大会上才首次注意到生态系统适应气候变化的问题，如在其V/3号决定“海洋及沿海生物多样性工作方案执行情况的进度报告”的附件“珊瑚褪色问题优先行动领域”中提出了适应气候变化的内容。⑤ 在2010年10月召开的第十次缔约方

---

① UNEP/CBD, Decision Adopted By the Conference of the Parties to the Convention on Biological Diversity, At Its Seventh Meeting, VII/15. Biodiversity and Climate Change, Kuala Lumpur, UNEP/CBD/COP/DEC/VII/15, 13 April 2004.

② UN:《联合国防治沙漠化公约》第16条g款。

③ UN:《联合国防治沙漠化公约》第17条1款C。

④ UN:《联合国防治沙漠化公约》第18条2款。

⑤ UNEP/CBD, Report of the Fifth Meeting of the Conference of the Parties to the Convention on Biological Diversity, UNEP/CBD/COP/5/23, Nairobi, 15－26 May 2000.

大会上“基于生态系统的适应措施”被缔约方认可为指导规则，要求缔约方“酌情采用基于生态系统的适应措施，这些措施可包括可持续管理、保护和恢复生态系统”。[①] 在 2012 年召开的第十一次缔约方大会上，缔约方作出四项涉及生物多样性及相关传统知识与气候变化的决定，指出需要重视与气候变化工程相关生物多样性公约的规章制度研究，尤其需要将土著和地方社区等利益相关者的视野及经验纳入研究范围。[②] 特别是在决定 X/14 “第 8（j）条和相关条款”的附件“供将来审议的指示性任务清单”中将“探讨气候变化和可持续习惯使用、习俗和传统知识的关系，以及可持续习惯使用和传统知识对适应气候变化的作用”作为任务予以明确。[③] 在 2014 年召开的第十二次缔约方大会上，则不仅“承认土著、地方和传统知识体系和做法是适应气候变化的主要资源”，而且“认为将这类知识融入现有的做法可以提高适应行动的有效性”。[④]

1992 年通过的《联合国气候变化框架公约》第二条明确规定其最终目标是减少废气排放量，使生态系统能够自然地适应气候变化，并在第 4.1 条（e）款中要求缔约方加强合作，为适应气候变化的影响做好准备。但是，将传统知识和气候变化两者之间的关系提到国际组织会议议程始于 1998 年土著及少数民族代表参加《联合国气候变化框架公约》缔约方会议。土著及少数民族代表就其生活和文化相关适应气候变化的关注发表了声明和宣言。[⑤] 土著人民组织（Indigenous Peoples’ Organizations）作为支持方参加公约的气

---

① UNEP/CBD, Decision Adopted By the Conference of the Parties to the Parties to the Convention on Biological Diversity at Its Tenth Meeting, X/33. Biodiversity and Climate Change, UNEP/CBD/COP/CEC/X/33, Nagoya, Japan, 18 – 29 October 2010.

② UNEP/CBD, Decisions Adopted By the Conference of the Parties to the Convention on Biological Diversity at Its Eleventh Meeting, UNEP/CBD/COP/11/35, Hyderabad, India, 8 – 19 October 2012. 主要包括 UNEP/CBD /COP/DEC/XI/14、UNEP/CBD/COP/DEC/XI/19、UNEP/CBD/COP/DEC/XI/20 以及 UNEP/CBD/COP/DEC /XI/21。

③ UNEP/CBD, *Decision Adopted By the Conference of the Parties to the Convention on Biological Diversity at Its Eleventh Meeting, XI/14. Article 8 (j) and related provisions*, UNEP/CBD/COP/DEC/XI/14, Hyderabad, India, 8 – 19 October 2012.

④ UNEP/CBD, *Decision Adopted By the Conference of the Parties to the Convention on Biological Diversity*, *XII/20*, *Biodiversity and Climate Change and Disaster Risk Reduction*, UNEP/CBD/COP/DEC/XII/20, 17 October 2014.

⑤ Mirjam Macchi, Indigenous and Traditional Peoples and Climate Changes, IUCN, Issues Paper, March 2008, p. 9.

候变化协商始于2001年。[①] 该组织在加拿大举行的2005年第十一次缔约方会议第一阶段会议中号召缔约方会议“为来自发展中国家和发达国家的土著居民全面和有效地参与各级讨论、决策和实施提供必要的支持，并确保提供必要的资金来保证这样的参与，以及加强能力建设”。[②] 2006年在肯尼亚内罗毕举行的第十二次缔约方会议中，土著居民和传统知识得到更多的关注，并通过了《关于气候变化影响、脆弱性和适应的内罗毕工作方案》。以“协助所有缔约方，特别是发展中国家，包括最不发达国家和小岛发展中国家，更好地了解和评估影响、脆弱性和适应，就实际适应行动和措施做出知情的决定，以便在合理的科学技术和社会经济基础上应对气候变化，并考虑到当前和未来的气候变化和变异性”[③] 为总体目标的五年期工作方案，考虑到了土著居民和传统知识在气候变化中的影响和适应问题。特别是在适应规划和措施、行动方面，该计划劝告国家“收集、分析和推广关于过去和目前实际适应行动和措施的信息，包括各项目、短期和长期战略以及当地和土著知识”。[④]

传统知识在减缓和适应气候变化中的作用也得到设在内罗毕的《联合国气候变化框架公约》附属科学技术咨询机构（Subsidiary Body for Scientific and Technological Advice）的重视，该机构在工作方案执行情况相关2008年报告中提出：“传统知识可补充其他的科学知识来源。在评估和管理与气候相关风险的工作中，尤其是通过与基层组织结成伙伴关系来开展这一工作的

---

① UNFCCC, The First ten Years. Climate Change Secretariat. Bonn, Germany, 2004.

② Traditional Territory, Canada, *Declaration: International Indigenous Peoples Forum on Climate Change Statement to the State Parties of the COP 11/MOP 1 of the United Nations Framework Convention on Climate Change (UNFCCC)*, 9 December 2005. http://www.forestpeoples.org/topics/un-framework-convention-climate-change-unfccc/news/2011/05/tiohtiake-declaration，最后访问日期：2018年12月20日。

③ UNFCCC, 2006. *The Nairobi Work Programme on Impacts, Vulnerability and Adaption to Climate Change*, http://unfccc.int/files/adaptation/sbsta_agenda_item_adaptation/application/pdf/background_on_nwp_v.2.pdf, para. 1，最后访问日期：2018年12月20日。

④ UNFCCC, SBSTA, Summary of the results of the implementation of the Nairobi work programme on impacts, vulnerability and adaptation to climate change for the period up to the twenty-eighth session of the Subsidiary Body for Scientific and Technological Advice, FCCC/SBSTA/2008/12, 16 September 2008, para. 48.

情况下，应进行更大程度的整合并更多地利用这种知识。”① 2010 年，在坎昆举行的《联合国气候变化框架公约》会议上，成员国同意将对传统和土著知识的考虑作为指导原则列入坎昆适应框架（the Cancun Adaptation Framework），同时决议建立适应委员会，通过分享适当考虑传统知识和实践在内的国际、国家和地方层面的信息、经验和知识等功能，以促进公约下的增强适应行动的实施。② 2014 年 5 月 8 日，公约附属科学技术咨询机构发布了《关于利用土著和传统知识及实践适应气候变化的有效方案、当地和土著社区的需求以及性别敏感性的适应方案的会议报告》，对内罗毕工作方案下适应委员会所进行的有关气候变化的影响、脆弱性和适应的会议做了总结。同时，科学技术咨询机构在报告中反映了当前已经采取且已取得良好效果的利用传统知识适应气候变化的实践，也指出有关促进利用传统知识适应气候变化所应采取的措施。③

三、利用传统知识适应气候变化相关国家实践

1. 澳大利亚

在澳大利亚，土著人世代在旱季早期人为点燃火源创造火屏障，阻止地面植被生长，以及预防干旱季节毁灭性野火的发生。澳大利亚稀树草原火灾倡议（The International Savanna Fire Management Initiative）是澳大利亚政府出资雇用土著居民担任“土著巡游者”，利用土著居民的传统知识，在旱季早期人为放火焚烧草原的草原火灾管理计划。澳大利亚政府的“碳农业计划”还将该种土著的碳汇保护方法纳入了碳交易体系，为偏远的土著社区创造了

---

① UNFCCC, SBSTA, Summary of the results of the implementation of the Nairobi work programme on impacts, vulnerability and adaptation to climate change for the period up to the twenty-eighth session of the Subsidiary Body for Scientific and Technological Advice, FCCC/SBSTA/2008/12, 16 September 2008, para. 38.

② UNFCCC, Report of the Conference of the Parties on its Sixteenth Session, held in Cancun from 29 November t 10 December 2010, FCCC/CP/2010/7/Add. 1, 15 March 2011, para. 12 and para. 20 (b).

③ UNFCCC, Report on the meeting on available tools for the use of indigenous and traditional knowledge and practices for adaptation, needs of local and indigenous communities and the application of gender-sensitive approaches and tools for adaptation, FCCC/SBSTA/2014/INF. 11, 8 May 2014.

收入，减少了排放，保护了澳大利亚北部热带地区的生物多样性。[①]

2. 肯尼亚

肯尼亚西部 Banyore 土著社区的 Ngani 部落通过观察鸟类、昆虫和爬行动物的迁徙和行动，以及某些植物的开花情况可预测下雨、干旱等天气预报，通过测量风的强度和方向预测是否要下雨，且其预报的准确性极高。因此，肯尼亚气象部（Kenya Meteorological Department）的科学家们与 Ngani 部落就气象预测进行合作，传统社区的气象预报者与气象部科学家在每个大规模种植季节开始之前进行会面，互相分享气候预测信息。双方经过协商得出最后的气象预报，气象部会部分采用土著方法的预报结果。[②]

第三节　利用传统知识适应气候变化的障碍及路径分析

一、利用传统知识适应气候变化的障碍

尽管“里约三公约”在不同时机、不同层面和不同的角度承认了土著、地方和传统知识体系和做法是适应气候变化的主要资源，而且认为将这类知识融入现有的做法可以提高适应行动的有效性，同时要促进利用传统知识适应气候变化的措施，但传统知识本身的一些特殊性及国际社会利益集团的矛盾对立致使利用传统知识适应气候变化存在层层障碍。

1. 传统知识及其保护制度的特殊性

传统知识的国际保护已经历了近三十年的风风雨雨，虽然大部分国家都认同传统知识的存在并认同保护的必要性，但各国在传统知识的保护形式、范围、期间等具体问题上仍存在重大意见差距[③]，这对构建利用传统知识适

---

① UNU-IAS：Overview of the International Savanna Fire Management Initiative，https：//i. unu. edu/media/tfm. unu. edu/attachment/858/UNU-Overview-Savanna-Fire-Management. pdf，最后访问日期：2018 年 11 月 30 日。

② YBARD：Traditional forecasting to help small-farmers，https：//ypard. net/news/traditional-forecasting-help-small-farmers，最后访问日期：2018 年 11 月 30 日。

③ 任虎：《传统知识国际保护的过去、现在和未来》，《华东理工大学学报（社会科学版）》2013 年第 4 期，第 74 页。

应气候变化无疑是一个重大障碍。尽管诸多国际组织、国家和土著社会的实践已证明传统知识是适应气候变化的主要资源，但包括遗传资源在内的传统知识获取、事前知情同意以及惠益分享相关《联合国生物多样性公约》和《传统知识国际保护条约（草案）》等规则，将可能增加适应气候变化的人力、物力和时间成本。因为根据上述规则须获得传统知识权利人的事前知情同意且事后分享惠益，但很多传统知识的归属并不明确，国家传统知识数据库之间尚未形成国际交流平台，所以寻找权利人并获得其同意，以及分享惠益则将增加适应气候变化的成本。

2. 利用传统知识适应气候变化效益的非量化性

以《联合国气候变化框架公约》和《京都议定书》为核心的当今世界国际气候变化法律体系主要是以碳排放量为量化标准的，但与气候变化相关传统知识的主要作用体现在对气候变化的适应而不是减排方面，因此适应气候变化的传统知识的作用难以量化，与当前的气候变化国际法律制度则格格不入。[①] 此外，尽管传统知识在适应气候变化方面具有很强的实践性和生态价值，但并不产生像科技成果那样的专利经济效益，因此可能影响一些国家参与构建国际保障机制的积极性。[②]

3. 利用传统知识适应气候变化的决策体系之缺失

在适应气候变化的措施方面，工程化和技术性手段常会被纳入风险管理等政府规划和政策当中，但社会措施、体制措施、基于生态系统的措施的价值则体现不足。比如，灾害风险管理、早期预警系统、水资源综合管理等工程化和技术性手段已被各国政府开始纳入适应规划和政策当中，但除了北极地区和部分小岛屿之外，很少国家将基于传统知识与科学知识相结合的适应气候变化措施纳入国家适应政策和规划中。[③] 此外，尽管“里约三公约”都涉及利用传统知识应对气候变化的内容，并成立了公约秘书处之间的联络小组以加强在适应气候变化领域的协同，但因侧重点不一致、缺乏切实有效的

① 张旭冉：《利用传统知识应对气候变化的国际法保障机制研究》，华东理工大学硕士学位论文，2013年，第20页。

② 同上。

③ IPCC, 2014: Summary for policymakers. In: Climate Change 2014: Impacts, Adaptation, and Vulnerability, supra note 3, pp. 8 – 9.

履约监督机制，以及各国利益集团的意见分歧，尚未形成国际层面上的决策体系。

4. 利用传统知识适应气候变化的有效经济手段之匮乏

尽管各国在碳排放交易方面已形成风险融资机制，但在利用传统知识适应气候变化方面尚未形成公私融资伙伴关系、风险共担和转移机制等有助于提高生态恢复能力的有效经济手段。尽管“里约三公约”都规定了资金运作制度，但资金来源不稳定、运作效率不高等弊端，则出现了拥有大量适应气候变化传统知识的发展中国家缺乏资金保障，而拥有强大资金实力的发达国家却不愿意为发展中国家提供资金的矛盾现象。

二、利用传统知识适应气候变化的路径

1. 信任和尊重传统知识在适应气候变化中的作用

土著、当地社区和传统知识体系及管理是适应气候变化的主要资源，但因国际社会存在不同利益集团、社会文化背景以及风险认知，所以在现行的适应气候变化工作中并没有充分得以利用。因此，应当站在可持续发展的角度关注非政府组织、宗教团体、大学及研究机构在记录和证实传统知识和实践在适应气候变化中的作用，并予以充分信任和尊重。同时鼓励土著、当地社区和传统知识所有人主动参与及担任适应气候变化的工作，从而提高适应气候变化的效率。

2. 总结利用传统知识适用气候变化的经验并建立交流平台

因为传统知识与当地自然环境密切关联的地域特性或局限性，所以利用传统知识适应气候变化的经验和做法具有丰富多样性，亦为科学研究提供无穷的原始知识源泉。但是权威的国家或国际性传统知识数据库或信息交流平台的缺失，无法使得这些经验和做法获得分享，甚至无法使得传统知识的获取、知情同意以及惠益分享机制获得有效实施。因此，需建立土著社区、科技工作者和政策制定者共同参加的信息交流平台，鼓励土著社区等传统知识所有者总结并推广经验和做法，敦促科技工作者遵循相关的规则和机制，强化政府部门的决策和监管职能，以提高利用传统知识适应气候变化的效率。

3. 构建利用传统知识适应气候变化的技术支撑服务体系

应对气候变化涉及一个纷繁复杂的风险管理过程，该过程包括减缓和适应，同时考虑实际的和可避免的气候变化损失，共生效应、可持续性、公平性和对风险的态度。[①] 因此，应当鼓励科学家与传统知识所有者进行合作，构建利用传统知识适应气候变化的风险识别和控制、效益评价和量化，以及传统知识和做法的现代转化和固化，以促使决策机构将利用传统知识适应气候变化纳入国家及国际决策当中。

4. 鼓励采取多样的资金支持手段促进适应气候变化

因上述信息交流平台及技术支撑服务体系的构建皆以资金支持为保障，但拥有传统知识的大部分国家是发展中国家或最不发达国家，或者在一个国度内传统知识持有者往往是贫穷的土著群体或少数民族群体，所以改善传统知识持有者或者国家的资金状况是促进适应气候变化的重要保证。在国际层面，可以考虑为适应基金、全球环境基金和绿色气候基金提供指南，建议上述基金的运营机构将利用传统知识适应气候变化纳入基金项目的检测、评估和报告程序[②]，以此保障发达国家的资金支持利用传统知识适应气候变化的全球工作。在国内层面，各国政府通过财政拨款或私募基金项目拨付等方式，支持传统知识持有人参与国家适应计划的进程中，并采取灵活多样的方式补偿传统知识持有人参与适应工作所支出的费用。

5. 完善利用传统知识适应气候变化相关决策体系

在国际层面，通过建立“里约三公约”及其联合联络小组的协调机制，邀请传统知识持有者国际组织进行透明和持续的沟通和交流，起草关于利用传统知识适应气候变化的国际条约、国际组织决议或议定书，使得利用传统知识适应气候变化的内容纳入国际决策体系，同时邀请缔约方将利用传统知识适应气候变化的内容纳入国家适应计划。在国内层面，各国政府应召集包

---

① IPCC：《气候变化 2007：综合报告》。政府间气候变化专门委员会第四次评估报告第一、第二和第三工作组的报告［核心撰写组、Pachauri，R. K 和 Reisinger，A.（编辑）］。瑞士日内瓦，第 64 页。

② UNFCCC，Report of the Adaptation Committee，Draft conclusions proposed by the Chairs，Recommendation of the Subsidiary Body for Scientific and Technological Advice and the Subsidiary Body for Implementation，FCCC/ SB/2014/L. 7，5 December 2014.

括当地社区和传统知识持有人在内的全部利益相关者进行对话和参与，通过立法和平台建设确保传统知识相关权利得到尊重和保障，完善利用传统知识适应气候变化相关环境保护、财政补贴、经济贸易以及知识产权等国家决策体系，以提高适应方案的效率并减少实施过程中的冲突。

本章小结

纵观人类社会发展历史，人类和社会一直都在适应和应对气候变化和极端事件中积累成功经验，并以此预测未来气候变化，应对、适应和减缓气候变化带来的风险。无论是适应还是减缓都不能避免所有气候变化的影响，但是适应和减缓能够互补并共同降低气候变化带来的风险。土著居民和当地社区长期积累、演化并世代传承下来的关于农业、环境和生物多样性的传统知识，对于适应气候变化具有重要的作用。

尽管“里约三公约”在不同时机、不同层面以及不同的角度承认了土著、当地社区和传统知识体系及做法是适应气候变化的主要资源，且认为将这类知识融入现有的做法可以提高适应行动的有效性，同时要促进利用传统知识适应气候变化的措施，但在气候变化已经并且将继续对整个生态系统和人类社会产生不利影响的背景下，利用传统知识适应气候变化中存在其效益难以量化、决策体系和有效经济手段缺失等障碍。因此，只有通过完善利用传统知识适应气候变化的国际及国内决策体系，对传统知识的作用予以充分尊重和信任，构建传统知识交流平台、技术支撑服务体系以及资金支持创新模式，才能确保利用传统知识适应气候变化的可持续发展目标获得最终实现。

第八章　海洋遗传资源可持续发展与包容性惠益分享

第一节　国家管辖范围以外区域海洋遗传资源及其惠益分享

一、国家管辖范围以外区域海洋遗传资源可持续发展相关国际立法

国家管辖范围以外区域包括公海和国际海底区域两类区域。根据《联合国海洋法公约》，国家管辖范围外的水体（公海）适用公海自由制度，国际海底区域及其矿产资源则被视为人类共同继承的财产。[①] 现代科学技术的发展使人类对国家管辖范围以外区域深海和海洋生物资源的探索成为可能，在提升人类整体知识水平、产生各种惠益的同时，也给公平、公正利用海洋遗传资源的制度带来了挑战。为了填补规制国家管辖范围以外区域海洋遗传资源法律法规的空白状态，国际社会正在起草《〈联合国海洋法公约〉关于国家管辖范围以外区域海洋生物多样性养护和可持续利用的国际法律约束力文书》（以下简称《国家管辖范围以外区域海洋生物多样性文书》）。[②]

2004 年联大第 59/24 号决议决定设立国家管辖范围以外区域海洋生物多样性不限成员名额非正式特设工作组，专门研究国家管辖范围以外区域海洋生物多样性养护和可持续利用问题。[③] 2011 年特设工作组提出一揽子解决海

---

① 《联合国海洋法公约》第 87 条、第 137 条，1833 U. N. T. S.，1982 年 12 月 10 日。
② UNGA, Oceans and the law of the sea（A/72/249），2017.
③ UNGA, Oceans and the law of the sea（A/RES/59/24），2004.

洋遗传资源及其惠益分享，包括海洋保护区在内的划区管理工具、环境影响评价、能力建设与海洋技术转让四项议题。[①] 2015 年联大 69/292 号决议决定根据《联合国海洋法公约》规定就国家管辖范围以外区域海洋生物多样性养护和可持续利用问题拟定一份具有法律约束力的国际协定。[②] 2017 年 12 月，联大第 72/249 号决议决定召开政府间会议，以便尽早制定出《国家管辖范围以外区域海洋生物多样性文书》。[③] 发达国家和发展中国家在特设工作组、筹备委员会和政府间会议主持下进行了多次意见交换。截至 2020 年 4 月，国家管辖范围以外区域海洋生物多样性政府间会议已经召开了三次，第四次政府间会议在 2020 年上半年进行，政府间会议主席于 2019 年 11 月 27 日公布的《国家管辖范围以外区域海洋生物多样性文书》修改稿成为第四次政府间会议谈判协商的基础文件。

《国家管辖范围以外区域海洋生物多样性文书》是当前国际海洋法领域最重要的法律文书，事关国际海洋秩序的调整和利益的再分配。[④] 国家管辖范围以外区域海洋遗传资源事关海洋遗传资源的开采、研究和商业化开发，以及可持续利用，通过对国家管辖范围以外区域海洋遗传资源的研究开发已经产生了许多的惠益，包括从海洋有机物创造的产品以及通过科学研究对海洋生态、海洋系统认识的提升。[⑤]

发达国家和发展中国家在关键问题上展开了激烈博弈，在术语定义、实质范围、货币化和非货币化惠益分享等环节存在诸多分歧，而众多问题中公平、公正的惠益分享是国家管辖范围以外区域海洋遗传资源问题的核心[⑥]，因而发达国家和发展中国家谈判焦点集中于惠益分享的类型及触发机制。

惠益分享源自《生物多样性公约》。该公约首次以国际公约的形式规定

---

① Fourth meeting of the Working Group on marine biodiversity beyond areas of national jurisdiction, 2011.

② UNGA, Oceans and the law of the sea (A/69/292), 2015.

③ UNGA, Oceans and the law of the sea (A/72/249), 2017.

④ 郑苗壮:《国家管辖范围以外区域海洋生物多样性国际协定谈判与中国参与》,《环境保护》2020 年第 Z2 期，第 70 页。

⑤ Thomas Greiber, Types of Benefit and Benefit-sharing, IUCN Information Papers for the Intersessional Workshop on Marine Genetic Resources 2 - 3 May 2013, Information Paper 5, p. 33.

⑥ 张湘兰、李洁:《国家管辖外海域遗传资源惠益分享机制的构建——以知识产权保护为视角》,《武大国际法评论》2017 年第 4 期，第 62 页。

了遗传资源问题，将“公平合理分享由利用遗传资源而产生的惠益”作为公约目标之一。[①] 对于根据获取的遗传资源而产生的惠益，资源的使用者应与资源的提供者进行分享，具体的形式包括货币分享和资源信息分享等非货币分享。鉴于国家管辖范围以外区域海洋遗传资源不属于任何国家管辖范围内，规制国家管辖范围内遗传资源的《生物多样性公约》的惠益分享制度不能直接适用国家管辖范围以外区域海洋遗传资源问题。[②] 相反，《国家管辖范围以外区域海洋生物多样性文书》构建的是一个不需要资源提供者与使用者相互交往，但国家、政府和其他利益相关方仍需要对国家管辖范围以外区域海洋遗传资源收集和使用情况进行公开并愿意分享因获取使用国家管辖范围以外区域海洋遗传资源所获收益的惠益分享机制。[③]

如何公正公平分享国家管辖范围以外区域海洋遗传资源产生的惠益还处于探讨阶段，不宜将现有的适用于国家管辖范围内的惠益分享制度直接适用于国家管辖外区域，应从实际需求和平衡利益的角度出发制定发达国家和发展中国家都能接受的《国家管辖范围以外区域海洋生物多样性文书》。现实中发达国家和发展中国家对于国家管辖范围以外区域海洋生物遗传资源的惠益分享问题的对立立场无助于解决国家管辖范围以外区域海洋遗传资源问题，亟须一个能够调和双方立场的包容路径。

二、国家管辖范围以外区域海洋生物遗传资源惠益分享相关发达国家主张及其评析

发达国家坚持国家管辖范围以外区域海洋遗传资源适用公海自由原则。公海自由原则主张将国家管辖范围以外区域海洋遗传资源作为共有物，允许各国自由开发，各自受益。

---

① 《生物多样性公约》第1条，1760 U. N. T. S. 79，1992年6月5日。

② Petra Drankier, Alex G et al, Marine Genetic Resources in Areas Beyond National Jurisdiction: Access and Benefit-Sharing, *International Journal of Marine and Coastal Law*, Vol. 27 (2012), p. 417.

③ Fran Humphries, Hiroko Muraki Gottlirb, etc., A Tiered Approach to The Marine Genetic Resource Governance Framework under The Proposed UNCLOS Agreement for Biodiversity beyond National Jurisdiction (BBNJ), Marine Policy, *The International Journal of Ocean Affairs*, 2020, p. 2.

1. 发达国家的主张

发达国家主张公海自由，认为国家对于国家管辖范围以外区域海洋遗传资源不仅可以自由开展科学研究，还可以开展以商业为目的的生物勘探活动，而无需承担公开获得信息的义务，也不需要与未进行这些活动的国家分享惠益。① 随着谈判的深入，大部分发达国家对特定形式的非货币惠益分享持开放态度，认为可以通过非货币的惠益分享方式对发展中国家进行帮助，主张可以分享海洋遗传资源的数据信息，或是有条件地分享遗传材料，但反对分享其认为重要的机密信息。对于货币分享，发达国家则明确表示反对，认为即便最终将货币惠益分享纳入《国家管辖范围以外区域海洋生物多样性文书》，也应是出于自愿地分享货币惠益的考虑。

实践中，美国等发达国家已经对全球大洋中洋脊和裂谷的热液口的沉积物及生物样品进行了较为系统的研究，基本完成了深海极端环境科学研究必要的原始积累，目前已经进入了开发和商业化阶段。② 基于海洋科学研究的领先地位，美国主张对于海洋遗传资源采取先到先得的制度，认为《联合国海洋法公约》中的公海自由原则应适用于国家管辖范围以外区域海洋遗传资源的开采与利用。美国虽反对人类共同继承财产原则，却并非完全排斥国家管辖范围以外区域海洋生物遗传资源惠益分享，只是认为惠益仅指非货币惠益，而不包括货币惠益，对海洋遗传资源的获取也应被视为一种可分享的惠益。③ 也就是说，如果对海洋遗传资源适用惠益分享，应将重点放在能力建设和养护上。在 2018 年第一次政府间会议上，美国认为非货币惠益分享能够满足发展中国家的需求，实现《国家管辖范围以外区域海洋生物多样性文书》的养护和可持续利用目标。即便同意分享非货币惠益，美国也强调非货

① Carlos M. Correa, Access and Benefit-Sharing of Marine Genetic Resources beyond National Jurisdiction: Developing a New Legally Binding Instrument, Research Papers, South Centre, September 2017, p. 1.

② 袁雪、廖宇程:《国家管辖范围外区域海洋遗传资源获取和惠益分享的制度化建构》,《南昌大学学报（人文社会科学版）》2019 年第 5 期，第 74 页。

③ USA's written submission on the Development of an international legally binding instrument under the United Nations Convention on the Law of the Sea on the conservation and sustainable use of marine biological diversity of areas beyond national jurisdiction (20 December 2016) UN, p. 4.

币惠益分享的自愿性，反对强制性的非货币惠益分享。[①] 美国支持基于双边同意自愿进行的海洋技术转让，强调技术转让应是出于自愿而不应是强制目的。除了美国，俄罗斯、日本、韩国也明确表示赞同自愿的惠益分享，俄罗斯联邦强调海洋遗传资源成本高昂，且并不总是能够产生商业收益，支持自愿的惠益分享和能力建设。[②]

欧盟对待国家管辖范围以外区域海洋生物遗传资源货币惠益分享的态度与美国一致，坚持应该对利用海洋遗传资源产生的惠益进行分享，但考虑到货币惠益取决于多种因素又或者最后根本不会产生货币惠益，欧盟强调国家管辖范围以外区域海洋生物遗传资源惠益分享应仅关注非货币惠益分享。[③] 其认为海洋遗传资源的性质和矿物资源不同，矿物资源的货币价值已经处在开发阶段，而海洋遗传资源的货币价值仅存在可能。此外，源自海洋遗传资源的产品投入市场前通常需要耗时耗财地研究和发展，而绝大多数与海洋遗传资源相关的研究案例表明其最后不会转化为产品，亦不会产生商业收入。与美国对非货币惠益分享的立场不同，欧盟在非货币惠益分享方面较为积极，提出应当促进国际合作，认为海洋科学研究获得的知识应当为各国共享，应通过建立科学合作研讨会的形式推动科学家之间的信息交换，促进信息流动和知识交换。[④] 第一次政府间会议上，欧盟建议关注更可行和更易获得的非货币惠益分享，考虑海洋科学研究能力建设，考虑材料、信息和科学知识的分享（包括分享数字序列信息的可能），要求各国在国家管辖范围以外区域开展海洋遗传资源收集前和收集后都应当进行通知。[⑤] 第二次政府间

---

① A/CONF. 232/2019/MGR/CRP. 1.

② Summary of First Session of the Intergovernmental Conference on an International Legally Binding Instrument under the United Nations Convention on the Law of the Sea on the Conservation and Sustainable Use of Marine Biological Diversity of Areas Beyond National Jurisdiction, 20 September 2018, p. 5.

③ European Union, Development of an international legally-binding instrument under UNCLOS on the Conservation and Sustainable Use of Marine Biological Diversity of Areas Beyond National Jurisdiction (BBNJ Process). Written submission of the EU and Its Member States. Marine Genetic Resources, including questions on the sharing of benefits (22 February 2017) UN, p. 3.

④ EU's written submission on the Development of an international legally binding instrument under the United Nations Convention on the Law of the Sea on the conservation and sustainable use of marine biological diversity of areas beyond national jurisdiction (22 February 2017) UN, p. 4.

⑤ Summary of First Session of the Intergovernmental Conference, 20 September 2018, p. 5.

会议上，欧盟主要关注信息、科学数据、知识的分享以及增强科学研究能力的建设。[①] 在2019年召开的第三次政府间会议上，欧盟提出了更加明确具体的建议和主张。欧盟明确提出惠益分享开始的时间点，主张惠益分享应从收集海洋遗传资源开始。主张建立信息交换机制，在该信息交换平台，各国应当对各自收集的资源及收集的目的、活动开展的地点、活动开展的起止日期等信息进行分享。就非货币惠益分享的形式，欧盟认为一旦有国家在国家管辖范围以外区域对海洋遗传资源进行收集，就应当在信息交换平台分享其所获取或收集的样本，并在科学研究后的相应阶段分享基因序列数据，进行技术转让和能力建设。欧盟认为，成员方应保证收集遗传资源获得的惠益与其他成员方分享，成员方获取的样本材料、数据信息应在海洋遗传资源被收集后三年内被公开，与海洋遗传资源相关的基因序列数据也应当被公开。欧盟强调，被分享的非货币惠益应当用于特定的用途，如海洋生物多样性的养护和可持续利用，推动对国家管辖范围以外区域海洋生物遗传资源的科学研究，以及国家海洋生物遗传资源相关的能力建设等。[②]

除了美国和欧盟，其他发达国家大多采取相似的立场，认为仅应分享非货币惠益而拒绝分享货币惠益，只是在具体主张上存在一定差异。在第一次政府间会议上，加拿大将惠益分享与能力建设联系起来，要求考虑其他获取和惠益分享机制的区别，对联合国《粮食和农植物遗传资源国际条约》主要适用于公开领域的遗传材料的实施予以注意。日本主张惠益分享应当考虑当代和后代利益，为了推动研究进步，自愿地帮助其分享非货币惠益，从而确保所有国家享有海洋遗传资源的惠益。[③] 在第三次政府间会议上，挪威提议应使海洋遗传资源样本的数据进入可以公开获得的信息交换机制，包括原数据、数字序列信息，以及生物化学数据。[④] 韩国主张成员方应当在自愿的基础上，分享通过获取利用国家管辖范围以外区域海洋遗传资源的非货币惠

---

① Summary of Second Session of the Intergovernmental Conference on the conservation and sustainable use of marine biodiversity of areas beyond national jurisdiction, 5 April 2019, p. 4.

② A/CONF. 232/2019/MGR/CRP. 1.

③ Summary of First Session of the Intergovernmental Conference, 20 September 2018, p. 5.

④ A/CONF. 232/2019/MGR/CRP. 2.

益，适当考虑发展中国家，尤其是最不发达国家和内陆发展中国家的利益。[①] 澳大利亚仅支持非货币惠益分享，提议通过信息交换机制提供事先和事后的通知，在科学活动结束后的合理期限内将有关的样本、数据和信息置于公开平台，在合理期限后将遗传序列数据公开时应遵循科学研究并对机密信息予以保密。[②]

综上，就国家管辖范围以外区域海洋遗传资源而言，产生的收益可能是货币的也可能是非货币的，但是基于对现有的国内政府的获取遗传资源样本的研究，其最重要、最可行的获益方式应是非货币收益。[③] 美国、欧盟、韩国、日本、澳大利亚等发达国家拒绝分享货币惠益，普遍支持分享非货币惠益，主张从非货币惠益分享的角度展开《国家管辖范围以外区域海洋生物多样性文书》的谈判，但对于货币惠益分享和惠益分享模式则需要进一步讨论。

2. 发达国家主张之评析

(1) 公海自由原则不适用于国家管辖范围以外区域

首先，鉴于对国家管辖范围以外区域海洋遗传资源的科学研究探索和实践源于近期，因此《联合国海洋法公约》起草与通过时并无蕴含规制国家管辖范围以外区域海洋遗传资源的意图。

其次，虽然《联合国海洋法公约》第 87 条规定了捕鱼自由且其并非对公海自由的穷尽列举，但因为《联合国海洋法公约》本身并没有提及遗传资源，也没有充分的证据表明遗传资源的生物勘探享有类似于捕鱼的自由，因而第 87 条不应涵盖生物勘探自由。

最后，与捕鱼不同，海洋遗传资源的获取利用不会产生因过度捕捞导致资源缺乏的风险问题。生物勘探涉及生物材料样本获取，仅需少部分的生物材料即可以提取蕴含实际或潜在价值遗传信息的新物质。[④]

---

① A/CONF. 232/2019/MGR/CRP. 2.

② A/CONF. 232/2019/MGR/CRP. 6.

③ Centre for International Law, Conservation and Sustainable Use of Marine Biological Diversity of Areas beyond National Jurisdiction: Preparing for the Prep Com, Report of the BBNJ Workshop of the Centre for International Law, National University of Singapore. 2016, p. 49.

④ Wynberg, *Marine Genetic Resources and Bioprospecting in the Western Indian Ocean. In Regional State of the Coast Report Western Indian Ocean*, UN Environment Programme, 2015, p. 400.

结合实践，发达国家可能从海洋有机物中发现某个能够促进工业进程或者医学治疗的基因序列，如果按照先到先得的规则，发达国家极有可能垄断该资源的惠益，因此在该国获益的同时其他国家的利益却受到了损害。① 虽然《国家管辖范围以外区域海洋生物多样性文书》最终是否会对国家管辖范围以外区域海洋遗传资源适用人类共同继承遗产原则还存在不确定性，但至少能确定的是公海自由原则不符合《联合国海洋法公约》实现公正公平的国际经济秩序，无法照顾到全人类，特别是发展中国家的利益和需要的宗旨。②

（2）绝对非货币惠益分享存在缺陷

获取利用国家管辖范围以外区域海洋遗传资源可分享的惠益可大致分为两类，即货币惠益和非货币惠益，《名古屋议定书》附件非穷尽地列举了这两种惠益。虽然《名古屋议定书》适用于提供者和使用者之间的双边关系，而不适用于没有提供者的国家管辖范围以外区域海洋遗传资源，但附件中所列举的各种形式的惠益对国家管辖范围以外区域海洋遗传资源惠益分享机制具有参考价值。

首先，需要注意的是利用国家管辖范围以外区域海洋遗传资源存在货币惠益的可能。2016 年的一项研究表明，如果将源自海洋环境的 7 种药物的专利权授予资源原产国，每年可能会有 1 000 万到 5 000 万美元的货币惠益，畅销药物每年的净收入在 10 亿美元，按照专利许可费仅占总收入的 3%计算，这意味着每年的畅销药物的专利许可费可能达到 3 000 万美元。③《名古屋议定书》附件第一段列举了不同的货币惠益，包括获取利用遗传资源的不同阶段的付费、涉及与科学研究相关的财政安排，以及向信托基金支付的特别费用等。与分享获取利用国家管辖内遗传资源货币惠益类似，分享获取利用国家管辖范围以外区域海洋遗传资源的货币惠益也具有诸多好处，货币惠益能

---

① Pamela L. Schoenberg, A Polarizing Dilemma: Assessing Potential Regulatory Gap-Filling Measures for Arctic and Antarctic Marine Genetic Resources Access and Benefit Sharing, *Cornell International Law Journal*, Vol. 42 (2009), p. 289.

② 参见《联合国海洋法公约》序言。

③ Centre for International Law, Conservation and Sustainable Use of Marine Biological Diversity of Areas beyond National Jurisdiction: Preparing for the Prep Com, Report of the BBNJ Workshop of the Centre for International Law, National University of Singapore. 2016, p. 49.

够直接用来支持生物多样性养护和可持续利用，也能够直接为科研提供资助，从而实现为全人类创造惠益的最终目标。

其次，即使未来一段时间内由海洋遗传资源产生的货币惠益可能不会发生，但部分发达国家仅仅关注非货币惠益分享的主张也并不合理，因为非货币惠益分享并不总是尽如人意。[①] 与货币惠益相比，非货币惠益很大程度上取决于特定的利益相关方（研究组织或私人主体）、处理的资源类别（微生物或其他遗传资源）和可公开信息的程度等因素，不同情形下最终分享的非货币惠益可能会呈现个案差异。[②] 例如在微生物资源的科学研究中，各国需要在生态资源中心交换样本和数据，但大量以非公开方式收集的样本与数据未必需要进行全球数据交换，因此对无需对特定平台汇报存在的非公开收集物样本和数据的获取可能不完整，同样的问题也可能发生在国家管辖范围以外区域海洋遗传资源样本与数据交换的过程中。应当注意以上非货币惠益分享机制可能面临的问题不仅影响发展中国家间的信息交换，对发达国家间的信息交换也会产生影响，进而影响全球的海洋科学研究。[③]

最后，绝对的非货币惠益分享对海洋科学水平落后的国家而言不切实际，海洋科学极端不发达国家的海洋科学研究能力相对于发达国家甚至相对于发展中国家都处于弱势地位。若采取绝对的非货币惠益分享，这些不具备海洋科学技术能力的国家即便是通过惠益分享机制获得了国家管辖范围以外区域海洋遗传资源样本和数据，也无助于本国海洋科学基础设施的研发和建设。鉴于国家内部经济实力的薄弱，对于所获得的非货币惠益难以充分发挥其作用，科技极端不发达国家在海洋科学研究之路上面临的经济困境唯有通过货币惠益分享方能有所缓解。

---

① David Leary, Agreeing to Disagree on What We Have Or Have Not Agreed on：The Current State of Play of The BBNJ Negotiation on The Status of Marine Genetic Resources in Areas Beyond National Jurisdiction, *Marine Policy*, Vol. 99（2019）, p. 27.

② Thomas Greiber, Types of Benefits and Benefits Sharing in IUCN information papers for the inter-sessional workshop on marine genetic resources in ABNJ（IUCN Environmental Law Center, Bonn, 2013）, p. 34.

③ Glowka, L, Evolving Perspectives on the International Seabed Area's Genetic Resources：Fifteen Years after the "Deepest of Ironies", in Vidas（ed.）, Law, Technology and Science for Oceans in Globalisation, Leiden/Boston：Martinus Nijhoff Publishers/Brill, 2010, p. 22.

三、国家管辖范围以外区域海洋生物遗传资源惠益分享相关发展中国家主张及其评析

发展中国家主张海洋遗传资源适用人类共同继承财产原则，国家管辖范围以外区域海洋遗传资源作为人类共同继承的财产，要求统一开发，共同受益。

1. 发展中国家的主张

广大发展中国家强烈要求变革当前国际海洋法治理体系，着重强调基于人类共同继承财产原则对国家管辖范围以外区域海洋遗传资源获取和惠益进行制度化建构。发展中国家的担忧在于若固守公海自由，当前大多数发展中国家无法在短时间内获得与海洋勘探研究相匹配的技术与资金，将直接导致发达国家对海洋遗传资源的专利垄断。在海洋遗传资源惠益分享制度上，发展中国家主张强制分享利用海洋遗传资源产生的各种惠益，包括生物样本、科学研究的机密信息等非货币化和货币化惠益。发展中国家强调货币惠益分享的必要性，主张应以现行有效的《生物多样性公约》和《名古屋议定书》为参考制定新的国家管辖范围以外区域海洋生物遗传资源惠益分享国际规则。

在历次政府间会议的谈判和意见交换中，包括77国集团和中国在内的发展中国家主张应当将海洋遗传资源作为人类共同继承财产进行管理。① 不仅要考虑发展中国家的利益，也要考虑无法获取这些海洋遗传资源的国家利益。非洲集团、加勒比共同体、太平洋小岛屿发展中国家、内陆发展中国家，以及拉丁美洲国家主张货币惠益分享和非货币惠益分享；77国集团、中国、拉丁美洲国家、加勒比共同体，以及菲律宾建议重新构建目标以强调利用国家管辖范围以外区域海洋遗传资源的公平合理惠益分享的重要性；太平洋小岛屿发展中国家、印度尼西亚和菲律宾则强烈要求参考现有的公正公平

---

① Group of 77 and China's written submission on the Development of an international legally binding instrument under the United Nations Convention on the Law of the Sea on the conservation and sustainable use of marine biological diversity of areas beyond national jurisdiction (5 December 2016) UN, p. 1.

惠益分享。

77国集团和中国主张惠益分享应尽可能广义地包括货币惠益和非货币惠益。海洋遗传资源能够产生货币惠益，因此应对货币惠益分享进行讨论，且不应局限于《名古屋议定书》附件中列明的货币惠益分享方式。非货币惠益应该包括对资源、数据和相关知识的获取，技术转让、能力建设以及促进国家管辖外海域的海洋科学研究建设。① 在2019年第三次政府间会议上，77国集团和中国强调了惠益分享的有关原则：惠益分享必须是强制性的，必须在所有国家中公平分享，考虑到所有发展中国家的特殊需求、情形和诉求，并重申了惠益必须包括货币惠益和非货币惠益，且不能与现行国际法及其海洋法机制相抵触的立场。②

非洲集团建议按照不同阶段分享货币惠益和非货币惠益。货币惠益包括分期付款、使用费以及其他费用，非货币惠益包括获取样本和样本收集、分享事先和出海考察后通知，技术转让、能力建设以及其他非货币惠益。分享的样本、数据和相关信息应在信息交换机制中容易获得。同时，考虑到特定领域的国际现状，应将与海洋遗传资源相关的数字序列信息和数据公开。③

太平洋小岛屿发展中国家赞同非洲集团的主张，建议促进海洋科学研究和技术转让不同阶段的公平合理的惠益分享。强调需要考虑《名古屋议定书》规定、国际海底管理局等制度，提议确立包括惠益分享和建立获取和惠益分享机制的合作义务，制定环境保护、透明度、合作和数据分享的议定书或准则，以及通过信托基金的货币惠益分享和非货币惠益分享机制。④

太平洋小岛屿发展中国家在第一次政府间会议中对正在进行的商业化和非商业化适用予以考虑，认为当从海洋遗传资源开发出的产品中获益时，应当向《国家管辖范围以外区域海洋生物多样性文书》基金缴纳费用。印度主张分阶段的惠益分享，包括公开资源样本和基于商业化的付费。巴西主张商

---

① The Group of 77 and China, Development of an international legally binding in-strument under the United Nations Convention on the Law of the Sea on the con-servation and sustainable use of marine biological diversity of areas beyond national jurisdiction-Group of 77 and China's Written submission, (5 December 2016), p. 2.

② A/CONF. 232/2019/MGR/CRP. 4.

③ A/CONF. 232/2019/MGR/CRP. 3.

④ Summary of Second Session of the Intergovernmental Conference, 5 April 2019, p. 4.

业化只针对惠益分享触发机制，而非研究或专利。[1] 非洲集团、内陆发展中国家、加勒比共同体和小岛屿国家联盟主张从利用开始的惠益分享模式。[2] 印度尼西亚则认为惠益分享应从获取海洋遗传资源开始，而非利用。菲律宾认为在对遗传资源的数字序列信息实施贸易禁令期间，或基于国家管辖范围以外区域的遗传资源的产品商业化之后，应分享货币惠益，获得的惠益应当用于特定的用途。[3]

中国虽然和其他发展中国家一样坚持人类共同继承财产原则，但中国与极不发达国家在国力水平和发展需求上又有很大不同。中国主张充分考虑发展中国家的关心和诉求，应当优先考虑非货币惠益分享机制，包括样本的获取、信息交换、技术转让和能力建设等。同时，中国政府支持讨论和探索货币惠益分享机制。[4] 分别于 2018 年 9 月和 2019 年 3 月举行的《国家管辖范围以外区域海洋生物多样性文书》第一次和第二次政府间会议上，中国代表赞成优先考虑非货币惠益，仅在大规模商业化时才能分享货币惠益，并为海洋科学研究提供激励政策，强调必须提供充足、可预测和可持续的自愿和强制性资金，支持设立一个惠益分享信托基金并愿意提供自愿性的基金。在非货币惠益分享方面，中国主张建立透明度高的信息交换中心，旨在整合资源，促进材料共享，不仅加强各方之间的合作，同时建议信息交换机制与基因库机制的关联。[5]

综上，发展中国家主张人类共同财产继承原则，认为针对海洋遗产资源开展的所有活动都应当为了全人类的利益，需要公正公平地分享非货币惠益和货币惠益。发展中国家就货币惠益分享的触发机制存在不同意见，或是基于获取，或是基于利用，但更普遍的意见是基于产品的商业化。

---

① Summary of First Session of the Intergovernmental Conference, 20 September 2018, p. 5.

② Summary of Second Session of the Intergovernmental Conference, 5 April 2019, p. 4.

③ A/CONF. 232/2019/MGR/CRP. 7.

④ Peoples Republic of China, Written submission of the Government of the People's Republic of China on Elements of a Draft Text of an International Legally Binding Instrument under the United Nations Convention on the Law of the Sea on the Conservation and Sustainable Use of Marine Biological Diversity of Areas Beyond National Jurisdiction, (20 April 2017), p. 6.

⑤ Summary of First Session of the Intergovernmental Conference, 20 September 2018, p. 5.

2. 发展中国家主张之评析

（1）人类共同继承财产原则不能直接适用于国家管辖范围以外区域

在拟订《联合国海洋法公约》的过程中，各国对海底区域知之甚少，并未意识到海底会有活的有机物。如今随着科技的发展，人们认识到海床区域和附近存活着大量有机物。[①] 可见，各国在拟订条约时并无将人类共同继承财产原则适用于国家管辖范围以外区域海洋遗传资源的立法意图。此外，《联合国海洋法公约》第 133 条规定，资源是指区域内在海床及其以下原来位置的一切固体、液体或气体矿物资源，其中包括多金属结合物。第 133 条列举的矿产资源排除了矿产资源以外的其他资源，这表明第十一部分的规定仅适用于海床的矿物资源。无论将海洋遗传资源排除在外的原因为何，根据《维也纳条约法公约》第 31 条规定的解释方法，也很难将海洋遗传资源纳入《联合国海洋法公约》第十一部分的适用范围。最后，《维也纳条约法公约》规定缔约国有关条约的实践应当在解释条约时予以考虑，因此应将《联合国海洋法公约》的实践考虑在内。目前主要是在区域渔业管理组织和制度安排的框架下对某些底栖鱼类种族进行监管，该实践表明《联合国海洋法公约》第七部分公海自由有关规定或许可以用于规范国家管辖范围以外区域海洋遗传资源的开发。[②]

（2）不适当货币惠益分享存在缺陷

首先，货币惠益分享常常被视为研究发展的阻碍因素[③]。发达国家认为建立的惠益分享机制应该能够鼓励创新，而不适当的惠益分享机制施加给创新企业和公司的非必要的压力会阻碍创新。[④] 考虑到深海取样的极高风险、低成功率和产品市场化监管等问题，只有极少数政府和私人公司能够负担如

---

① Centre for International Law, Conservation and Sustainable Use of Marine Biological Diversity of Areas beyond National Jurisdiction: Preparing for the Prep Com, Report of the BBNJ Workshop of the Centre for International Law, National University of Singapore. 2016, p. 8.

② 戴瑛：《国家管辖范围外海洋遗传资源获取与惠益分享的制度选择与发展前瞻》，《海洋通报》2018 年第 5 期，第 516 页。

③ Dire Tladi, The Common Heritage of Mankind and the Proposed Treaty on Biodiversity in Areas beyond National Jurisdiction: The Choice between Pragmatism and Sustainability, *Yearbook of International Environmental Law*, Vol. 25 (2015), p. 126.

④ Morten Walloe Tvedt, Ane E. Jorem, Bioprospecting in the High Seas: Regulatory Options for Benefit Sharing, *The Journal of World Intellectual Property*, Vol. 16 (2013), p. 152.

此大的投入。[1] 考虑到资源提取、存储和开发的高昂费用，采取强制性的货币惠益分享可能会抑制科研开发的积极性，进而阻碍创新。[2] 如果缺少了开展研究、开发海洋遗传资源的动力，研究的进展会受到阻碍，而这些研究本有可能开发出拯救生命的药物或是使全人类受益的新技术。此外，研究人员本身对于货币分享机制的抵触会使得他们寻求各种方法规避货币惠益分享机制的规定，甚至可能放任他们的行为使其行为不受规制，最终对海洋环境产生消极影响。这一主张所导致的积极性的缺失与使全人类受益的初衷不符。

其次，对于新的国际协议的协商很大程度上取决于探讨海洋遗传资源的潜在经济价值而不是它们的实际经济价值。[3] 就国家管辖范围内海洋遗传资源的获取而言，获取的收益主要或完全是非货币的，这或许也会是国家管辖范围以外海域海洋遗传资源利用的可能情况。[4] 目前共有 28 种海洋天然产品处于临床试验阶段，250 种处于临床前调查阶段。[5] 难以保证这些产品能从利用遗传资源中获得货币惠益。目前市场上有 7 种药物产品来源于海洋有机物，其中有 5 种是在 1990 年之前被发现的，都至少耗时 15 年才研制成药物产品。而 1990 年时，有 5 800 种源自海洋的有机分子被报道，这意味着每 1 160 种海洋遗传资源中才有一种可以最终形成商业产品。[6] 如果从产品获得的经济利益需要被分享，开发者可能最终发现遗传资源并没有使用

---

① Wynberg, *Marine Genetic Resources and Bioprospecting in the Western Indian Ocean. In Regional State of the Coast Report Western Indian Ocean*, UN Environment Programme, 2015, p. 398.

② Morten Walloe Tvedt, Ane E. Jorem, Bioprospecting in the High Seas：Regulatory Options for Benefit Sharing, *The Journal of World Intellectual Property*, Vol. 16 (2013), p. 161.

③ Fran Humphries, A Stewardship Approach to "Legitimate Interests" in Deep Sea Genetic Resources for Use in Aquaculture, *UNSW Law Journal*, Vol. 40 (2017), p. 30.

④ National Institute of Genetics, Access to Marine Genetic Resources and Benefit-sharing from Their Academic Use, Report of MGR Workshop in Japan (edited by Hajimu Morioka), Tokyo, (2015). p. 36.

⑤ Thomas Greiber, Types of Benefits and Benefits Sharing in IUCN information papers for the inter-sessional workshop on marine genetic resources in ABNJ (IUCN Environmental Law Center, Bonn, 2013), p. 32.

⑥ Arianna Broggiato, Thomas Vanagt, etc., Mare Geneticum：Balancing Governance of Marine Genetic Resources in International Waters, *The International Journal of Marine and Coastal Law*, Vol. 33 (2018), p. 23.

价值的风险太大。

最后，遗传资源的利用或是相关信息的收集包括研究、发展、创新、前商业化和商业化等步骤。[①] 其中，遗传资源的商业化是遗传资源利用的最后一个阶段，也是研究和发展的后续步骤。只有到了海洋遗传资源利用的最后一个阶段才会产生货币惠益。在《名古屋议定书》中，所有的商业化发展步骤和其他步骤之间的区别是最容易辨别的，因为商业化很明显与生产、产品营销、知识产权相关，而这些行为都需要公开进行。[②] 离开样本获取和样本收集相关活动，几乎不可能产生商业收益，建立与采样相关的货币惠益分享机制极有可能会降低相关人员研究创新的热情，也不利于科学研究的发展，更不利于人类对海洋知识的了解。因此，即便最终明确货币惠益分享，也应将货币惠益分享与产品商业化相关联，而不是在海洋遗传资源科学研究开始之时。在大规模商业化利用之前不宜进行货币化惠益分享，以免打击研发者的积极性，阻碍向发展中国家分享惠益。[③]

第二节　国家管辖范围以外区域海洋遗传资源惠益分享制度之包容性基础

经过数十年的谈判，有关国家对于管辖范围以外区域海洋遗产资源的多个问题基本达成一致，但发达国家与发展中国家对于国家管辖范围以外区域海洋遗传资源性质的争论却一直难以平息。无论国家管辖范围以外区域海洋遗传资源适用公海自由还是人类共同继承财产，对其进行科学研究以及如何就产品商业化后产生的惠益进行分享才是各国真正关切的问题。发达国家和发展中国家之所以在界定国家管辖范围以外区域海洋遗传资源法律属性时发生冲突，根本原因在于对开发利用后产生的货币惠益或非货币惠益如何进行

① 参见《名古屋议定书》第 17 条。

② Yu Chuxiao, Implications of the UNCLOS Marine Scientific Research Regime for the Current Negotiations on Access and Benefit Sharing of Marine Genetic Resources in Areas Beyond National Jurisdiction, *Ocean Development and International Law*, Vol. 51 (2020), p. 12.

③ Arianna Broggiato, Thomas Vanagt, etc., Mare Geneticum: Balancing Governance of Marine Genetic Resources in International Waters, *The International Journal of Marine and Coastal Law*, Vol. 33 (2018), p. 10.

分配没有达成一致意见。[①] 在 2019 年进行的政府间第二次会议上，惠益分享属于实现国家管辖范围以外区域海洋生物遗传资源养护和可持续利用必要部分的理念已经实现趋同，分歧主要集中在具体的实施机制设计方面。在此背景之下，跳出法律属性争论无果的窘境，从实现所有利害关系方的共同利益出发构建一个务实的国家管辖范围以外区域海洋生物遗传资源的包容性分享方案不失为解决当下争议问题的有效切入点。

一、包容性源于《国家管辖范围以外区域海洋生物多样性文书》内在需求

作为《联合国海洋法公约》的执行法，《国家管辖范围以外区域海洋生物多样性文书》是对《联合国海洋法公约》的补充与完善，需严格贯彻落实《联合国海洋法公约》的规定和精神，既不能破坏《联合国海洋法公约》建立的制度框架，也不能与现行国际法相抵触。《联合国海洋法公约》旨在促进海洋资源公平而有效地利用、海洋生物资源的养护及研究、保护和保全海洋环境[②]，《名古屋议定书》和《生物多样性公约》建立惠益分享与生物多样性保护之间的联系的目的在于通过生物多样性促进保护和可持续利用。类似地，国家管辖范围以外区域海洋生物遗传资源惠益分享机制应该与通过生物多样性促进保护和可持续利用的目标相一致。

此外，不论是考察不同国家对国家管辖范围以外区域海洋生物遗传资源法律定位产生差异的初衷，还是今后对源于该遗传资源产生的惠益进行合理分配，《国家管辖范围以外区域海洋生物多样性文书》都应当兼顾具有不同地理特征国家的利益和关切，保持权利和义务的平衡；兼顾各国之间的共同利益与国际社会和全人类的整体利益，包括子孙后代的利益；兼顾人类探索和利用海洋生物多样性的客观现实和未来发展的

---

① 张湘兰、李洁：《国家管辖外海域遗传资源惠益分享机制的构建——以知识产权保护为视角》，《武大国际法评论》2017 年第 4 期，第 65 页。

② 参见《联合国海洋法公约》序言。

实际需要。[①] 基于《国家管辖范围以外区域海洋生物多样性文书》需要在权利和义务之间达成平衡的要求，因此需要通过包容性方案在多个利益间达成平衡，使《联合国海洋法公约》设立的理想目标转化为有形的结果。

《国家管辖范围以外区域海洋生物多样性文书》的目标有两个：国家管辖范围以外区域海洋生物遗传资源惠益分享机制既要建立发展中国家获取和利用国家管辖范围以外区域海洋遗传资源的能力，也要促进国家管辖范围以外区域海洋生物多样性养护和可持续利用。[②]《国家管辖范围以外区域海洋生物多样性文书》所要达到的目标蕴含着惠益分享的需要，惠益分享本身是获得海洋遗传资源的手段，也推动着海洋遗传资源利用的进程，最终促进国家管辖范围以外区域海洋生物遗传资源的保护和可持续利用。分享海洋遗传资源能够促进海洋科学研究开发，进而促进海洋科学研究技术转让等惠益，如果不及时分享海洋遗传资源的惠益，不及时对所获取的样本和数据进行交换，各国只能依靠自己的技术和力量进行研究，需要耗费较多的人力和财力。对于未获取资源的发达国家而言，其需要在缺乏分享机制的情况下对同一样本与数据自行获得资源，在经济和环境成本上都会造成的浪费；对于未获取资源的发展中国家而言，他们将不能享有国家管辖范围以外区域海洋遗传资源的惠益。发达国家与发展中国家在惠益分享问题上的对立态度无助于解决问题，若不对惠益进行公平公正的分享，将很难实现国家管辖范围以外区域海洋生物遗传资源惠益分享机制所要实现的两个目标。

最后，对于惠益的定义不应仅限于货币惠益和非货币惠益，也应包括科

---

① UNGA, "Report of the Preparatory Committee established by General Assembly Resolution 69/292: Development of an international legally binding instrument under the United Nations Convention on the Law of the Sea on the conservation and sustainable use of marine biological diversity of areas beyond national jurisdiction," UN Doc. A/AC. 287/2017/PC. 4/2. (31 July 2017), para. 3. 2. 2 (ii).

② UNGA, "Report of the Preparatory Committee established by General Assembly Resolution 69/292: Development of an international legally binding instrument under the United Nations Convention on the Law of the Sea on the conservation and sustainable use of marine biological diversity of areas beyond national jurisdiction," UN Doc. A/AC. 287/2017/PC. 4/2. (31 July 2017), para. 3. 2. 2 (i).

学惠益和对全人类的惠益。[①] 在包容性方案下获取利用海洋遗传资源产生的全人类惠益不仅要考虑货币惠益与非货币惠益，也要考虑由此而可能改善的人类健康环境、海洋科学环境带来的全人类惠益。《生物多样性公约》在序言中指出，保护生物多样性可能产生广泛的环境、经济和社会惠益，《名古屋议定书》在序言中明确了遗传资源对粮食安全、公共健康、生物多样性、气候变化的重要性。类似地，国家管辖范围以外区域海洋生态系统中的遗传资源对生态、环境、科学、社会具有同等重要的价值。[②] 因此，在国家管辖范围以外区域海洋生物遗传资源惠益分享机制下考虑可分享的惠益时，应注意惠益不仅是经济的或货币的，也应关注遗传资源对生态、环境、科学、社会的重要价值。

二、包容性方案源于国际现实需要

首先，惠益分享的目标除了适用国家管辖范围以外区域海洋生物遗传资源国际协定的一般目标和指导原则外，还包括促进海洋科学研究和技术创新、可持续利用、公平合理地分享惠益和代际公平等。惠益分享机制能够促进国家管辖范围以外区域海洋遗传资源的科学和经济价值已经被国际社会广泛认可，获取和惠益分享机制需要包括那些没有能力开展海洋遗传资源相关活动的国家，需要使样本和信息不仅局限于有能力收集的国家也包括其他国家的观念已经逐渐取得共识。[③] 应当注意的是，只有少数国家拥有研究开发海洋生物科学的技术，虽然生物科学技术会不断提升，与海洋遗传资源有关的专利也会不断增加，但是国家之间仍然会存在技术上的差距。惠益分享机制是为了促进知识和科技的提升，进而能够实现海洋资源公平而有效地利用。重在能力建设和合作开发的包容性路径才是未来国家管辖范围以外区域

---

① Sergio Pena Neira, Sharing the Benefits of Marine Genetic in the High Seas for Conversation?, *Ocean and Coastal Management*, Vol. 246 (2017), p. 133.

② Harden Davies, Kristina Gjerde, Building Scientific and Technological Capacity: a Role for Benefit-sharing in the Conservation and Sustainable Use of Marine Biodiversity beyond National Jurisdiction, *Frontiers in Marine Science*, Vol. 7 (2019), p. 382.

③ Morten Walloe Tvedt, Marine Genetic Resources: a Practical Legal Approach to Stimulate Research, Conservation and Benefit and Sharing, (2020), p. 240.

海洋生物遗传资源惠益分享机制构建的基础。

其次，国家管辖范围以外区域海洋遗传资源利用的潜力能得到多大程度的开发很大程度上取决于如何监管科学研究以及最终的利益如何分配。[①] 惠益分享机制是一系列连续的步骤，包括事前的获取、利用，以及惠益产生、惠益分享等多个步骤。海洋遗传资源一旦离开原地便可能被用于商业性应用或非商业性应用；海洋遗传资源一旦被收集，其标本及其遗传材料的数据信息就可能被异地保存或是由电脑数字化保存，使其可通过数据库被轻松访问。[②] 尽管从目前来看国家管辖范围以外遗传资源的商业利益很有限，但大多数国家（尤其是发展中国家）认为这些资源具有广大的商业潜在价值。鉴于各国对于海洋遗传资源的商业价值的高度期待，如果不考虑海洋遗传资源的商业价值，惠益分享机制就难以达成一致。惠益分享是利益分配的一种形式，若不能对商业价值或其他价值的惠益进行公平公正分配，可能会影响国家管辖范围以外区域海洋遗传资源的可持续利用。

最后，包容性方案能够促进所有利益相关主体（包括发达国家和发展中国家）的参与，不仅能够缩小全球各国利用国家管辖范围以外区域海洋遗传资源科学研究能力的差距，而且能够鼓励海洋科学创新。因为随着全球科技水平的提升，包容性方案能够提升对于国家管辖范围以外区域海洋遗传资源的利用，通过采取包容性路径所产生的惠益的数量和质量都会有所提升，通过包容性创新提升的惠益也能够以一种更加公平的方式进行分享。科学技术发达的国家通过研究提升科研水平，进而创造更多的惠益，从而提升了能够被分享的惠益总和。通过对海洋遗传资源的研究，各国能够获取更多的遗传资源数据，全球的科学技术水平也能得到整体提升，这也能够消除发达国家和发展中国家利用海洋遗产资源的障碍。而各国增强对海洋生物多样性的认知能够促进海洋生物多样性的养护和可持续利用，增加可能产生的惠益，从

① Jane Eva Collins, Harriet Harden-Davies, etc., Inclusive Innovation：Enhancing Global Participation in And Benefit Sharing Linked to The Utilization of Marine Genetic Resources From Areas beyond National Jurisdiction, Marine Policy, *The International Journal of Ocean Affairs*, Vol. 109 (2019), p. 1.

② Yu Chuxiao, Implications of the UNCLOS Marine Scientific Research Regime for the Current Negotiations on Access and Benefit Sharing of Marine Genetic Resources in Areas Beyond National Jurisdiction, *Ocean Development and International Law*, Vol. 51, (2020), p. 7.

而形成惠益产生与惠益分享的良性循环。

第三节　可持续发展视域下包容性惠益分享机制之构建

一、海洋遗传资源的可持续发展与包容性惠益分享

以往国际法规范主要解决位于国家管辖范围以内遗传资源的惠益分享，对于国家管辖范围以外区域的遗传资源主要从利益平衡和实际需求的角度出发，考察惠益分享制度适用于此的必要性和合理性。[①] 公开获取与海洋科学研究有关的海洋生物样本和数据是惠益分享的有效措施，对于特定科学领域知识的公开获得和免费交换能够增加人类科学知识的总和，最终使全人类获益。

公正公平惠益分享机制是一个鼓励可持续发展、尊重人权进而解决当下最棘手的环境问题的自然资源管理新理念。[②] 若局限于非货币惠益分享与货币惠益分享两分法的视角，国家管辖范围以外区域海洋遗传资源的获取和惠益分享将很难走出发达国家和发展中国家尖锐对立的现有困境。因此，为了推动对国家管辖范围以外区域海洋遗传资源利用的全球参与，应采取旨在公开和整合资源并且能够提升科学研究能力的方法，以公开获取与能力建设为核心，构建可持续利用海洋遗传资源，并公平公正分享惠益的包容性机制。[③]

包容性惠益分享机制是促进所有与国家管辖范围以外区域海洋生物遗传资源有关的利益相关者的参与，在可持续发展的原则下使得所有参与者的知识、信息、技术以及资本形成一个良性循环，进而形成一个使更多的全球人

---

① 张湘兰、李洁：《国家管辖外海域遗传资源惠益分享机制的构建——以知识产权保护为视角》，《武大国际法评论》2017 年第 4 期，第 62 页。

② Louisa Parks, Elisa Morgera, The Need for an Interdisciplinary Approach to Norm Diffusion: The Case of Fair and Equitable Benefit-Sharing, *Review of European Community & International Environment Law*, Vol. 24 (2015), p. 353.

③ Jane Eva Collins, Harriet Harden-Davies, etc., Inclusive Innovation: Enhancing Global Participation in And Benefit Sharing Linked to The Utilization of Marine Genetic Resources From Areas beyond National Jurisdiction, Marine Policy, *The International Journal of Ocean Affairs*, Vol. 109 (2019), p. 2.

类惠益的创新机制。包容性惠益分享机制的宗旨在于形成更多的全球人类惠益，包括健康惠益、知识惠益、环境惠益等；其主体涵盖与国家管辖范围以外区域海洋生物遗传资源有关的全体利益相关者，不仅包括发达国家和发展中国家，还包括跨国企业、疑难病症患者；其内容涵盖知识、信息、技术以及资本的循环促进；其制度基础是海洋遗传资源的可持续发展原则。

二、包容性惠益分享机制之具体构建

第一，包容性惠益分享机制下需要分享的首要惠益是确保和利于海洋遗传资源和相关数据的获取，从而使得全人类都能够充分利用国家管辖范围以外区域海洋遗传资源最前沿的知识。目前的《国家管辖范围以外区域海洋生物多样性文书》草案包括国家管辖范围以外区域的所有海洋遗传资源，所规定的惠益源自对国家管辖范围以外区域海洋遗传资源的获取和利用。在草案起草之时，各国对惠益的触发机制是获取还是利用尚未达成一致，但如果包含异地获取资源的惠益分享，之后的使用者都需要遵守惠益分享机制的约束，这一惠益分享机制需要寻根溯源从而确定通过获取或利用资源产生的惠益。

第二，海洋科学研究普遍被认为是获取国家管辖范围以外区域海洋遗传资源的第一步。获取科学知识不仅是海洋生物遗传资源惠益分享的一种方式，而且是技术转让的一种方式①，是海洋生物遗传资源的养护和可持续利用的保障。在多个国际法律机制之下，样本的分享都被视为惠益分享和技术转让的一种形式。海洋遗传资源数据的公开获取对于海洋科学研究发展十分必要，通过对海洋遗传资源数据信息的公开获取，无论经济水平和地理位置如何，所有国家都有机会展开对于海洋遗传资源的科学研究，继而推动国内海洋科学研究的创新。但是，对于海洋遗传资源获取的不同水平在各国间仍然存在，为了获取的公开性和可获得性，获取应当对所有国家开放并且应当是低成本的。

---

① Harden Davies, Kristina Gjerde, Building Scientific and Technological Capacity: a Role for Benefit-sharing in the Conservation and Sustainable Use of Marine Biodiversity beyond National Jurisdiction, *Frontiers in Marine Science*, Vol. 7 (2019), p. 388.

第三，国家管辖范围以外区域海洋生物遗传资源的包容性惠益分享机制应就惠益分享的平台进行制度设计。不仅对在平台中分享的数据获取、存储、分享数据的原则和规则进行规定，而且还要规定数据分享的义务主体、接收主体，以及数据分享的具体程序，通过对样本的获取提供便利以促进对国家管辖范围以外区域海洋遗传资源的异地获取。建立信息交换机制和数据交换平台，并在该平台中公开样本采集活动信息，旨在使国际社会切实、有效、便捷地分享海洋遗传资源的数据及相关研究结果。通过公开获取路径，以及公开可获得的生物数据库并将样本与原始数据公之于众，能够将全球收集的数据联系起来继而增强现有的、创造新的生物数据库关系网。信息和研究结果的分享能够减少对于同一遗传资源的收集和研究，尤其是从长远考虑，样本的调查研究和采样收集可能会被视为破坏环境、减损生物多样性的行为。公开获取途径还可作为缩小发达国家与发展中国家科学技术鸿沟的潜在手段。与原地采集获取相比，通过信息交换机制对计算机化的电子数据和信息的获取对于那些发展中国家而言更容易操作。发展中国家在获取信息数据之后更有可能加速国内对海洋遗传资源的研究，促进国内创新，从而提升自身的科技能力。信息交换机制或平台的建立不仅有助于国家管辖范围以外区域生物多样性的保护，也有利于保护海洋环境。

第四，国家管辖范围以外海洋生物遗传资源的包容性惠益分享机制应重点考虑海洋科学技术转让和可持续能力建设问题。科学能力和技术能力是获取利用国家管辖范围以外区域海洋遗传资源的关键要素①，获取利用遗传资源离不开科学专家和科技手段，包括在原始状态下获取海洋遗传资源的基础设施、分析利用海洋遗传资源基因和生物化学特性的实验室设备等。海洋科学研究所产生的惠益远远超过从海洋遗传资源制造的产品价值②，甚至能促进公共健康、生物科学、食品安全等全球惠益。但并非所有的国家都具有海洋科学研究的能力，也并非所有的国家都具有可持续利用海洋环境、海洋生

① A. Broggiato et al., "Fair and equitable sharing of ben-efits from the utilization of marine genetic resources in areas beyond national jurisdiction: Bridging the gaps between science and policy," *Marine Policy* Vol. 49 (2014), pp. 176 - 185.

② Thomas Greiber, Types of Benefit and Benefit-sharing, IUCN Information Papers for the Intersessional Workshop on Marine Genetic Resources 2 - 3 May 2013, Information Paper 5, p. 29.

态和海洋系统的能力。不平等的科学研究能力不仅导致惠益的不公平、不公正地分享，而且会阻碍海洋遗传资源相关科学技术的可持续发展，不利于海洋遗传资源的养护和可持续利用。因此，确保海洋科学研究的能力建设是构建包容性惠益分享机制的有效路径之一，促进海洋遗传资源相关科学能力建设和国际技术转让等国际合作应当是实现包容性惠益分享机制的重要前提，也是共同增强国家管辖范围以外区域海洋生物多样性养护和可持续利用能力的重要保障。

最后，应当注意惠益分享应包含多个维度，它不仅发生在国家之间，也发生在国家和当地人民、当地社区之间。在国家之间，惠益分享可以被视为在发达国家和发展中国家达成共识的机制，用来回报发展中国家通过国家间交换如支付费用、信息分享、技术转让和能力建设为处理环境问题和全球公共事务中所作出的努力。同时，国家管辖范围以外区域海洋生物遗传资源的包容性惠益分享机制还应当注重其他私主体的参与，如当地社区、研究机构和技术转让的代理人，充分发挥这类从事遗传资源收集的私主体在国家管辖范围以外区域海洋生物遗传资源的包容性惠益分享机制中的作用。只有多维度的包容性惠益分享，才能在全球科研界建立政府间战略联盟，构建公私主体间的良好合作关系，形成全球研究机构间的高效便利的研究链，促进全球科学研究，造福全人类。

本 章 小 结

国家管辖范围以外区域海洋生物遗传资源多样性的养护和可持续利用的最终目标是全人类分享惠益，产生的惠益不只是从海洋遗传资源研制出的产品，还包括提升对海洋环境的认知、对海洋生态系统的了解以及对海洋及其资源的可持续利用。[①] 国家管辖范围以外区域海洋生物遗传资源国际协定谈判已历经十多年，各国因收集获取利用国家管辖范围以外区域海洋遗传资源

---

① Arianna Broggiato, Thomas Vanagt, etc., Mare Geneticum: Balancing Governance of Marine Genetic Resources in International Waters, *The International Journal of Marine and Coastal Law*, Vol. 33 (2018), p. 23.

的能力的差异提出了不同主张与建议，尤其是关于海洋遗传资源惠益分享的议题发达国家与发展中国家之间存在严重的分歧。

惠益可分为货币惠益和非货币惠益，还应包括对全人类的其他惠益。公开获取与能力建设是与利用海洋遗传资源相关的惠益分享的两条重要路径，以公开获取和能力建设为核心的包容性惠益分享机制是当下解决国家管辖范围以外区域海洋生物遗传资源惠益分享问题的优先方案。公开获取与能力建设未必能够为所有国家，尤其是那些亟需货币惠益分享的国家提供一个满意的解决方法。但是，公开获取与能力建设是一种通过为各参与方提供共同利益从而提升全球海洋科学知识、推进可持续利用国家管辖范围以外区域海洋生物遗传资源的有效手段。相比货币惠益和非货币惠益两种手段，采取包容性惠益分享机制能够更好地实现国际社会养护和可持续利用海洋生态多样性的目标。

第九章 传统知识国际保护与可持续发展

第一节 可持续发展概念及其发展沿革

“可持续发展”（Sustainable Development）这一概念首次出现于1987年挪威首相布伦特兰（Gro Harlem Brundtland）夫人领导的世界环境与发展委员会（World Commission on the Environment and Development）所发表的研究报告《我们共同的未来》（Our Common Future）中，但是直到1992年里约联合国环境和发展会议（1992 United Nations Conference on Environment and Development），“可持续发展”的概念作为宗旨或序言，才开始被诸多国际环境、社会及经济相关宣言或决议所普遍接受为一项全球化政策（Global Policy）。[①] 追溯可持续发展理念的思想渊源[②]之一的发展研究理论，发现解决世界贫困问题是其发端。解决贫困需以经济繁荣为基础，经济的繁荣需要可持续利用的资源作后盾，以及人类社会环境与自然环境之间、人类环境相互之间的协调发展为保障。因此经过三十余年的发展，可持续发展的概念逐渐拓展成将经济发展、社会发展和环境保护融为一体的概念。

一、可持续发展理论发展沿革

1. 可持续发展理论的初始阶段

国际法上最早体现可持续发展思想的环境条约是1946年的《国际捕鲸

---

① Marie-Claire Cordonier Segger and Ashfaq Khalfan, Sustainable Development Law-Principles, Practice, & Prospects, Oxford, 2004 (Reprinted 2006), p. 45.

② 可持续发展思想渊源主要有三方面：一是未来学，二是发展理论研究，三是生态伦理学。参见王书明《简论可持续发展理论的思想渊源与含义》，http://www.xslx.com/htm/sxgc/sxsl/2007-03-19-21526.htm，最后访问日期：2019年3月23日。

管制公约》（International Convention for the Regulation of Whaling），其在序言第1段中称，“认识到世界各国为后代保护以鲸为代表的巨大自然资源的利益”①，开始将保护代际之间利益作为国际法的衡量因素。

随着民族独立运动的不断发展和脱离殖民统治的国家开始加入联合国，改革阻碍新生独立国家经济发展的当前国际经济秩序的呼声越来越高。作为民族自决权之一的经济自决权，确认和维护各殖民地独立国家拥有的对自然资源的永久主权是联合国的重要工作。因此1962年联合国大会通过的《关于自然资源永久主权的决议》，在确认“各民族和各部族对本族的自然财富和自然资源行使永久主权”的权利同时，要求“必须为各个国家的发展着想，为有关国家人民的福利着想”②，但是此决议并未提及资源的保护或者水、陆地及生物资源的可持续使用③，因为摆在新型独立国家和地区面前的是如何摆脱贫困以及发展经济的问题。

2. 可持续发展理论的过渡期

进入20世纪70年代，随着世界人口数量的急剧增长④，人们开始关注经济发展、社会进步与资源消耗、环境保护之间的相互关系和影响。1972年，由来自世界各国的几十位科学家、教育家和经济学家组成的非正式的国际协会——罗马俱乐部（The Club of Rome）提交的一份研究报告《增长的

---

① International Whaling Commission, International Convention for the Regulation of Whaling, Washington, 2nd December, 1946. https://archive.iwc.int/pages/terms.php?ref=3607&search=&order_by=relevance&offset=0&restypes=&starsearch=&archive=&per_page=0&default_sort_direction=DESC&sort=DESC&context=Root&k=&curpos=&url=%2Fpages%2Fdownload_progress.php%3Fref%3D3607%26search%3D%26order_by%3Drelevance%26offset%3D0%26restypes%3D%26starsearch%3D%26archive%3D%26per_page%3D0%26default_sort_direction%3DDESC%26sort%3DDESC%26context%3DRoot%26k%3D%26curpos%3D%26size%3D%26ext%3Dpdf，最后访问日期：2019年3月23日。

② UNGA Res. 1803（XVII），第17届联合国大会第1194次会议，1962年12月14日通过。

③［英］帕特沙·波尼、埃伦·波义尔：《国际法与环境》，那力等译，高等教育出版社2007年版，第38页。

④ 世界人口数量在不断增长，人口倍增时间也在不断缩短，即世界人口每增加1倍的年限越来越短，史前时期需要好几百万年，古代需要几千年，当代只需要几十年。1804年世界人口达到10亿人，123年后即1927年达到20亿人，33年后即1960年达到30亿人，14年后即1974年达到40亿人，而13年后即1987年就上升到50亿人，1999年10月12日“60亿人口日”的到来，显示世界人口增长10亿人的时间已缩短到12年。根据联合国人口基金《2004年世界人口状况》，2004年世界总人口为63.78亿人。天山网：《世界人口增长面面观》，http://www.ts.cn/special/content/2007-07/16/content_2071962.htm，最后访问日期：2019年4月23日。

极限》（The Limits to Growth）警示人们，由于世界人口数量、粮食产量、工业发展、资源消耗和环境污染等5项基本因素的运行方式为指数增长而非线性增长，世界将因为粮食短缺和环境破坏而达到增长极限，从而提出“合理的、持久的均衡发展”，为可持续发展思想的萌芽提供了土壤。① 1972年在瑞典斯德哥尔摩举行的联合国人类与环境会议（the Conference on the Human Environment）通过了《联合国人类环境宣言》，宣称“人类……负有保护和改善这一代和将来的世世代代的环境的庄严责任”，“为了这一代和将来的世世代代的利益”而必须通过周密计划或搭档管理以保护地球上的自然资源。② 1973年联合国环境规划署（the United Nations Environment Programme）的成立标志着对人类生存环境保护的关注，联合国大会在1974年通过的《各国经济权利义务宪章》（Charter of Economic Rights and Duties of States）的序言中也表达了联合国大会希望致力于创造一种能够保护、保存和改善环境的条件和愿望。但国际社会的上述努力将目标仅仅定位于资源的最合理利用，仍然强调各国根据经济发展的需要选择实现经济目标的方式的权利③，发展利益和环境利益实质上仍然处于分开状态。

3. 可持续发展的资源环境阶段

到了20世纪80年代，自然保护国际联盟（International Union for Conservation of Nature）1980年的《世界保护战略：生物资源保护的可持续性发展》（World Conservation Strategy of the International Union for the Conservation of Nature）报告和1981年美国世界观察研究所（World Watch Institute）莱斯特·R. 布朗（L. R. Brown）的《建立可持续发展的社会》（Building a Sustainable Society）一书等均提出，“确保经济和社会发展的需求，尤其在发展中国家，变得更加平等和持续化。这些对全球环境产生影

---

① 新华网，http://news.xinhuanet.com/book/2004-03/03/content_1342545.htm，最后访问日期：2018年8月1日。

② Declaration of the United Nations Conference on the Human Environment, https://www.soas.ac.uk/cedep-demos/000_P514_IEL_K3736-Demo/treaties/media/1972%20Stockholm%201972%20-%20Declaration%20of%20the%20United%20Nations%20Conference%20on%20the%20Human%20Environment%20-%20UNEP.pdf，最后访问日期：2019年4月16日。

③ UNGA Res. 3281（XXIV），联合国大会第2315次会议，1974年12月。

响，并联系在错综复杂的发展战略。”[①] 人们的注意力逐渐从单纯的经济发展集中到人类应该怎样使自己的增长与自然取得和谐一致，实现可持续的发展问题。[②] 1987 年布伦特兰的报告《我们共同的未来》指出，可持续发展是既满足当代人的需要，又不对后代人满足其需要的能力构成危害的发展。环境危机、发展危机以及能源危机是一体的。人类社会的可持续发展只能以生态环境和自然资源的持久、稳定的支承能力为基础，而环境问题也只有在经济的可持续发展中才能够得到解决，从而呼吁世界各国政府和人民必须从现在起对经济发展和环境保护这两个重大问题负起自己的历史责任，制定正确的政策并付诸实施。[③] 虽然布伦特兰报告的采纳[④]成为联合国环境与发展会议的转折点，但是该报告并没有充分考虑到社会问题及人权问题[⑤]，仅停留在资源环境的可持续发展方面。

4. 普遍的可持续发展概念阶段

布伦特兰报告建议联合国制定一项关于环境与可持续发展的普遍宣言，并呼吁联合国将该报告的结论转变成一项可持续发展行动纲领并予以实施。1992 年巴西里约热内卢联合国环境和发展大会的召开，使可持续发展作为国际环境政策的主导概念而获得普遍支持。大会通过的《里约环境与发展宣言》（Rio Declaration on Environment and Development）和《21 世纪议程》（Agenda 21）不仅很好地平衡了发达国家与发展中国家之间的优先关注事项，建立了目前被联合国所接受的可持续发展的主要框架，而且包含了 40 章内容的行动纲领，涉及减轻贫穷及加强国家和国际社会保护大气、海洋和其他水资源、山脉及易沙漠化地区的能力。1997 年在纽约举办的联合国大会特别会议“地球峰会+5”（Earth Summit+5）回顾了里约会议之后《21 世纪

---

① Marie-Claire Cordonier Segger and Ashfaq Khalfan, Sustainable Development Law-Principles, Practice, & Prospects, Oxford, 2004 (Reprinted 2006), pp. 17 – 18.

② 王书明：《简论可持续发展理论的思想渊源与含义》，http://www.xslx.com/htm/sxgc/sxsl/2007 – 03 – 1 9 – 21526.htm，最后访问日期：2018 年 7 月 23 日。

③ World Commission on Environment and Development. Our Common Futrue, *Oxford: Oxford University Press.* 1987, p. 27.

④ UN General Assembly, Resolution GA Res. 42/187, UN. Doc. A/RES/42/187, 11 December 1987.

⑤ Marie-Claire Cordonier Segger and Ashfaq Khalfan, *supra note* 1, p. 19.

议程》的履行情况，并指出资金和技术的转让、生产和消费模式、能源的使用和运输、淡水的稀少等问题，呼吁各国履行承诺。① 可见，这一阶段的可持续发展概念，不仅以人为中心，而且综合考虑到发展权与环境保护、消除贫穷、健康、教育、妇女地位、技术转让与合作以及国际贸易等广泛的问题，从而使可持续发展问题成为将社会进步、经济发展及环境保护融为一体的概念，已形成普遍的可持续发展概念。

5. 可持续发展实施阶段

自 1992 年联合国环境与发展大会以来，因为发达国家和发展中国家在执行《里约宣言》和《21 世纪议程》方面存在的意见差距不断扩大，所以在环境和可持续发展问题上没有取得显著进步，因此制定有效履行可持续发展纲要并实现其目标是进入新千年之后的主要目标。联合国 2000 年通过的千年发展目标（Millennium Development Goals，2000）涵盖着人权、经济发展和环境的可持续性问题，2000 年 5 月 17 日联合国经济及社会理事会可持续发展委员会第九届会议第 9/1 号决定提出了能源促进可持续发展的问题和提请各国可选择的方案，2002 年在南非约翰内斯堡召开的可持续发展问题世界首脑会议（The World Summit on Sustainable Development），则全面审查和评价了《21 世纪议程》的执行情况，并通过了《约翰内斯堡可持续发展宣言》（Johannesburg Declaration on Sustainable Development）和《可持续发展问题世界首脑会议执行计划》（Johannesburg Plan of Implementation），从而明确指出当前国际社会所面临的主要挑战，重申对可持续发展的承诺，明确提出人类的未来在于多边主义，号召各国采取切实的行动，力求实现可持续发展的目标，并制定了涵盖具体目标和时间表的行动计划。② 为了所有国家和所有利益攸关方携手合作，共同执行可持续发展计划，2015 年 9 月 25 日，联合国大会第 70 届会议通过了大会决议《变革我们的世界：2030 年可持续发展议程》（Transforming Our World：the 2030 Agenda for Sustainable Development）③，

---

① Program of Further Action to Implement Agenda 21，UN Doc. A/Res/s – 19/2 Annex，1997.

② UN，https：//www. un. org/zh/events/sustainableenergyforall/pdf/johannesburg _ decl. pdf，最后访问日期：2019 年 4 月 17 日。

③ 联合国大会第七十届会议，A/RES/70/1，21 October，2015。

宣布了17个可持续发展目标和169个具体目标，不仅提出了愿景、原则，还指出了执行手段、后续落实和评估措施。不难发现，2000年以来，可持续发展问题进入了实质性实施阶段。

综上所述，经过三十多年的演变，可持续发展已从单纯的经济发展、资源维护、消除贫穷、解除贸易屏障、环境保护等问题演变为融社会问题、经济问题和环境问题于一体的国际社会普遍接受的概念。

二、可持续发展的定义和特征

1. 可持续发展的定义

1987年布伦特兰的报告《我们共同的未来》指出，可持续发展是“既满足当代人的需要，又不对后代人满足其需要的能力构成危害的发展”①，其包含“需要的概念（the concept of needs）”和“界限的理念（the idea of limitation）”两个核心要素。其中，“需要的概念”意味着尤其是对于世界上穷人的基本需要，应给予压倒一切的优先考虑；“界限的理念”则意味着技术和社会组织状况对满足当前和未来需求的环境能力所赋予的界限。可持续发展需要满足所有人的基本需求，并扩大所有机会，以满足他们对更加美好生活的愿望。② 布伦特兰的报告通过涵盖需要和界限理念的可持续发展概念，将重点放在实现代际内公平，满足未来世代和现今世代间需要的平衡，并要求不论发达国家还是发展中国家应将经济和社会的发展目标限定在可持续性层面。

除了布伦特兰报告之外，一些国家和国际组织也曾对可持续发展作出定义。例如，1987年5月，联合国环境规划署理事会第15届会议通过了《关于可持续的发展声明》，指出可持续发展是“指满足当前需要而又不削弱子孙后代的满足其需要之能力的发展，而且绝不包含侵犯国家主权的含义”。③ 国际自然和自然资源保护同盟（IUCN）和国际环境与发展研究所（IIED）

---

① World Commission on Environment and Development. Our Common Futrue, *Oxford: Oxford University Press*. 1987, p. 27.

② Ibid., pp. 43 – 44.

③ 石磊:《可持续发展与现代国际法》,《武汉大学学报（社会科学版）》2002年第4期，第460页。

在1994年共同发表的《国家可持续发展战略手册》中指出，“可持续发展（或称可持续生活、可持续繁荣）意指促进和保持人类与生态系统的良好状态。人类的良好状态是指所有社会成员都能确定和满足他们的需要，并且拥有能满足其潜在需求的广泛选择机会。生态系统的良好状态是指生态系统保持其质量和多样性，从而保持其适应变化即未来提供广泛选择可能的潜在能力。”[①] 1993年7月，美国总统克林顿签署12852号行政命令，成立可持续发展委员会，将可持续发展定义为“有益于今世与后代人类但又不损害地球资源和生态系统的经济发展”。[②]

综上所述，可持续发展是人类在寻求摆脱贫困和饥饿，追求平等、尊严、健康和幸福的生活中，解决在环境、社会、经济、人口，以及科技方面出现的代际公平、人与自然的和谐相处，以及国际社会和平等问题所引入的概念。尽管可持续发展的概念可以用许多不同的方法予以解释，但其核心是发展，是寻求在相互竞争的需要和人类社会所面临的环境、社会和经济限制之间取得平衡。[③]

2. 可持续发展的特征

可持续发展是一个整体，应该把发展与可持续联系起来看。其中，发展表示前进和进步，绝不能停止和倒退；可持续表示源远流长、永续不断、动态平衡、良性循环[④]。可持续发展具有如下特征。

（1）整体性

1992年联合国《里约环境与发展宣言》原则四指出，“为了实现持续发展，环境保护应成为发展进程中的一个组成部分，不能孤立地考虑它（发展）”，从而明示须整体考虑环境保护和经济、社会发展。可持续发展的整

---

① 石磊：《可持续发展与现代国际法》，《武汉大学学报（社会科学版）》2002年第4期，第460页。

② Shannon Henry, New Council on Sustainable Development Defines Terms, Christiran Science Mnoitor 1993-07-08，转引自石磊：《可持续发展与现代国际法》，《武汉大学学报（社会科学版）》2002年第4期，第460页。

③ What is Sustainable Development, http://www.sd-commission.org.uk/pages/what-is-sustainable-development.html，最后访问日期：2019年4月13日。

④ 蔡守秋：《论可持续发展对我国法制建设的影响（上）》，《法学评论》1997年第1期，第15页。

体性特征在之后部分国际条约、宣言以及国际争端解决机构裁决中不断获得确认，同时其外延也在不断扩大。例如，在1995年11月联合国环境开发署通过的《保护海洋环境免受陆地活动影响的华盛顿宣言》（Washington Declaration on Protection of the Marine Environment from Land-Based Activities）的前言中宣称，“确认为现今和未来世代保护和保存海洋环境的需要和意愿”，“进一步认识到将沿海地区综合管理和以流域为基础的方法作为协调旨在防止海洋因陆地活动而退化的方案与经济和社会发展方案整合的重要性”。[①] 在WTO海虾和海龟案中，上诉机构在裁决注释中指出“WTO协定序言中的‘可持续发展目标’为已被普遍接受为整合经济、社会发展和环境保护的概念”[②]，在盖巴斯科夫—拉基玛洛水坝案中，法官在谈及人类因经济和其他原因干涉自然而当代和后代所面临的风险时，回顾了过去20年国际社会制定的规范和标准，并认为在可持续发展的概念中有必要使经济发展和保护环境保持一致（reconcile）[③]，即整体性。在2002年南非《约翰内斯堡可持续发展宣言》和《可持续发展问题世界首脑会议执行计划》则扩大了整合的范围，指出不仅要整合经济、社会的可持续发展，而且还要关注儿童权利对可持续发展的作用[④]，从而拓展了可持续发展的外延。根据2015年联合国第70届会议决议通过的《变革我们的世界：2030年可持续发展议程》，17个可持续发展目标兼顾了可持续发展的经济、社会和环境等三个方面，且它们是整体的且不可分割的。

（2）发展性

1992年联合国《里约环境与发展宣言》原则三指出，“发展权必须得到履行，以便公平地满足当代人和后代人的发展与环境需要”，从而首次确认了发展权。尽管1986年联合国《发展权利宣言》和1993年《维也纳宣言和

---

① UNEP, *Washington Declaration on Protection of the Marin Environment From Land-Based Activities*, https://wedocs.unep.org/bitstream/handle/20.500.11822/13421/WashingtonDeclaration.pdf?sequence=1&isAllowed=y，最后访问日期：2019年4月17日。

② WTO, WT/DS58/AB/R, 12 October 1998, footnote 107.

③ ICJ, Case Concerning the Cabcikovo-Nagymaros Project (Huangary v. Slovakia), Judgment of 25 September 1997, p. 75, 140.

④ UN, https://www.un.org/zh/events/sustainableenergyforall/pdf/johannesburg_decl.pdf，最后访问日期：2019年4月17日。

行动纲领》[①] 中曾作出发展权的规定，但因《发展权利宣言》第 3 条第 2 款规定“实现发展权利需要充分尊重有关各国依照《联合国宪章》建立友好关系与合作的国际法原则”[②]，故美国等国家一直反对承认发展权[③]。此外，《里约环境与发展宣言》原则二则通过国际责任限制发展权，即“根据联合国宪章和国际法原则，国家拥有依照本国的环境与发展政策利用自己的资源的主权，并有责任确保该活动在其管辖或控制不对其他国家或地区以外的国家管辖范围内的环境造成损害”。

（3）可持续利用

可持续利用是指在自然资源可再生的范围内进行发展，因此其作用是对资源利用的限制。这一理念早在 1982 年《世界自然宪章》（World Charter of Nature）一般原则四中得以确认，即“对人类所利用的生态系统和有机体以及陆地、海洋和大气资源，应设法使其达到并维持最适宜的持续生产率，但不得危及与其共存的其他生态系统或物种的完整性”[④]，着重强调“维持最适宜的持续生产率”的资源利用。《里约环境与发展宣言》原则八尽管没有确定可持续利用的定义，但把无法持续的生产和消费模式，以及不适当的人口政策作为不可持续的利用来明示。

可持续利用不仅适用于自然资源的利用，还适用于生物资源和非生物资源的保护、气候变化，以及 WTO《马拉喀什协定》等国际经济法等领域的公约。比如，1992 年《联合国气候变化框架公约》第 3 条第 4 款[⑤]，

---

① UN：《维也纳宣言和行动纲领》，维也纳世界人权会议 1993 年 6 月 25 日通过。https：//www. ohchr. org/CH/Issues/Documents/other_instruments/06. PDF，最后访问日期：2019 年 4 月 17 日。

② UN：《发展权利宣言》，第 41/128 号决议。

③ Partricia Birnie & Alan Boyle，International law & the Environment，Oxford University Press，2002，p. 87.

④ UN，World Charter for Nature，UNGA Res37/7，1982 年 10 月 28 日。

⑤《联合国气候变化框架公约》第 3 条第 4 款：各缔约方有权并且应当促进可持续的发展。保护气候系统免遭人为变化的政策和措施应当适合每个缔约方的具体情况，并应当结合到国家的发展计划中去，同时考虑到经济发展对于采取措施应对气候变化是至关重要的。

1992 年《生物多样性公约》序言及第 1、2、8、11、12、16、17、18 条[①]，2000 年《卡塔赫纳生物安全议定书》第 1 条[②]，1992 年《保护东北大西洋海洋环境公约》条约序言[③]，1996 年《1972 年关于防止倾倒废物和其他物质污染海洋公约的 1996 年议定书》的序言[④]，1994 年《联合国关于在发生严重干旱和/或荒漠化的国家特别是在非洲防治荒漠化的公约》第 3

---

①《生物多样性公约》，序言：……也重申各国有责任保护它自己的生物多样性并以可持久的方式使用它自己的生物资源。第 1 条：本公约的目标是按照本公约有关条款从事保护生物多样性、持久使用其组成部分以及公平合理分享由利用遗传资源而产生的惠益；实现手段包括遗传资源的适当取得及有关技术的适当转让，但需顾及对这些资源和技术的一切权利，以及提供适当资金。第 2 条："持久使用"是指使用生物多样性组成部分的方式和速度不会导致生物多样性的长期衰落，从而保持其满足今世后代的需要和期望的潜力。第 8 条（j）：依照国家立法，尊重、保存和维持土著和地方社区体现传统生活方式而与生物多样性的保护和持久使用相关的知识、创新和做法并促进其广泛应用，由此等知识、创新和做法的持有者认可和参与其事并鼓励公平地分享因利用此等知识、创新和做法而获得的惠益。第 11 条：每一缔约国应尽可能并酌情采取对保护和持久使用生物多样性组成部分起鼓励作用的经济和社会措施。第 12 条：研究和培训。缔约国考虑到发展中国家的特殊需要，应：（a）在查明、保护和持久使用生物多样性及其组成部分的措施方面建立和维持科技教育和培训方案，并为此种教育和培训提供支助以满足发展中国家的特殊需要；（b）特别在发展中国家，除其他外，按照缔约国会议根据科学、技术和工艺咨询事务附属机构的建议作出的决定，促进和鼓励有助于保护和持久使用生物多样性的研究；（c）按照第十六、十八和二十条的规定，提倡利用生物多样性科研进展，制定生物资源的保护和持久使用方法，并在这方面进行合作。第 16 条第 1 款：每一缔约国认识到技术包括生物技术，且缔约国之间技术的取得和转让均为实现本公约目标必不可少的要素，因此承诺遵照本条规定向其他缔约国提供和/或便利其取得并向其转让有关生物多样性保护和持久使用的技术或利用遗传资源而不对环境造成重大损害的技术。第 17 条第 1 款：缔约国应便利有关生物多样性保护和持久使用的一切公众可得信息的交流，要顾到发展中国家的特殊需要。第 18 条第 1 款：缔约国应促进生物多样性保护和持久使用领域的国际科技合作，必要时可通过适当的国际机构和国家机构来开展这种合作。

② UNEP/CBD/ExCOP/1/3，20 February 2000，《卡塔赫纳生物安全议定书》第 1 条：本议定书的目标是依循《关于环境与发展的里约宣言》原则 15 所订立的预先防范办法，协助确保在安全转移、处理和使用凭借现代生物技术获得的、可能对生物多样性的保护和可持续使用产生不利影响的改性活生物体领域内采取充分的保护措施，同时顾及对人类健康所构成的风险并特别侧重越境转移问题。

③《保护东北大西洋海洋环境公约》（Convention for the Protecton of the Marine Environment of the North East-Atlantic），序言：认识到在国家、区域和全球各级采取协调一致的行动对于预防和消除海洋污染以及实现海洋区域的可持续管理至关重要，即以这样一种方式管理人类活动，即海洋生态系统将继续维持合法使用海洋并将继续满足今世后代的需要。

④《1972 年关于防止倾倒废物和其他物质污染海洋公约的 1996 年议定书》（1996 Protocol to the Convention on the Prevention of Marine Pollution by Dumping of Wastes and Other Matter，1972），1996 年 11 月 7 日。序言：强调保护海洋环境和促进资源的可持续利用和养护的必要性。

条 C 款[①]以及 1994 年《马拉喀什协定》序言[②]。

（4）代际公平

代际公平是布伦特兰报告的重点，是可持续发展的核心本质[③]，它确定了各世代人负有留给后代人生存和发展所必要的环境和自然资源，且至少要保持其所继承的环境和自然资源水平的义务。代际公平最早出现在 1946 年的《国际捕鲸管制公约》（International Convention for the Regulation of Whaling）中，其在序言第 1 段中称，“认识到世界各国为后代保护以鲸为代表的巨大自然资源的利益”[④]。之后，代际公平在 1972 年《联合国人类环境会议的宣言》（斯德哥尔摩宣言）原则 1[⑤]、1992 年《里约环境与发展宣言》原则三、1993 年《维也纳宣言和行动纲领》、1992 年《生物多样性公约》序言[⑥]、《联合国气候变化框架公约》第 3 条第 1 款[⑦]、1996 年《1972 年关于防止倾

---

① 《联合国关于在发生严重干旱和/或荒漠化的国家特别是在非洲防止荒漠化的公约》（United Nations Convention to Combat Desertificaton in Those Countires Experiencing Serious Drought and/or Desertification, Particularly in Africa），A/AC. 24/27 第 3 条 C 款：缔约方应当本着伙伴关系的精神在政府所有各级、社区、非政府组织和土地所有者之间发展合作，更好地认识受影响地区土地资源和稀缺的水资源的性质和价值，并争取以可持续的方式利用这些资源。

② 《建立世界贸易组织的马拉喀什协定》（Marrakesh Agreement Establishing the World Trade Organization），序言：承认其贸易和经济关系的发展，应旨在提高生活水平，保证充分就业和大幅度稳步提高实际收入和有效需求，扩大货物与服务的生产和贸易，为持续发展之目的扩大对世界资源的充分利用，保护和维护环境，并以符合不同经济发展水平下各自需要的方式，加强采取各种相应的措施。

③ World Commission on Environment and Development. Our Common Futrue, Oxford: Oxford University Press. 1987, pp. 43 – 46.

④ International Whaling Commission, International Convention for the Regulation of Whaling, Washington, 2nd December, 1946. https://archive.iwc.int/pages/terms.php? ref = 3607&search = &order_by = relevance&offset = 0& restypes = &starsearch = &archive = &per_page = 0&default_sort_direction = DESC&sort = DESC&context = Root&k = &curpos = &url =%2Fpages%2Fdownload_progress.php%3Fref%3D3607%26search%3D%26order_by%3Drelevance%26offset%3D0%26restypes%3D%26starsearch%3D%26archive%3D%26per_page%3D0%26default_sort_direction%3DDESC%26sort%3DDESC%26context%3DRoot%26k%3D%26curpos%3D%26size%3D%26ext%3Dpdf.

⑤ 《联合国人类环境会议的宣言》（Delcaration of the United Nations Conference on the Human Environment），1972 年 6 月 5—16 日，斯德哥尔摩，原则 1：人类有权在一种能够过尊严和福利的生活环境中，享有自由、平等和充足的生活条件的基本权利，并且负有保护和改善这一代和将来的世世代代的环境的庄严责任。

⑥ 《联合国生物多样性公约》序言：决心为今世后代的利益，保护和持久使用生物多样性。

⑦ 《联合国气候变化框架公约》第 3 条第 1 款：各缔约方应当在公平的基础上，并根据他们共同但有区别的责任和各自的能力，为人类当代和后代的利益保护气候系统。因此，发达国家缔约方应当率先对付气候变化及其不利影响。

倒废物和其他物质污染海洋公约的1996年议定书》的序言①中予以确认。海牙国际法院（ICJ）在1996年《威胁和使用核武器的合法性相关咨询意见》中指出，“核武器的使用将对未来世代产生严重的危险。电离辐射有可能破坏未来的环境、食物和海洋生态系统，并在后代造成遗传缺陷和疾病”②，从而也间接认可了未来世代利益的存在。

（5）代内平衡

代内平衡作为可持续发展的重要因素之一，是指在利用自然资源时应考虑其他国家的需要。即，国际社会存在不同经济发展水平的国家，且它们之前存在不同的环境和社会发展需求以及不同的优先发展顺序，因此代内平衡则要求认同差距和不同的需求，消除不平衡，给予解决贫困优先地位。

布伦特兰报告中的可持续发展概念不仅强调了代际间的公平，而且将代内平衡作为可持续发展的重要因素。③ 1992年《里约环境与发展宣言》尽管未明确指出代内平衡，但在原则三中提到了发展权要公平合理地满足当代和世世代代的发展与环境需要，原则五中则指出为了缩小生活水平的悬殊和更好地满足世界大多数人的需要，各国和各国人民应在消除贫困方面进行合作，故而间接承认了代内平衡。

《生物多样性公约》第1条、第15条第7款④，《联合国气候变化框架公约》第3条第1款、第4条第2款a都确认了代内平衡，并体现为财政支持、技术转移，以及共同但有区别责任等形态。

综上所述，可持续发展是将经济、社会、环境的整体发展和可持续性、发展性、可持续利用、代际公平，以及代内平衡等5个要素特征集于一体的

---

①《1972年关于防止倾倒废物和其他物质污染海洋公约的1996年议定书》序言：确信：为了保护和保全海洋环境，为了对人类活动加以管理从而使海洋生态系统可以持续承受对海洋的各种合法利用并继续满足当代人和后代人的需求，能够而且必须不迟延地采取新的国际行动来防止、减轻并在切实可行时消除倾倒造成的海洋污染。

② ICJ, *legality of the Threat or Use of Nuclear Weapons*, Advisory Opinion, 8 July 1996, p. 35.

③ World Commission on Environment and Development. Our Common Futrue, Oxford: Oxford University Press. 1987, pp. 43 – 46.

④《生物多样性公约》第15条第7款：每一缔约国应按照第十六条和第十九条，并于必要时利用第二十条和第二十一条设立的财务机制，酌情采取立法、行政和政策性措施，以期与提供遗传资源的缔约国公平分享研究和开发此种资源的成果以及商业和其他方面利用此种资源所获的利益。这种分享应按照共同商定的条件。

概念，任何一个要素的缺失都不能被称为可持续发展。

第二节 可持续发展概念的国际法地位

尽管可持续发展理念的发展沿革可追溯至20世纪40—50年代，但“可持续发展”这一概念正式提出应归于1987年布伦特兰的报告《我们共同的未来》。从可持续发展概念的沿革及特征分析中不难发现，很多国际条约、国际组织决议和国际法院的判决都直接或间接地阐述了可持续发展的概念或部分构成要素，甚至部分国家已开展了可持续发展相关立法和司法活动。如纳米比亚通过了一个关于可持续发展的宪法修正案，爱沙尼亚则制定了《可持续发展法》[①]；南非宪法法院在“南非燃料零售商协会诉部分南非国家政府机构”[②] 案件中判决指出，“宪法承认环境和发展的相互关系；实质上承认在保护环境的同时，要顾及社会和经济发展的需要。可持续发展与自然资源的持续利用和开发的核心应为环境保护。”[③] 全世界都认识到可持续发展概念的应用，因此有些学者主张可持续发展的概念已成为国际法的一般法律原则[④]，甚至为国际习惯法[⑤]，但也有不少学者认为可持续发展尚不具备国际法法律规范的地位[⑥]。

从法理上看，如果“可持续发展”具有国际法法律规范的价值，则应该表现为特定的法律渊源形式。[⑦] 根据当前国际法学界普遍认可的国际法渊源

---

① 季安照、袁靖华：《可持续发展立法研究》，《浙江大学学报（人文社会科学版）》2008年第1期，第71页。

② 英文案名为“Fuel retailers association of southern Africa v. director general: Environmental management, department of agriculture, conservation and environment, Mpumalanga province, and others”。

③ International Law Association Report, Rio De Janeiro Conference (2008), International Law on Sustainable Development.

④ 罗嘉航、李化：《论可持续发展的国际法律地位》，《求索》2012年第4期，第241—243页。

⑤ Philippe Sands, *Principles of International Environmental Law*, Cambridge, Second Edition, 2004, pp. 252 - 254.

⑥ Patricia Birnie & Alan Boyle, *International Law & the Environment*, Oxford University Press, 2002, pp. 44 - 47, 84 - 96.

⑦ 邓烈：《论“可持续发展”概念在国际法上的意涵》，《中国法学》2009年第4期，第124页。

权威指示，即《国际法院规约》第 38 条第 1 款，国际条约和国际习惯是被确认为明白无误的主要法律渊源，但各国所承认的一般法律原则，以及司法判例即权威公法学家学说则分别是补充渊源和补助渊源。那么，在现代国际法体系下，可持续发展概念是否已获得一般法律原则的地位，甚至国际习惯法的地位？以下分别予以分析。

一、可持续发展为国际习惯法？

《国际法院规约》第 38 条第 1 款第 b 项规定，“国际习惯是作为通例之证明而被接受为法律者”，其包含着“国家实践的一般性因素或所谓‘物质因素’，即在某一方面的国家实践实际上一致而且参加实践的国家具有广泛的代表性，包括最有利害关系的国家；以及‘法律确信’或所谓的‘心理因素’，即这种实践是基于对一项法律规则或法律义务的一般承认”①，两者缺一不可。其中，国家实践是归于国家的对内外行为，包括立法、司法和行政等对内行为，以及签订条约、发表外交宣言、承认或否认其他国家等对外行为，但必须保持一致、具有普遍性，而且应进行充分的反复确认；而法律确信则意味着国家在实践中必须受法律信念的约束，即受其实践后果的约束。作为物质因素的国家实践首先是产生某种法律约束力的行为，否则就不构成国际习惯法。

从上述已签署的可持续发展相关国际条约或国际组织决议来看，它们不仅涵盖了自然环境、海洋环境、生态环境、大气环境等多边环境条约②和国

---

① 邵津：《国际法》（第四版），北京大学出版社、高等教育出版社 2011 年版，第 18 页。

② 国际法上对可持续发展的具体保障最初体现在一些国际公约特别是多边环境协定的条款当中，这些多边环境协定的数目众多，其中比较重要的包括：1946 年《国际捕鲸管制公约》、1954 年《防止海洋石油污染公约》、1958 年《公海或生物资源保护和渔猎公约》、1963 年《禁止在大气层、外层空间和水下进行核武器试验条约》、1969 年《油污损害民事责任国际公约》、1969 年《关于在油污事故情况下干预公海的国际公约》、1971 年《关于特别是作为水禽栖息地的国际重要湿地公约》、1972 年《世界文化和自然遗产保护公约》、1972 年《防止倾倒废物和其他物质污染海洋的公约》、1973 年《濒危野生动植物种国际贸易公约》、1973 年《防止船舶污染国际公约》、1977 年《禁止对环境改进技术做军事上的或任何其他恶意的使用公约》、1979 年《保护野生动物迁徙物种公约》、1985 年《臭氧层保护公约》、1987 年《关于消耗臭氧层物质的议定书》、1989 年《控制有毒废物及其处置的越境转移公约》、1990 年《油污防备、应对及合作国际公约》、1992 年《生物多样性公约》、1992 年《联合国气候变化框架公约》及其《京都议定书》、1994 年《联合国关于在那些经历严重干旱和/或沙漠化的国家，（转下页）

际组织决议，而且还包括了WTO等国际贸易协定，以及教育、文化、人权等相关条约和国际组织决议。同时，广泛涉及环境、农业、文化、教育、人权、金融、贸易、知识产权、气候相关联合国各专门机构及WTO等其他国际组织，故视可持续发展概念具有普遍性应无特别异议。但是，可持续发展概念及其特征是否在这些国家实践中保持一致则不能轻易确定。因为上述国际条约和国际组织决议仅部分规定和体现了可持续发展的概念，故很难确认可持续发展与相关国家实践保持了一致性。尽管维拉曼特里（Christopher Weeramantry）法官在盖巴斯科夫—拉基玛洛水坝案异议意见中指出，“可持续发展概念不仅仅是一个概念，而是一个具有规范价值、对案件争议问题的决定具有关键异议的原则，由于它在逻辑上的不可或缺，也由于它被国际社会的广泛接受，它已成为当代国际法的一部分”①，从而主张可持续发展概念已具有了国际习惯法的地位，但国际法院在判决书中并未确认它作为国际习惯法的规范价值②。

此外，尽管可持续发展相关概念及其构成要素作为条约进行解释或适用，或影响国家惯例或国际组织的一个目标而可推动国际法的变化和发展，但尚未确立可持续发展相关国际法义务或责任③，故众多国家参与制定可持续发展相关国际组织的决议很难被看作源自国家的“法律信念”，即受该组织决议的法律确信的约束。因此，可持续发展尚不具备国际习惯法的地位。

（接上页）尤其是在非洲防治沙漠化的公约》、1995年WTO《技术贸易壁垒协定》和《实施卫生和植物卫生建议措施协定》等。何志鹏、孙璐：《可持续发展的国际法保障》，载《当代法学》2005年第1期，第16页。此外，还包括1995年《关于建立世界贸易组织的马拉喀什协定》、2001年《粮食和农业植物遗传资源国际条约》，以及2010年《生物多样性公约关于获取遗传资源以及公正和公平地分享其利用所产生惠益的名古屋议定书》等国际条约，以及1992年《里约环境与发展宣言》、1993年《维也纳宣言和行动纲领》、2007年《土著人民权利宣言》等国际组织决议。

① Atapattu Sumudu, Sustainable Development, Myth or Reality?: A Survey of Sustainable Development Under International Law and Sri Lankan Law, *Georgetown International Environmental Law Review*, Winter, 2002.

② 邓烈：《论“可持续发展”概念在国际法上的意涵》，《中国法学》2009年第4期，第127页。

③ Patricia Birnie & Alan Boyle, *International Law & the Environment*, Oxford University Press, 2002, pp. 44 - 47, 84 - 96.

二、可持续发展为一般法律原则？

根据《国际法院规约》第 38 条第 1 款 c 项的规定，“一般法律原则为文明各国所承认者”。作为国际法渊源的一般法律原则须满足两个要素：（一）法律原则；（二）国家所承认。首先，对何为“法律原则”，学界分歧很大，奥本海认为其是私法中所共有的原则，苏联学者童金等认为其是国际法的原则。从 1920 年规约的准备资料来看，奥本海的观点比较符合原来的意思。[①] 其次，从国际法院的实践来看，被援引的一般法律原则不多，其中有“已判事项不重开”“诚信原则”“信守约定”“禁止食言”“禁止滥用权力”“行使自己权利不得损害他人”，以及“不法行为不产生权利”等等。一般法律原则只在相当有限的领域中被适用，主要是有关法律责任的一般原则和违反国际义务的赔偿，或在国际私法程序方面，如证据方面，其中一些实际上带有通行的法律概念、逻辑推理和格言性质。[②] 在可持续发展概念是否为《国际法院规约》第 38 条第 1 款第 c 项的一般法律原则方面，国际法院在盖巴斯科夫—拉基玛洛水坝案中并没有进行考察。因为在法院看来，即使肯定可持续发展概念的一般法律原则，匈牙利也不能据此主张 1977 年匈牙利—捷克斯洛伐克条约无效。既然对于案件没有实质性影响，基于司法自制考虑，国际法院就没有必要刻意予以澄清。[③] 又如，在 WTO 海虾和海龟案中，上诉机构也曾指出“WTO 协定序言中的‘可持续发展目标’为已被普遍接受为整合经济和社会发展和环境保护的概念”[④]，但 WTO 上诉机构却选用了可持续发展“目标”这一表述，意即可持续发展在当今国际法框架内并不具有法律规范效力，而是国际社会奋斗的目标。因此，可持续发展尚未具备国际法一般法律原则的法律渊源地位。

---

① 邵津：《国际法》（第四版），北京大学出版社、高等教育出版社 2011 年版，第 19 页。

② 同上。

③ 邓烈：《论“可持续发展”概念在国际法上的意涵》，《中国法学》2009 年第 4 期，第 128 页。

④ WT/DS58/AB/R, para. 129.

三、可持续发展为国际软法?

国际软法是指缺乏直接法律约束力但又能产生特定法律效果的国际规范[①]，是国际社会基于国际合作之需要，但又认为不宜承担硬性法律义务，或考虑到便于更多当事方接受某种目标而出现的一些不固定法律义务，但并非无拘束性的比较灵活的国际规范，主要体现为国际组织或国际会议的一些不具有法律拘束力的决议、宣言、建议、指导方针、行动纲领等，如 1992 年《里约环境与发展宣言》、1993 年《维也纳宣言和行动纲领》和 2002 年《约翰内斯堡可持续发展宣言》等均属于国际软法范畴。

国际软法虽然采取的是条约形式，但其权利和义务规定得比较抽象，或者虽然规定的义务的内容很多，但也规定了很多例外，所以不具有像条约一样的法律拘束力。被加害国可根据软法规范要求加害国承担国际责任，但不能要求承担完全责任。国际软法是国际造法阶段的重要部分，尽管其本身不能直接成为国际法的渊源，但它是形成国际法渊源的证据表现，故被称为“凝固过程中的法”。

综上所述，因尚未形成统一的关于可持续发展的定义[②]，以及缺乏可裁决的评审标准[③]，故承认可持续发展的国际习惯法或一般法律原则的国际法律地位的条件尚未成熟。但是，可持续发展作为一个决策导向的工具，其确实代表了一个目标，而且这个目标能够影响案件的结果、条约的解释、国家和国际组织的实践。实际上，种种现象表明[④]国际社会正按照《里约宣言》第 27 条的规定，制订可持续发展领域的国际法，因此在不久的将来可持续发展将形成有法律拘束力的国际法律规范。

---

① 陈海明:《国际软法论纲》，《学习与探索》2018 年第 11 期，第 87 页。

② 王曦:《国际环境法》（第二版），法律出版社 2005 年版，第 102 页。

③ G. Handle, The Legal Mandate of Multilateral Development Banks as Agents for Change towards Sustainable Development, 1998, 92 *AJIL*, p. 641.

④ 国际法协会（International Law Association）于 2003 年成立可持续发展国际法国际委员会，任命特别研究报告人员分别提出了 2004、2006 和 2008 年研究报告，并于 2012 年提出了最终研究报告。

第三节 促进可持续发展与传统知识国际保护之互动及其沿革

一、促进可持续发展和传统知识国际保护互动之必要性

1987年布伦特兰的《我们共同的未来》研究报告所提出的可持续发展概念为经济发展和环境保护，以及当代和后代人的公平需求及平衡发展明确了新的思路。但因人类社会的发展变得越来越复杂，贫困、经济、生态系统、自然环境、基因以及信仰、知识、道德、语言、文化遗产和规范等生态和文化多样性相互交错、融合，且它们通过世代间共享、传承及传播，以应对不断变化的自然和社会经济环境，它们相互促进，共同发展，同时影响自然、社会和经济环境，故单一的知识体系已无法解决日益复杂的可持续发展问题，需要从多维度知识体系研究相关策略。其中，土著人民和当地社区所持有的传统知识，特别是生物遗传资源及相关传统知识是实现可持续发展的重要一步。①

传统知识在人类历史长河中形成，且随着时间的推移得以积累和丰富，是人类文明的精髓，是现代科学技术和人文社会成果的基础。它不仅对现代人的日常生活起着非常重要的影响，而且对农业、环境、医疗以及自然资源具有重要意义。WIPO在2013年4月召开的第24届会议中发布的《保护传统知识：条款草案》修正案中，将传统知识定义为“包括充满活力不断发展的、世代相传或一代一代相传的、存在于经过整理的、口头的或者其他形式的知识体系中的土著居民和当地社区的诀窍、技能、创新、做法、教导和学问。传统知识特别是与农业、环境、医疗保健、土著和传统医疗知识、生物多样性、传统生活方式、自然资源和遗传资源，以及传统建筑诀窍和施工技术有联系”。②

---

① Freedom-Kai Phillips, Intellectual Property Rights in Traditional Knowledge: Enabler of Sustainable Development, 32 Utrecht J. Int'l & Eur. L. 1 2016.

② WIPO/GRTKF/IC/24/FACILITATORS DOCUMENT REV. 2, Article 1.

随着《生物多样性公约》及《名古屋议定书》被国际社会逐渐认可和实施，生物遗传资源及其相关传统知识的国际保护也获得长足的进步，特别是获取与事前知情同意，以及惠益分享机制为推动生物遗传资源及传统知识持有者与利用者之间的利益平衡提供了制度保障。但是如何保护濒临灭绝的传统知识，以使后代继续享受人类前世今生文明成果；如何促进世代间传承更具科学性、制度性，以使传统知识持续为人类社会发展而服务；如何解决跨界传统知识的获取与惠益分享，以便保障不同国度内同一持有人之间的利益均衡等都未能予以明确，需要制度和理念的创新。可持续发展概念所确立的可持续与发展的整体性、发展性、可持续利用、代际公平和代内平衡是可持续保护传统知识所必要的重要理论支撑，是可持续发展概念普遍性的体现。

同时，可持续发展目标的实现需要有效的执行手段，不仅包括财政支援、能力建设，还应包括后续落实和评估机制。因各国对本国经济和社会发展负有首要责任，故财政支援主要由各国自筹资金，但对于国内资源有限的最不发达国家而言，国际金融机构等国际公共资金的筹措和支持至关重要。能力建设主要是指发展中国家以优惠条件获取环境无害的技术，包括按照相互商定的减让和优惠条件进行转让，以及制度建设、谈判协商能力等。落实和评估可持续发展的进程和结果，是实现可持续发展目标的最终保障，需要优质、易获取、及时和可靠的分类数据，编制各项指标，以协助衡量进展情况和结果，特别是加强发展中国家的统计能力是成功实施可持续发展的重要手段。

二、促进可持续发展和传统知识国际保护互动之表现

可持续发展和传统知识形成了相互依存和交错、共同促进和发展的互动关系，其具体体现为如下五个方面。

第一，在经济发展和环境保护方面，自第二次世界大战结束以来，自然资源的枯竭、环境污染、贫富两极化以及文化冲突等问题一直困扰着国际社会。各国一味追求经济增长，毫无节制地过度消耗森林、草原、土壤等自然资源，导致自然资源枯竭、全球气候变暖。在社会生产力快速发展的同时，

人类社会变得片面追求私人利益、局部利益、短期利益，以及不顾后代利益，从而造成了人类社会不可持续发展的危机。[①]

平衡社会、经济的发展压力和环境的承受能力是实现可持续发展的最基本手段，传统知识在保护和可持续利用生物多样性、应对和适应气候变化方面起着重要作用。例如，在利用观测星云变化以及植物生长和动物活动等自然现象的传统知识预测气候变化，预警气象灾害，以减少气候变化带来的损失方面，秘鲁和玻利维亚安第斯山脉居民在应对厄尔尼诺气候现象的过程中，根据气候相关传统知识作出的天气预测结果比基于计算机模拟出的预测结果更加准确。[②]

第二，在粮食安全和卫生健康方面，贫困和疾病是阻碍人类社会健康、持续发展的主要障碍之一，可持续发展概念的出发点亦为消除贫困、谋求人类的福祉。但是，因世界各国所处的自然环境各异、农业科技水平参差不齐，地球上仍有 8.15 亿人处于在饥饿状态下，近 80%的贫困人口生活在农村[③]；因可负担的医药品和辅助设备的经济能力不足，很多疾病患者不能及时获得治疗。例如，据 WHO 2016 年估计，全球有 10 亿多人需要一种或多种辅助器具，其中大多数是老年人和残疾人，然而仅仅大约有 10%的需求者能够获得这些器具。[④]

传统医药则通过在当地易于获取，且在治疗疾病方面具有成本效益的植物、动物和矿物、金属衍生物为全世界大多数人口提供医疗服务，特别是在发展中国家达到 70%～80%[⑤]，从而为改善健康水平、促进人类福祉做出贡献。

第三，在科技发展和能源保护方面，能源是促进可持续发展和减少贫穷

---

① 陈泉生：《可持续发展与法律变革——21 世纪法制研究》，法律出版社 2000 年版，第 23—24 页。

② Orlove, B., Chiang, S., John, C. H. and Cane, M. A., Ethnoclimatology in the Andes, American Scientist, 2002, Vol. 90, p. 428.

③ FAO, http://www.fao.org/sustainable-development-goals/zh/，最后访问日期：2019 年 4 月 23 日。

④ WHO, https://www.who.int/phi/zh/，最后访问日期：2019 年 4 月 23 日。

⑤ WHO, *WHO Traditional Medicine Stratergy 2002－2005*, WHO/EDM/TRM/2002.1, World Health Organization, Geneva.

的核心，影响着包括生活、取水、农产品、健康、人口、教育问题在内的社会、经济及环境的发展。[①] 但是从环境、经济、社会等方面来分析，可以发现目前的能源供应和消费的发展趋势具有很明显的不可持续性。[②] 例如，虽然世界石油资源储量丰富，足够供全世界今后四十多年的消费，但因石油资源分布不均匀、技术不共享、基础设施投资匮乏以及全球气候变化的严峻形势等原因，人们期盼着世界能源体系的大变革，即确立促进可持续发展的能源供应及消费体系。

技术创新作为制约能源效率的重要条件[③]，一方面需要鼓励创新，另一方面则需要达到能源知识产权和可持续发展之间的利益平衡，比如环境无害的、本小利大的节能技术，则需要发达国家向发展中国家转让并推广。[④] 可持续的科技发展必须立足长远，把全球性变化所产生的地方和区域影响与发展进程相结合，并充分利用可以获取的最佳科学和传统知识；在研定方法上，应着重把土著群体的传统知识同相应的当前“先进科学”联系起来，并特别注重散播和应用各项结果以促进环境保护和可持续发展。[⑤]

第四，在文化多样性和传统文化遗产保护方面，传统文化遗产在武装冲突和异教冲突中遭到破坏，导致后代人不能享受灿烂的世界文明成果，深刻影响着人类文明的可持续性。例如，塔利班组织于 2001 年 2 月摧毁阿富汗境内具有 2 000 年历史的世界上最高的石雕立式佛像——巴米扬大佛[⑥]，2012 年马里武装组织“伊斯兰后卫”的负责人之一马赫迪指挥袭击破坏了廷巴克图的 10 座世界文化遗产的宗教和历史建筑，马赫迪因此被国际刑事法院指控。[⑦]

---

① UNDP, http://www.undp.org/energy，最后访问日期：2018 年 7 月 11 日。

② International Energy Agency, World Energy Outlook · 2008, OECD/IEA, 2008.

③ 肖乾刚、肖国兴：《能源法》，法律出版社 1996 年版，第 16 页。

④ UN Economic and Social Council (UNEOSOC), E/2001/29, E/CN.17/2001/19, 第 9/1 号决定。

⑤ UN：《21 世纪议程》，第 35.5 段和 35.7 段（h），https://www.un.org/chinese/events/wssd/agenda21.htm，最后访问日期：2019 年 4 月 23 日。

⑥ 人民网：《塔利班“灭佛行动”内幕》，2001 年 3 月 3 日发布，http://www.people.com.cn/GB/guoji/209/3983/4026/4066/20010303/407885.html，最后访问日期：2019 年 4 月 23 日。

⑦ UN：《国际刑事法院卡廷审理首例破坏历史和宗教遗产案　马里武装组织被告主动认罪》，https://news.un.org/zh/story/2016/08/261982，最后访问日期：2019 年 4 月 23 日。

传统文化遗产是传统文学艺术、风俗习惯和科学技术的结晶，体现了人类文明的传统价值，是不可再生的遗存体。在传统文化遗产生成过程中所含有的知识，比如古代建筑中所蕴含的力学或声学原理，某些金属器物中所蕴含的化学、物理学原理及其铸造工艺，在今天看来仍然是科学的，而且是支撑和推动现代科学和技术发展的基石。因此，保护和促进文化多样性对当代和后代的可持续发展非常重要，传统文化遗产的传统价值和科学价值是和谐的统一体，是人类文化可持续发展的基石。

第五，在生物遗传资源及其相关传统知识的获取与惠益分享制度方面，通过给土著和地方社区赋予程序权利来管理传统知识（诸如披露和保密），同时赋予土著和地方社区治理责任，促进惠益分享的公平公正，是实现可持续发展的重要步骤。但是，所分享的惠益是否惠及后代利益、获取与惠益分享机制是否具有可持续性和发展性尚不明确，且其履行机制和评估制度尚不具有可持续性。

可持续发展概念已发展为涵盖经济、社会和环境的全球普遍性政策，传统知识保护作为推动经济、社会和环境可持续发展的重要因素亦应具有可持续性、发展性、代际公平性和代内平衡性。

三、国际法视域下可持续发展概念和传统知识国际保护互动之沿革

从20世纪中期开始，国际社会开始逐步过渡到承认可持续发展的必要性，并认识到土著和地方社区在实现可持续发展目标方面所具有的传统知识的重要性。

1. 可持续发展初始、过渡及资源环境阶段：传统知识被忽略

自1972年联合国环境规划署（UNEP）成立以来，其任务是“指导并鼓励参与关爱环境，向各国和各族人民提供信息和资源，以改善生活质量又不损害后代的生活质量”，体现出联合国对当时正处于巅峰的单纯经济发展所具有的掠夺性的、危及人类可持续再生产的深刻反省。1972年联合国斯德哥尔摩人类环境会议通过了《联合国人类环境会议宣言》及《行动计划》，宣布了7个观点和26项共同原则，号召各国政府和人民为维护和改善人类环境，造福全体人民，造福后代而共同努力。其中在第6个观点中提到“人类

必须运用知识，同自然合作，建立更良好的环境”，原则二十则提到“所有国家，尤其是发展中国家，必须参酌涉及一个国家或许多国家的环境问题，提倡科学研究和发展”，但其中没有考虑到现有的土著领土保护区及土著人民的存在，以及传统知识的作用。

1987 年布伦特兰的报告《我们共同的未来》提出了可持续发展的概念，阐述了可持续发展类型和经济、社会和政治等主要特征，确认了国家、国际组织和非政府组织的权利和责任，但其中没有探究土著人民的权利和责任。1989 年国际劳工组织大会第 76 届会议所通过的《土著和部落人民公约》在序言中宣称“提请注意土著和部落民族对人类文化的多样化，对人类社会的和谐与生态平衡，以及对国际合作和相互理解所作出的明显贡献”①，从而开始关注土著和部落民族对文化多样性及生态多样性的贡献，但未明确指出传统知识，因为当时国际社会尚未出现传统知识国际保护问题。

2. 可持续发展概念普遍阶段：传统知识作用受限

1992 年，联合国环境与发展会议（亦称地球问题首脑会议）促成了一系列国际公约和环境宣言，开始关注土著人民及地方社区的传统知识对可持续环境的作用，具有里程碑式的重要意义。

首先，在《里约宣言》原则二十二中首次确认了土著人民的知识和传统做法对养护和可持续管理环境方面的作用。尽管其范围限定在土著人民及其社区和其他地方社区，但该原则建议，各国应承认和适当支持他们的特点、文化和利益，并使他们能有效地参与实现持久的发展。② 同时通过的《21 世纪议程》则进一步明确同土著人民及其社区充分合作时，政府和政府间组织“承认他们的价值、传统知识和资源管理方法，以促进无害环境及可持续发展”；在科学促进可持续发展方面，为取得持续的发展水平，“在鉴定科学知识状况及其研究需求和优先次序时，创造和应用知识于不同环境和文化的能量，特别是本国知识和当地知识”；在方法的研定方面，“应着重于把土著群体的传统知识同相应的当前先进科学联系起来，并特别注重散播和应用各项

① 国际劳工组织：《土著和部落人民公约》，1989 年第 169 号公约，1989 年 6 月 27 日国际劳工组织大会第 76 届会议通过。

② 联合国大会：《里约环境和发展宣言》，A/CONF. 151/26（Vol. 1），12 August 1992。

结果以促进环境保护和可持续发展"。①

其次，《生物多样性公约》在序言中宣称"认识到许多体现传统生活方式的土著和地方社区同生物资源有着密切和传统的依存关系，应公平分享从利用与保护生物资源及持久使用其组成部分有关的传统知识、创新和做法而产生的惠益"，进而在第8条（j）款中规定，"每一缔约国应尽可能并酌情依照国家立法，尊重、保存和维持土著和地方社区体现传统生活方式而生物多样性的保护和持久使用相关的知识、创新和做法并促进其广泛应用，由此等知识、创新和做法的持有者认可和参与其事并鼓励公平地分享因利用此等知识、创新和做法而获得惠益"②，从而建立起了传统知识的保护与可持续使用之间的联系。

再次，1994年《联合国防治沙漠化公约》不仅确认了传统知识对防治沙漠化的积极作用，如第16条的第1段规定，"缔约方同意根据各自能力综合协调有关长、短期数据及信息的收集、分析和交流工作，确保有系统地观察受影响地区土地退化情况，更好地了解和评价干旱和沙漠化的过程和影响"，而且还强调了因利用传统知识而产生的惠益之分享，如第16条第（g）款规定，"在符合各自国家立法和/或政策的前提下就当地和传统知识交流信息，确保充分保护这种知识，并且平等地以相互议定的条件向有关当地群众适当回报由此产生的利益"。

如果《里约宣言》和《21世纪议程》承认了在养护和可持续管理环境方面土著人民及地方社区传统知识的作用，将传统知识作为可持续发展的手段，那么《生物多样性公约》则为持久使用生物遗传资源及相关传统知识而主张公平分享因使用传统知识而获得惠益，将传统知识作为可持续使用的目的而予以规定。但《联合国防治沙漠化公约》则将两者结合为一体，注重了传统知识和可持续发展的互动关系。

但是传统知识促进可持续发展的作用仅限于自然环境领域，且可持续利

① 联合国环境和发展大会：《21世纪议程》第26.3条、第35.6条（d）款和第35.7条（h）款。1992年6月3日—14日，https：//www.un.org/chinese/events/ wssd/agenda21.htm，最后访问日期：2019年4月29日。

② 联合国环境和发展大会：《生物多样性公约》，1992年6月5日。

用的传统知识也限定在生物多样性的保护领域，特别是限定在具有可分享惠益价值的生物遗传资源相关传统知识，故这种互动作用比较有限。

3. 可持续发展概念实施阶段：传统知识与可持续发展之普遍融合

进入21世纪之后，随着可持续发展概念进入实施阶段和传统知识的国际保护逐渐引起国际社会的广泛关注，传统知识与可持续发展的互动逐渐具有普遍意义。

第一，2001年联合国《世界文化多样性宣言》指出，文化多样性是交流、革新和创作的源泉，对人类来讲就像生物多样性对维持生物平衡那样必不可少，是人类的共同遗产，应当从当代人和子孙后代的利益考虑予以承认和肯定。从发展的角度来看，文化多样性是发展的源泉之一，不仅是促进经济增长的因素，而且还是享有令人满意的智力、情感、道德精神生活的手段。从人权的角度来看，捍卫文化多样性与尊重人的尊严是密不可分的，要求人们必须尊重人权和基本自由，特别是尊重少数人群体和土著人民的各种权利。从创作源泉的角度来看，每项创作都来源于有关的文化传统，但也在同其他文化传统的交流中得到充分的发展。因此，各种形式的文化遗产都应当作为人类的经历和期望的见证得到保护、开发利用和代代相传，以支持各种创作和建立各种文化之间的真正对话。[①] 联合国《世界文化多样性宣言》将文化多样性与生物多样性等同起来，不仅强调了文化多样性可持续发展的重要意义，而且例示了文化多样性的重要构成之一的文化传统，并赋予了人权的地位，故为传统知识和可持续发展的普遍融合开辟了新的途径。

第二，2001年联合国粮食与农业组织《粮食和农业植物遗传资源国际条约》和2010年《名古屋议定书》都将为可持续农业和粮食安全而保存并可持续地利用粮食和农业植物遗传资源以及公平合理地分享利用这些资源而产生利益为公约或议定书的目标，强调遗传资源多样性对前人和子孙后代负有的责任[②]，以及获取和惠益分享有助于保护和可持续利用生物多样性、消

---

① 联合国：《世界文化多样性宣言》，2001年11月2日联合国教育、科学及文化组织大会第三十一届会议通过，第1条、第3条、第4条和第7条。

② 联合国粮食与农业组织：《粮食和农业植物遗传资源国际条约》，C 2001/REP，2001年11月通过，2004年生效。

除贫困和环境的可持续性[①]。尽管公约和议定书所确定的生物遗传资源的获取与惠益分享制度有助于生物遗传资源的可持续利用，但仅考虑到生物遗传资源及相关传统知识持有者与因使用其而获益的使用者之间的惠益分享，并没有解决代际公平和跨界持有人之间的惠益分享问题。

第三，联合国教科文组织在 2003 年通过的《保护非物质文化遗产公约》序言中宣称，非物质文化遗产是文化多样性的熔炉，是可持续发展的保证。公约规定缔约国应竭力采取各种必要的手段，以便主要通过“非正规的知识传播”等手段使非物质文化遗产在世界上得到确认、尊重和弘扬。缔约国在开展保护非物质文化遗产活动时，应努力确保创造、延续和传承这种遗产的社区、群体，甚至是个人的最大限度地参与，并吸收他们积极地参与有关的管理。[②] 联合国教科文组织《保护水下文化遗产公约》在“附件 II：实施教科文组织世界文化多样性宣言的行动计划要点”中也强调了尊重和保护传统知识的重要性，其第 14 条称，“尊重和保护传统知识，特别是土著人民的传统知识；承认环境保护和自然资源管理方面的传统知识的作用；发挥现代科学与民间传统知识的协同作用”。[③] 包括非物质文化遗产在内的传统文化遗产作为传统知识和文化多样性的一部分，尽管可持续利用或代际公平等因素不甚明确，但联合国教科文组织的上述两个公约无疑为传统知识和可持续发展的融合做出了进一步的贡献。

第四，2002 年在南非约翰内斯堡召开的可持续发展问题世界首脑会议通过了《可持续发展问题世界首脑会议执行计划》，指出要实现可持续发展目标，必须消除各种普遍存在的削弱人类能力的疾病，同时促进所有需要消除贫穷的人身体健康。为了预防、控制和治疗各种疾病，减少环境对健康造成的威胁，应采取行动，以便促进保护、开发和运用有效的传统医药知识和做法，酌情与现代医学结合起来，确认土著和当地社区是传统知识和做法的维

---

① 联合国环境规划署：《生物多样性公约关于获取遗传资源和公正和公平分享其利用所产生惠益的名古屋议定书》，2010 年 10 月 29 日。

② 联合国教科文组织：《保护非物质文化遗产公约》，MISC/2003/CLT/CH/14 REV. 1，联合国教科文组织第 32 届会议，2003 年 9 月 29 日—10 月 17 日，第 14 条（一）4 款和第15 条。

③ 联合国教科文组织：《保护水下文化遗产公约》，2001 年 11 月 2 日第 20 次全体会议根据第Ⅳ委员会的报告通过的决议。

护者，同时酌情按照国际法，促进有效保护传统知识。[①] 约翰内斯堡会议的执行计划从可持续发展的核心，即人类的健康保障方面提请国际社会保护、开发和运用有效的传统医药知识和做法，进而将可持续发展和传统知识的融合扩展至人类健康和幸福问题。

第五，2015 年 3 月在日本召开的第三次联合国世界减少灾害风险大会通过的《2015—2030 年仙台减少灾害风险框架》指出，土著人民的经验和传统知识可为减少灾害风险提供所需的数据，以及制定和执行包括预警在内的各项政策、计划和机制做出相应的贡献。尽管框架并未直接肯定传统知识的作用，但将传统知识作为补充的知识体系，将通过传统知识应对气候变化的思路纳入可持续发展的理念当中，从而促进了传统知识和可持续发展的融合。

第六，2015 年联合国首脑会议通过的决议《变革我们的世界：2030 年可持续发展议程》[②] 则将传统知识和可持续发展的融合推向顶峰。《2030 年可持续发展议程》为承认传统知识的作用提出了各种目标，强化了与传统知识有关的知识产权可以同时传播本土创新和做法，也是社区繁荣的公平驱动力的主张。[③] 例如，可持续发展目标 2 要求通过确立可持续粮食生产体系以消除饥饿、实现粮食安全，保持种子、种植作物、养殖和驯养的动物及与之相关的野生物种的基因多样性；目标 2.5 要求根据国际商定原则获取及公正、公平地分享利用基因资源和相关传统知识产生的惠益。可持续发展目标 6 呼吁对水资源进行可持续管理，目标 6.b 则呼吁支持和加强地方社区参与改进水资源和环境卫生管理。可持续发展目标 11 呼吁建设包容、安全、有抵御灾害能力和可持续的城市和人类居住区，目标 11.4 则呼吁进一步努力保护和捍卫世界文化和自然遗产。可持续发展目标 13 呼吁各国加强抵御和适应气候相关的灾害和自然灾害的能力，目标 13.b 则呼吁促进在最不发达

① 联合国：《可持续发展问题世界首脑会议执行计划》，A/CONF. 199/20，2002 年 8 月 26 日至 9 月 4 日约翰内斯堡，第 53 条和第 54 条。

② 联合国大会：《变革我们的世界：2030 年可持续发展议程》，A/RES/70/1，21 October 2015。

③ Freedom-Kai Philips, Intellectual Property Rights in Traditional Knowledge: Enable of Sustainable Development, 32 Utrecht J. Int'l & Eur. L. 1 (2016), p. 13.

国家和小岛屿发展中国家建立增强能力的机制，帮助其进行与气候变化有关的有效规划和管理，包括重点关注妇女、青年、地方社区和边缘化社会。可持续发展目标15呼吁保护、恢复和促进可持续利用陆地生态系统和生物多样性，目标15.6则要求根据国际共识，公正和公平地分享利用遗传资源产生的利益，促进适当获取这类资源。总体来讲，《2030年可持续发展议程》从粮食安全、水资源管理、世界文化遗产、灾害预防，以及生物多样性等可持续发展多个目标建立了同传统知识的互动关系，尽管有些是出自传统知识对可持续发展的作用，有些是可持续发展对传统知识可持续利用的作用，或者有些虽然没有明确描述传统知识，而以土著或地方社区来替代，但作为联合国可持续发展世界首脑会议所通过的决议，其具有的意义仍然是非常重要的。对土著和地方社区实践的保护力度代表了传统知识与可持续发展相互作用的广度，因为这种在几代人的基础上发展的高度专业化的生态系统知识，利用生物多样性公约所设想的公平分享利益系统，对于生态系统的有效恢复具有无法估量的价值。①

第四节　可持续发展视域下传统知识国际保护及其完善

一、可持续发展视域下传统知识国际保护制度之缺陷

传统知识作为充满活力、不断发展的知识，是人类智力活动积累的成果，其不仅是在历史进程中推动经济和社会进步的智力源泉，而且是保障现代社会可持续发展的现代科学技术的基石。自1983年联合国粮食与农业组织通过一项不具有约束力的《植物遗传资源的国际承诺》以来，历经《生物多样性公约》及《名古屋议定书》的生效，《粮食和农业植物遗传资源国际条约》的签署，以及传统知识相关众多双边FTA实践，传统知识国际保护之必要性已获得大部分国家的认同。特别是生物遗传资源及其相关传统

① Freedom-Kai Philips, Intellectual Property Rights in Traditional Knowledge: Enable of Sustainable Development, 32 Utrecht J. Int'l & Eur. L. 1 (2016), p. 14.

知识的获取及惠益分享制度，为平衡传统知识的持有人和使用者之间的经济利益，为生物遗传资源及其相关传统知识的可持续利用迈出了重要一步。

但是，现行传统知识国际保护制度尚缺乏可持续性与发展性，具体体现在如下五点：

第一，传统知识国际保护制度缺乏可持续与发展的整体性。《生物多样性公约》及《名古屋议定书》所确立的获取与惠益分享制度只适用于现代知识产权制度下可权利化的生物遗传资源及其相关传统知识，并不包括其他不能权利化或不具有权利化价值的传统知识。例如，假设某一土著人持有治疗跌打伤的两种生物遗传资源及其相关传统知识，且其效果相差无几。基于经济效益原则，使用人最终选择其中一项作为获取与惠益分享的客体，那么此时另一项遗传资源及其相关传统知识的可持续发展则遭受阻碍。特别是像传统文化遗产等不具有权利化价值的传统知识，则不能单纯以惠益分享作为可持续发展的模式。

第二，生物遗传资源及其传统知识的获取与惠益分享制度缺乏可持续性。尽管获取与惠益分享制度平衡了持有者和使用者的利益，但从另外一个角度来看，其意味着该项生物遗传资源及其传统知识的“价值已用尽”，持有者很难将其再次授权给其他具有获取意向者。更何况，因获取与惠益分享制度的基础是使用者和持有者之间共同商定的条件，故大部分“共同商定”的结果应为独占性契约，进而获取与惠益分享制度所确立的“使用”并不是“可持续的”，而是“商定的存续期间”。

第三，生物遗传资源及其传统知识的获取与惠益分享制度阻碍了其后续发展。传统知识的价值不仅仅在于传统性，而且在于其处于不断的发展和变化中，即动态属性。但惠益分享制度将阻断持有者继续发展其传统知识，向其后代传承传统知识的愿望和努力。因为持有人可能获得更加便利有效、安全的“现代科技产品”，或者由使用人承继“发展生物遗传资源及其传统知识”的任务，但离开特殊环境和文化背景的传承和发展是否依然保持其传统性值得怀疑。

第四，生物遗传资源及其传统知识的持有人同其后代人之间的代际公平未能体现。《生物多样性公约》第2条“用语”中定义“持久使用”是指“使用生物多样性组成部分的方式和速度不会导致生物多样性的长期衰落，从而保持其满足今世后代的需要和期望的潜力”，但惠益分享制度并未将“后代的需要和期望”纳入其范围。《名古屋议定书》附件“货币和非货币性惠益”列举了（a）至（j）10项货币惠益，以及（a）至（q）17项非货币性惠益，尽管议定书称惠益“可包括，但不仅限于”上述列举，但任何一项惠益方式并未涵盖“后代的需要和期望”。

第五，跨界传统知识持有人之间的代内平衡尚需进一步获得保障。《名古屋议定书》第11条尽管规定“在不止一个缔约方的领土内发现存在相同的遗传资源时，这些缔约方应酌情尽力给予合作，以期在有关土著和地方社区的参与下，执行本议定书”，但并没有具体指出如何平衡跨界传统知识持有人之间的利益平衡，只是模糊地规定“缔约方应酌情尽力给予合作”，故而需要进一步细化跨界传统知识的惠益分享制度，以便真正落实持有人之间的代内平衡。

二、现行传统知识国际保护制度不可持续发展的理由

首先，传统知识国际保护的可持续发展目标尚不明确。UNEP、WHO、WIPO等国际组织的报告已充分证明，传统知识不仅具有应对和适应气候变化和自然灾害方面的能力，而且具有改善粮食、人类健康的危机，以及维护和传承传统文化多样性的作用。相对而言，尽管联合国《2030年可持续发展议程》首次认可了传统知识和可持续发展的互动作用，但可持续发展在推动传统知识的国际保护方面的作用或影响并没有获得广泛认可。此外，尽管传统知识的国际保护与可持续发展概念的提出时间比较相似，但鲜有国际条约或国际组织决议明确两者之间的互动关系，而可持续发展视域下传统知识的国际保护则少之又少。由此可见，国际社会尚未形成传统知识国际保护的可持续发展目标，以及相关的理论共识和逻辑化研究。

其次，传统知识国际保护的可持续发展缺乏坚实的财政支援。因传统知识的持有国大多数为发展中国家或者最不发达国家，故在传统知识的调查、数据库建设、谈判协商以及制度化建设等方面所需资金有限，不能为有效执

行传统知识国际保护制度提供坚实保障。《名古屋议定书》第 22 条第 2 款规定，“在执行本议定书的能力建设和发展方面，应充分考虑到发展中国家缔约方，特别是其中的最不发达国家和小岛屿发展中国家以及经济转型国家依照《公约》的有关规定产生的资金需要”，且第 25 条第 3 款规定，“关于第 22 条所提能力建设和发展，缔约方大会就《公约》的财务机制提供指导供缔约方大会审议时，应估计第 22 条第 2 款所提资金需要，以及土著和地方社区、包括社区内妇女的能力需要和优先事项”，但议定书未能就财政支援所需筹资渠道和方式做出进一步规定。

最后，传统知识国际保护制度的可持续发展有效性评估体系缺失。《名古屋议定书》第 29 条规定，“每一缔约方应对本议定书为其规定的各项义务的履行情况进行监测，且就其为执行本议定书所采取的措施向缔约方大会提出报告”，第 31 条规定，“赋予缔约方大会在本议定书生效后四年审查其成效，按照确定的时间间隔进行评价”，但未就评估原则、评估数据的获取等评估体系做出明确规定，故而不能为传统知识国际保护的可持续发展做出有效性评价。

三、可持续发展视域下传统知识国际保护制度的完善建议

1. 采取措施提高可持续发展对传统知识国际保护重要性的认识。WIPO、UNEP、FAO、WHO 等国际组织、国家、土著社会组织等国际社会应采取措施提高可持续发展对传统知识国际保护的力度，并进一步达成理论共识。这些措施包括可持续发展和传统知识国际保护的互动作用及其意义，组织土著和地方社区的会议、建立并管理相关信息交换平台、制定和实施关于可持续发展视域下促进传统知识国内及国际保护立法和政策，以及可持续发展的能力建设等。

2. WIPO 传统知识相关国际条约编纂须体现可持续发展理念。为了确保传统知识、传统文化表现形式和遗传资源，目前在 WIPO 知识产权与遗传资源、传统知识和民间文学艺术政府间委员会主导下进行条约草案的谈判。截至 2019 年 4 月，分别完成了《传统知识保护：草案条款（二读）》《传统文化表现保护：草案条款（二读）》和《关于知识产权与遗传资源

的合并文件》[1]，但以上任何一个文本中都未体现可持续发展概念。传统知识利益攸关国家以及参与 WIPO 土著专家小组会议的土著和当地社区的代表应成立可持续发展视域下的传统知识国际保护议题小组，并将可持续发展作为 IGC 草案谈判中的一个议题，具体反映在传统知识保护、传统文化保护以及遗传资源相关条约草案中。

3. 完善获取与惠益分享制度以体现可持续发展概念。《生物多样性公约》及《名古屋议定书》所确定的生物遗传资源及其相关传统知识的获取和惠益分享制度所确立的持有者和利用者之间的利益分享制度，尽管实现了当今世代不同利益群体的公平，但未能解决当今世代不同区域共同持有人的利益平衡，以及同未来世代间的代际公平问题。因此，应从可持续发展概念出发，重新审视获取与惠益分享制度及其存在的问题，着眼于可持续发展的整体性、可持续性、发展性、代际公平，以及代内平衡等特性，修改和完善《生物多样性公约》及《名古屋议定书》相关条款。

4. 传统知识国际保护制度的财政支援制度须以可持续发展为目标。《生物多样性公约》缔约方大会在审议财务机制时应以可持续发展为目标，从多种渠道筹集财政资源用于发展中国家和最不发达国家，通过政策协调，酌情推动债务融资、债务减免和债务重组，以帮助发展中国家有足够的资金从事制度建设、信息交流平台构建、技术革新等能力建设。同时，通过向这些国家提供国际支持，帮助其改善国内征税、提高财政收入和加强筹集国内资源的能力。此外，采用和实施对这些国家传统知识的投资促进制度，以便使私营资本成为传统知识国际保护的可持续发展的重要支撑资源。

5. 传统知识国际保护制度的评估制度须以可持续发展为目标。一个积极、自愿、有效、普遍参与和透明的综合后续程序和评估框架将大大有助于执行工作，帮助各国最大限度地推动和跟踪执行工作的进展。[2] 评估工作应

---

① WIPO, *The Protection of Traditional Knowledge: Draft Articles-Rev. 2*, WIPO/GRTKF/IC/37, September 5, 2018; *The Protection of Traditional Cultural Expressions: Draft Articles-Rev. 2*, WIPO/GRTKF/IC/37, September 5, 2018; *Consolidated Document Relating to Intellectual Property and Genetic Resources*, WIPO/GRTKF/IC/36, April 10, 2018.

② 联合国：《变革我们的世界：2030 年可持续发展议程》，A/RES/70/1, 21 October 2015, para 72。

遵循自愿进行、普遍目标与具体目标相结合、开放和包容及透明、以人为本以及严谨细致和实事求是等原则，须采用一套全球统一的指标，同时辅以由会员国拟定的区域和国家指标，既要做到简明严格，也要涵盖所有可持续发展目标和具体目标。

本章小结

经过三十多年的演变，可持续发展的概念作为普遍接受的全球政策（Global Policy）不仅反映在国际环境保护相关的国际法律和政策之中，而且影响了国际组织法律与政策的适用与发展，如联合国粮食和农业组织、国际海事组织、世界银行、世界贸易组织和联合国开发计划署，以及诸如国际热带木材组织和欧洲能源宪章等条约机构，并被诸多国家政府采纳为一项政策。①

学术界就可持续发展是否已成为有约束力的国际法规范有不同的主张，但双方的立论出发点皆为《国际法院规约》第 38 条第 1 款，即国际法渊源及其构成要件的分析。尽管各种条约、国际组织决议以及国际司法实践都指向可持续发展概念，但是相关国际实践要么单指可持续性，要么单指代际公平性，故而缺乏可持续发展概念相关惯例形成的一致性，很难承认其为国际习惯法。同时，从《国际法院规约》制定当时立法者的意图以及国家实践来看，亦难以确认可持续发展已成为一般法律原则。但可持续发展作为一个决策导向的工具，其确实代表了一个目标，而且这个目标能够影响案件的结果、条约的解释、国家和国际组织的实践，2015 年联合国《2030 可持续发展议程》即代表着可持续发展相关国际法律制度的发展趋向。

传统知识国际保护历经国际社会三十多年的共同努力，取得了长足进展，特别是在生物遗传资源及其相关传统知识的获取和惠益分享方面，达到了持有者和利用者之间的利益平衡，为传统知识国际保护的可持续发展迈出了重要的一步。但从可持续发展角度来看，《生物多样性公约》和《名古屋

---

① ［英］帕特沙·波尼、埃伦·波义尔：《国际法与环境》，那力等译，高等教育出版社 2007 年版，第 81 页。

议定书》所确立的获取和惠益分享制度并不具有可持续发展性，体现在代际公平性的缺失等制度本身，其原因在于国际社会的认识不足、财政支援制度和评估制度的不完善等。WIPO 的 IGC 应将可持续发展概念作为单独议题进行讨论，且纳入传统知识相关国际条约的起草工作，CBD 缔约方大会应将修改《名古屋议定书》以实现联合国大会所提倡的可持续发展目标。

附录：传统知识相关 FTA

		原则性条款	生物多样性公约	获取、知情同意	惠益分享	管理	合作
1	东盟—澳大利亚—新西兰（2010.1.1）	第 8 条：遗传资源，传统知识和民间文学艺术 在遵守缔约方的国际义务前提下，各缔约方为保护遗传资源、传统知识和民间文学艺术可建立适当的措施					
2	东盟—中国（2005.1.1/2007.7.1）	第 3 条：依据各自的国内法律和法规，参与各方将承认遗传资源、传统知识和民间文学艺术对各自国家科技、文化和经济发展所做出的贡献，同意就建立和完善保护遗传资源、传统知识和民间文学艺术的法律制度加强合作，交流信息和经验					
3	中国—哥斯达黎加（2011.8.1）	第一百一十一条　遗传资源、传统知识和民间文学艺术 一、双方认识到遗传资源、传统知识和民间文学艺术对科学、文化和经济发展做出的贡献	二、关于遗传资源、传统知识和民间文学艺术保护，双方承认并且重申 1992 年 6 月 5 日通过的《生物多样性公约》确立的原则和规定，并鼓励建立 TRIPS 协定与《生物多样性公约》之间相互支持关系的努力。	四、根据将来各自国内法律进展情况和国际谈判成果，双方同意就在专利申请中披露遗传资源的起源或者来源，和/或履行事先知情同意义务，对违反国内有			第一百一十七条　合作 一、双方应当在协商一致的前提下并在资金许可范围内在下列活动中开展合作： （三）就保持和持续利用生物多样性的情况交换信息；

续　表

		原则性条款	生物多样性公约	获取、知情同意	惠益分享	管　理	合　作
			三、在符合《生物多样性公约》规定的前提下，各方可以根据其国际义务和国内法律，采取或者继续采取措施促进保持生物多样性，公平分享利用与保持生物多样性及持久使用其组成部分有关的传统知识、创新和实践中产生的惠益	关法律法规获取或者利用遗传资源并包括或者依赖该资源完成的发明创造授予专利权等问题，展开进一步讨论			（四）就防止非法获取遗传资源、传统知识及其创新和实践方面的行动交换信息； （五）就有关公平分享利用遗传资源、传统知识及其创新和实践所获得的收益的国内程序交换信息
4	中国—新西兰（2008.10.1）	第165条：遗传资源，传统知识和民间文学艺术 受制于各缔约方的国际义务，各缔约方为保护遗传资源、传统知识和民间文学艺术可建立适当的措施					
5	中国—秘鲁（2010.3.1）	第一百四十五条　遗传资源、传统知识和民间文学艺术 一、缔约双方认识到遗传资源、传统知识和民间文学艺术对科学、文化和经济发展做出的贡献。 三、各缔约方可以根据其国际义务和国内立法，采取适当的措施保护遗传资源、传统知识和民间文学艺术	二、关于遗传资源、传统知识和民间文学艺术保护，缔约双方承认并且重申1992年6月5日通过的《生物多样性公约》确立的原则和规定，并鼓励建立TRIPS协定与《生物多样性公约》之间相互支持关系的努力	四、根据将来各自国内立法的进展情况，缔约双方同意就专利申请中履行披露遗传资源的起源或者来源，和/或事先知情同意的义务，展开进一步讨论			第一百四十八条　合作和能力建设 三、缔约双方将在协商一致的前提下合作以交换以下信息： （一）保持和持续利用生物多样性的情况； （二）防止非法获取遗传资源、传统知识及其创新和实践方面的行动；

续　表

		原则性条款	生物多样性公约	获取、知情同意	惠益分享	管　理	合　作
							（三）有关公平分享利用遗传资源、传统知识及其创新和实践所获得的收益的国内程序； （四）其他知识产权问题
6	中国—澳大利亚 (2015.12.20)	第十七条 遗传资源、传统知识和民间文艺 一、双方可以根据其国际义务和国内法律，采取适当措施保护遗传资源、传统知识和民间文艺。 二、双方同意根据多边协定和各自国内法律未来的发展，进一步讨论遗传资源、传统知识和民间文艺的相关问题					
7	中国—格鲁吉亚 (2018.1.1)	第十六条　遗传资源、传统知识和民间文艺 （一）缔约双方可以根据各自国际义务和国内法律，采取适当措施保护遗传资源、传统知识和民间文艺。 （二）缔约双方同意根据多边协定和各自国内法律未来的发展，探索进一步讨论遗传资源、传统知识和民间文艺的相关问题的可能性					

续 表

		原则性条款	生物多样性公约	获取、知情同意	惠益分享	管 理	合 作
8	中国—韩国（2015.12.20）	第15.17条　遗传资源、传统知识和民间文艺 一、缔约双方认识到遗传资源、传统知识和民间文艺对科学、文化和经济发展做出的贡献	二、缔约双方承认并且重申于1992年6月5日通过的《生物多样性公约》（本条中以下称为“公约”）中确立的原则，尊重《生物多样性公约关于获取遗传资源和公平公正分享其利用所产生惠益的名古屋议定书》的要求，特别是有关事先知情同意和公平、公正分享惠益的要求。就遗传资源和传统知识，缔约双方鼓励为促进TRIPS协定和公约之间互相支持的关系做出努力	三、根据各缔约方的国际权利与义务以及国内法律，缔约双方可采取或者保持促进生物多样性保存以及公平分享利用遗传资源和传统知识所产生的惠益的措施			四、根据未来多边协议或各自国内法的进展，缔约双方同意进一步讨论遗传资源事宜。 五、认识到专利和其他知识产权可能对公约的实施产生影响，缔约双方将根据国内法和国际法在此领域开展合作，以确保此类权利对公约目标起到支持而非阻碍作用
9	中国—瑞士（2014.7.1）	第11.9条　遗传资源和传统知识 一、缔约双方认识到遗传资源和传统知识对科学、文化和经济发展的贡献	二、缔约双方承认并重申于1992年6月5日通过的《生物多样性公约》中确立的原则，就遗传资源和传统知识而言，鼓励为促进TRIPS协定和《生物多样性公约》之间互相支持的关系做出努力	四、当发明直接以发明人或者专利申请人获取的遗传资源或者传统知识为基础时，缔约双方可要求专利申请人根据国内法律、法规指明上述遗传资源的来源，如国内法律有所规定，专利申请人还应指明上述传统知识的来源	三、根据每一缔约方的国际权利与义务以及国内法律，缔约双方可采取或者维持促进生物多样性保存，以及公平地分享遗传资源和传统知识的使用所带来的利益的措施	五、如果专利申请不满足第四款的要求，缔约双方可设定申请者纠正缺陷的期限。如果缺陷没有依照本款在规定的期限内得以纠正，缔约双方可驳回该申请或视为该申请被撤回	附件六 卫生体制下的中医药报销 一、瑞士应当在本协定第14.1条中提及的第一次联合委员会会议上，向中国通报其基本医疗保险计划（强制医疗保险）中，包括针灸在内的中医的报销情况。 二、在后续联合委员会会议上，瑞士应

续 表

		原则性条款	生物多样性公约	获取、知情同意	惠益分享	管 理	合 作
						六、如果在授予专利后发现申请没有披露来源或蓄意提交了虚假信息或违反了其他相关法律法规，缔约双方可规定适当的法律后果	当通报其可能对第1款所述计划进行的修订，包括： （一）对有关由拥有资质的中医药物疗法医师提供的中医药物疗法服务覆盖范围的医疗保险法律和相应法规的任何修订。上述中医药物疗法资质要符合瑞士针灸与中医医学会（ASA）资质项目的有关要求。 （二）对有关由拥有资质的针灸医师提供的针灸服务覆盖范围的医疗保险法律和相应法规的任何修订。上述针灸资质要符合瑞士针灸与中医医学会（ASA）资质项目的有关要求。以及 （三）对中国提出的具体问题的答复。 三、瑞士应向中国提供相关出版物和网站的详细情况，以便中方获得第2款第（一）和第（二）项提及的有关信息

续 表

		原则性条款	生物多样性公约	获取、知情同意	惠益分享	管 理	合 作
10	中国香港—新西兰(2011.1.3)	第8条：遗传资源，传统知识和民间文学艺术 受制于各缔约方的国际义务，各缔约方为保护遗传资源、传统知识和传统文化表现（traditional cultural expression）或民间文学艺术可建立适当的措施					
11	日本—泰国(2007.11.1)	第143条：知识产权分委员会 2. 知识产权分委员会的职能是： （C）讨论下列内容：（3）传统知识、遗传资源和民间文学艺术					
12	日本—印度尼西亚(2008.7.1)	第123条 知识产权分委员会 （c）对下列内容交换意见：（1）遗传基因、传统知识和民间文学艺术的保护					
13	韩国—秘鲁(2011.8.1)	第17.5条：遗传资源和传统知识 1. 各成员方认识到WTO部长会议于2001年11月14日通过的部长宣言（WTO/MIN/（01）DEC/1）第19段是TRIPS协定和CBD以	2. 缔约方认识到生物多样性，传统知识的价值与重要性，同时认识到土著居民和当地社区的知识、创新和实践为保存和持续利用生物多样性所做出的贡献。每个缔约方都	3. 在遵守国内法律以及CBD前提下，缔约方尊重体现为生物多样性的保存和可持续利用相关的传统生活样式的土著及当地	4. 各缔约方应努力去寻求基于遗传资源或传统知识的专利申请相关信息的分享方式，通过提供	5. 缔约方同意在WIPO IGC，以及在WTO TRIPs委员会和其他相关论坛里分享关于遗传资源	6. 受制于今后多边协议或国内法的发展，缔约方同意进行遗传资源相关问题的进一步讨论

续 表

		原则性条款	生物多样性公约	获取、知情同意	惠益分享	管 理	合 作
		及遗传资源/传统知识和民间文学艺术之间的联系	有权利根据其国内法决定遗传资源的获取，并且努力创造条件促进透明的，以环境无害的方式获取遗传资源	社区的知识、创新以及实践，和促进这些知识、创新和实践的所有者的同意在内的更广泛的应用	（a）包含相关信息的公众可获取的数据库；（b）有机会以书面形式将现有技术提交给适当的审查机构	和传统知识相关问题的观点和信息	
14	韩国—EU（2011.7.1）	第 10.40 条：遗传资源、传统知识和民间文学艺术 在遵守其本国法律的前提下，缔约方须尊重、保护和维持土著和当地社区的，体现生物多样性的保护和持续利用相关传统生活方式的知识、创新和实践，并且在知识、创新以及实践所有者的参与和同意下促进更广泛的应用，且鼓励适用知识、创新以及实践而产生的惠益的公平分享				3. 根据上述第 2 款所指多者协商的结果，在任何缔约方的请求下，缔约方同意在贸易委员会中根据多边讨论结果和结论复审本条。贸易委员会可以通过任何必要的决议，以便使复审结果有效	2. 缔约方同意定期交换相关多边讨论中的观点和信息： （a）WIPO 中 IGC 关于遗传资源/传统知识以及民间文学艺术相关框架议题； （b）WTO 中 TRIPs 协定和 CBD 的关系相关议题，以及传统知识和民间文学艺术保护相关议题； （c）CBD 中遗传资源的获取和惠益分享相关国际制度管理议题
15	韩国—新西兰（2015.12.20）	第 11.10 条　遗传资源、传统知识和民间文学艺术 受制于各缔约方的国际义务，各缔约方为遗传资源、传统知识和传统文化艺术表现或民间文学艺术的保护可建立适当的措施					

续　表

		原则性条款	生物多样性公约	获取、知情同意	惠益分享	管　理	合　作
16	马来西亚—新西兰（2010.8.1）	第11.6条：传统知识 在遵守各缔约方的国际义务的前提下，各缔约方为保护传统知识可建立适当的措施					第11.4条：信息通知及交换的协作 2. 每个缔约方必须：(e)共享信息，并配合适当行动促进措施，以保护传统知识
17	泰国—新西兰（2005.7.1）						第12.5条：其他合作 （d）合作在新领域的知识产权，如传统知识，遗传资源和民间文学艺术中增进了解，承认每个缔约方可希望在符合WTO协定义务的情况下，以保护传统知识，遗传资源和民间文学艺术的适当措施
18	新加坡—哥斯达黎加（2013.7.1）	第13.3条　遗传资源、传统知识和民间文学艺术 1. 缔约方承认遗传资源、传统知识和民间文学艺术对科学，文化和经济发展的贡献	2. 双方承认并重申1992年6月5日通过的《生物多样性公约》确立的原则和规定，鼓励《与贸易有关的知识产权协定》与《生物多样性公约》建立相互支持的关系	3. 在遵守各方的国际义务和国内法的前提下，各方可以采取或保持措施，按照上述公约的规定，促进生物多样性的保护，促进其组成部分的可持续利用，促进公平合理地参与利用遗传资源、传统知识和民间传说所产生的惠益			

续 表

		原则性条款	生物多样性公约	获取、知情同意	惠益分享	管 理	合 作
19	欧盟—东部南部非洲国家（2012. 2. 9）	附件 4：发展模型（matrix） 3. 区域融合：（c）环境和自然资源的管理：（5）促进和保护土著/传统知识相关的生物资源和生态系统 （d）法律与规则框架：支持加强私人投资的司法安全性和合法性。协调统一的商业法律。 发展和制定就业法律。促进和保护外国投资。保护消费者权益以及包括民间文学艺术和传统知识在内的知识产权； （e）文化发展：促进和保护文化、遗产和土著传统知识和实践来发展活动可以为： （1）开发和促进文化产业和增强土著产品的市场准入					
20	EU—Cariforum（2008. 12. 29）	第 150 条：遗传资源、传统知识和民间文学艺术 1. 在遵守其本国法律的前提下，EC 缔约方和 Cariforum 签署国须尊重、保护和维持土著和当地社区的，体现生物多样性的保存和持续利用相关传统生活方式的知识、创新和实践，并且在知识、	3. EC 缔约方和 Cariforum 签署国同意本段和 CBD 的专利条款须通过相互支持的方式获得实施	4. EC 缔约方和 Cariforum 签署国可请求作为行政要求的一部分，对使用作为发明必需的生物材料（biological material）的发明相关专利申请，要求申请人鉴		6. 根据上述第 5 段所指多者协商的结果，在 EC 缔约方和 Cariforum 国家的请求下，同意在 Cariforum-EC 共同委员会中根据多边讨	5. EC 缔约方和 Cariforum 签署国同意定期交换相关多边讨论中的观点和信息： （a）WIPO 中 IGC 关于遗传资源/传统知识以及民间文学艺术相关框架议题；

续 表

		原则性条款	生物多样性公约	获取、知情同意	惠益分享	管 理	合 作
		创新以及实践所有者的参与和同意下促进更广泛的应用，且鼓励使用知识、创新以及实践而产生的惠益的公平分享。 2. EC缔约方和Cariforum签署国认识到，受制于其国内法律，采取适当措施保存传统知识的重要性，并为法律保护传统知识继续努力完成国际上同意的sui generic模式的发展		定所使用的生物材料的来源，并描述为发明的一部分		论结果和结论复审本条	（b）WTO中TRIPs协定和CBD的关系相关议题，以及传统知识和民间文学艺术保护相关议题
21	EU—哥伦比亚和秘鲁（2013.3.1）	第二章 生物多样性和传统知识的保护 第201条 1. 缔约各方认识到生物多样性及其组成部分，以及土著和地方社区相关传统知识、创新和实践的重要性和价值。双方进一步重申其对自然资源的主权权利，承认《生物多样性公约》为获取遗传资源以及公平合理分享利用遗传资源所产生的惠益所确立的权利和义务。 2. 缔约各方认识到土著和地方社区过去、现在和将来对保护和可持续利用生物	3. 在遵守国内立法的前提下，缔约各方应按照《生物多样性公约》第8（j）条的规定，尊重并保持土著和地方社区体现与保护和可持续利用生物多样性有关的传统生活方式的知识、创新和做法，并在事先征得这些知识、创新和做法持有者的知情同意的情况下，促进其更广泛的应用，并鼓励公平分享利用这些知识、创新和做法所产生的惠益		4. 根据《生物多样性公约》第15条第7款的规定，缔约各方重申有义务采取措施，公平、公正地分享利用遗传资源所带来的惠益。双方还认识到，双方同意的条款可能包括因使用遗传资源和相关传统知识而产生的与	6. 缔约各方应在遵守国内立法和国际法的前提下进行合作，以确保在涉及各自领土内土著和当地社区的遗传资源和相关传统知识方面，知识产权支持而不是违背其在《生物多样性公约》下的权利和义务。双方重申根据	9. 缔约各方将努力促进关于专利申请和已授予的与遗传资源和相关传统知识有关的专利的信息交流，目的是在实质性审查中，特别是在确定现有技术时，可以考虑这些信息。 10. 在遵守第6章（合作）规定条款的前提下，缔约各方将在多边同意的条件下开展合作，培训专利审查员审查与遗传资源和相关传统知识有

续 表

		原则性条款	生物多样性公约	获取、知情同意	惠益分享	管　理	合　作
		多样性及其所有组成部分的贡献，以及总体上土著和地方社区的传统知识对各国文化和经济社会发展的贡献			知识产权有关的惠益分享义务。 5. 哥伦比亚和欧盟缔约方将合作进一步澄清滥用遗传资源和相关传统知识、创新和做法的问题和概念，以便酌情并根据国际和国内法律的规定找到解决这一问题的措施	《生物多样性公约》第16条第3款规定的关于提供遗传资源的国家的权利和义务，采取措施，以便在相互商定的条件下，提供利用这些资源的技术的接入和转让。本条的适用不损害《与贸易有关的知识产权协定》第31条项下的权利和义务。 7. 考虑到有助于遗传资源和相关传统知识的使用的透明度，缔约各方认识到在专利申请中披露遗传资源及相关传统知识的起源或来源的有用性。	关的专利申请。 11. 缔约各方认识到，包含相关信息的数据库或数字图书馆是审查与遗传资源和相关传统知识相关发明的可专利性的有用工具。 12. 根据可适用的国际和国内法，缔约各方同意在获取遗传资源和相关传统知识、创新和实践的国内框架应用方面进行合作。 13. 经多边协议，缔约各方可根据多边讨论的结果和结论审查本章

续 表

		原则性条款	生物多样性公约	获取、知情同意	惠益分享	管　理	合　作
						8. 缔约各方应根据其国内法，规定任何此类要求的适用效果，以支持遵守有关获取遗传资源及相关传统知识、创新和做法的规定	
22	EU—SADC (2016. 10. 10)	第 16 条：知识产权保护合作 5. 缔约方将传统知识视为一个重要领域，并可能在未来就此开展合作					
23	EU—乌克兰 (2014. 4. 23)	第 229 条　遗传资源、传统知识和民间文学艺术 1. 在遵守国内立法的前提下，缔约方应当尊重、保护和维护生物多样性的保护和可持续利用相关体现传统生活方式的知识、创新和实践，并在这些知识、创新和实践的持有者的参与和同意下促进其广泛的应用，并鼓励公平分享利用这些知识、创新和实践所产生的惠益	2. 缔约各方认识到，在遵守国内法律的前提下，采取市场措施保护传统知识的重要性，并同意继续致力于推动国际商定的保护传统知识的特别 (sui generis) 模式。 3. 缔约各方同意本条知识产权规定同《生物多样性公约》应以相互支持的方式实施				4. 缔约各方同意就有关多边讨论定期交换意见和信息

续 表

		原则性条款	生物多样性公约	获取、知情同意	惠益分享	管　理	合　作
24	EFTA—Central America (Costarica—Panama) (2014. 8. 19)	附件：19 第 9 条：生物多样性和知识产权保护相关措施 缔约各方重申其对自然资源的主权权利，并承认其根据《生物多样性公约》在获取遗传资源和公平分享利用遗传资源所产生的惠益方面的权利和义务	2. 缔约各方认识到生物多样性及其组成部分的重要性和价值。各方根据有关国内立法、国际规定和文书所载的原则和法律框架，对其生物和遗传资源行使主权，从而确定获取和分享惠益的条件	3. 缔约各方认识到土著和地方社区的知识、创新和做法的重要性和价值，以及它们过去、现在和未来对保护和可持续利用生物和遗传资源的贡献，以及这些社区的知识、创新和做法对各国文化和经济社会发展的贡献			4. 根据其立法，缔约各方重申其对土著和地方社区的知识、创新和实践的尊重、维护和维护的承诺
25	EFTA—哥伦比亚 (2011. 7. 1)	第 6.5 条：生物多样性相关措施 1. 缔约方重申缔约方享有对其自然资源的主权，并认识到 CBD 关于遗传资源的获取，公平及公正的分享利用遗传资源所产生的惠益的权利和义务。 2. 缔约方认识到生物多样性以及相关传统知识，和土著及当地社区的创新和实践的重要性和价值。每个缔约方须决定获取遗传资源的条件，且符合可适用的国内法和国际法的原则和条款。	4. 缔约方需考虑在获取遗传资源和传统知识、创新和时间领域没有可适用的条款时候的合作	5. 根据国内法，缔约方须要求专利申请书包含向发明人或者专利申请人已经获取遗传资源的来源或起源的声明。至于其国内法所规定，缔约方将要求完成事前知情同意，且将本条款规定适用到传统知识	6. 缔约方根据其国内法律，如果发明人或者专利申请人故意做出错误的或者令人误解的原产地或者来源的声明时，须提供行政、民事或刑事制裁措施。法官可责令出台规则	7. 如果缔约方的法律规定（a）缔约方提供遗传资源的，获取遗传资源须事前知情同意缔约方的；（b）遗传资源相关土著及当地社区的传统知识的获取须取得该社区的同意和参与	8. 每个缔约方须采取政策、法律和行政措施，以促进缔约方履行为获取遗传资源而设立的相关条件和规定。 9. 缔约方应适当地采取立法、行政或政策措施，以保障利用遗传资源或者相关传统知识所产生的惠益的公平和平等的分享

续　表

		原则性条款	生物多样性公约	获取、知情同意	惠益分享	管　理	合　作
		3. 缔约各方认识到土著、当地社区以及他们的知识、创新和实践对生物多样性和遗传资源的保存和可持续利用的过去、现在及未来的贡献，以及他们的传统知识对国家的文化、经济和社会发展所做出的贡献					
26	EFTA—秘鲁（2011.7.1）冰岛、列支敦士登、挪威、瑞士	第6.5条：生物多样性相关措施 1. 缔约方重申成果对享有对其自然资源的主权，并认识到 CBD 关于遗传资源的获取，公平及公正的分享利用遗传资源产生的惠益的权利和义务。 2. 缔约方认识到生物多样性以及相关传统知识，和土著及当地社区的创新和实践的重要性和价值。每个缔约方须决定获取遗传资源的条件，且符合可适用的国内法和国际法的原则和条款。 3. 缔约方认识到土著、当地社区以及他们的知识、创新和实践对生物多样性和遗传资源的保存和可持续利	4. 缔约方需考虑在获取遗传资源和传统知识、创新和时间领域没有可适用的条款时候的合作	5. 根据国内法，缔约方须要求专利申请书包含向发明人或者专利申请人已经获取遗传资源的来源或起源的声明。至于其国内法所规定，缔约方将要求完成事前知情同意，且将本条款规定使用到传统知识	6. 缔约方根据其国内法律，如果发明人或者专利申请人故意做出错误的或者令人误解的原产地或者来源的声明时，须提供行政、民事或刑事制裁措施。法官可责令出台规则	7. 如果缔约方的法律规定（a）缔约方提供遗传资源的，获取遗传资源须事前知情同意缔约方的；（b）遗传资源相关土著及当地社区的传统知识的获取须取得该社区的同意和参与	8. 每个缔约方须采取政策、法律和行政措施，以促进缔约方旅行为获取遗传资源而设立的相关条件和规定。 9. 缔约方确认和认识到联合国粮食及农业组织的食品和农业植物遗传资源国际条约的权利和义务的存在。 10. 缔约方应适当地采取立法、行政或政策措施，以保障利用遗传资源或者相关传统知识所产生的利益的公平和平等的分享

续 表

		原则性条款	生物多样性公约	获取、知情同意	惠益分享	管 理	合 作
		用的过去、现在及未来的贡献，以及他们的传统知识对国家的文化、经济和社会发展所做出的贡献					
27	哥斯达黎加—哥伦比亚（2016.8.1）	第9.5条：保护生物多样性和其相关传统知识的措施 1. 缔约方重申缔约对其自然资源享有主权，并认识到《生物多样性公约》关于遗传资源的获取，公平及公正地分享利用遗传资源所产生的惠益的权利和义务。缔约方承认2001年11月14日通过的《多哈部长级宣言》第19段关于《TRIPs协定》和《生物多样性公约》之间的关系。 2. 缔约方认识到土著和地方社区的知识、创新及实践的重要性和价值，以及对保护和可持续利用生物和遗传资源及其衍生产品的过去、现在和未来的贡献，以及这些社区的传统知识对各国文化和经济及社会发展所做出的贡献。各缔约方根据其法律，重申致力于尊重、		3. 获取生物和遗传资源及其衍生物将取决于共同商定条件的原产国缔约方的事先知情同意。同样，获取与所述资源有关的土著和地方社区的传统知识将取决于所有知情人根据共同商定的条件获得持有人或持有者的事先知情同意。这两种情形都将受到每一个缔约方的立法规定的约束	4. 缔约方应采取措施，确保公平和公正地分配利用生物和遗传资源以及土著和地方社区的传统知识衍生产品所产生的惠益	5. 每个缔约方将采取政策，法律和行政措施，以确保充分遵守获取生物多样性和相关传统知识的生物和遗传资源的条件。 6. 使用生物和遗传资源及其衍生产品和/或土著和当地社区的传统知识产生的任何知识产权，如果缔约方是原产国，应遵守该主题专用的国家和国际标准。 7. 根据其法律，缔约方将	9. 在任何一方的请求下，同意合作提供可供其使用的公共信息，以调查和监测其境内非法获取遗传资源和/或知识、创新和传统实践的情况。 10. 缔约方应在共同商定的条件基础上，与获取生物和遗传资源及其衍生物和/或相关传统知识方面的信息和经验交流

续 表

		原则性条款	生物多样性公约	获取、知情同意	惠益分享	管理	合作
		保存和维护缔约方领土内土著和地方社区的传统知识、创新和实践				要求从其作为原产国的生物，遗传和/或相关传统知识开发的专利申请表明合法获取所述资源或知识，以及实践所获得的资源和/或传统知识的来源的公开。 8. 缔约方可通过其国家主管当局交流与生物多样性和/或传统知识有关的信息，并记录与生物和遗传资源及其衍生物有关的信息，或者，如果适用，还有与其土著社区和当地有关的传统知识，以便他们作为专利评估的支持	

续 表

		原则性条款	生物多样性公约	获取、知情同意	惠益分享	管理	合作
28	哥斯达黎加—秘鲁（2013.6.1）	第9.5条：保护生物多样性和其相关传统知识的措施 1. 缔约方认识到其生物多样性及其组成部分的重要性和价值。每个缔约方对其生物和遗传资源及其衍生产品行使主权，从而根据相关国家和国际标准中的原则和规定确定其获取的条件。 2. 缔约方认识到土著和地方社区的知识、创新和做法的重要性和价值，以及对保护和可持续利用生物和遗传资源及其衍生产品的过去、现在和将来的贡献。总的来说，这些社区的传统知识对国家的文化和经济及社会发展做出了贡献。 各缔约方根据其国家法律，重申其承诺尊重、保存和维护缔约方领土土著和地方社区的传统知识、创新和实践		3. 获取生物和遗传资源及其衍生物将取决于共同商定条件的原产国缔约方的事先知情同意。同样，获取与所述资源有关的土著和地方社区的传统知识将取决于所有知情人根据共同商定的条件获得持有人或持有者的事先知情同意。这两种情形都将受到每一个缔约方的立法规定的约束	4. 缔约方应采取措施，确保公平和公正地分配利用生物和遗传资源以及土著和地方社区的传统知识衍生产品所产生的惠益。 5. 缔约各方应促进政策、法律和行政措施，以确保充分遵守获取生物多样性生物和遗传资源的条件	6. 使用生物和遗传资源及其衍生产品和/或土著和当地社区的传统知识产生的任何知识产权，如果缔约方是原产国，应遵守该主题专用的国家和国际标准。 7. 在缔约方的国家立法要求的情况下获取的资源和/或传统知识，缔约方应要求从其作为原产国的生物、遗传和/或相关传统知识开发的专利申请表明对所述资源或知识的合法获取，以及披露专利的来源	8. 缔约方可通过其国家主管当局交流与生物多样性和/或传统知识有关的信息，并记录与生物和遗传资源及其衍生物有关的信息，或者，如果适用，还有与其土著社区和当地有关的传统知识，以便他们作为专利评估的支持。 9. 在任何一方的请求下，同意合作提供可供其使用的公共信息，以调查和监测其境内非法获取遗传资源和/或知识、创新和传统实践的情况

续 表

		原则性条款	生物多样性公约	获取、知情同意	惠益分享	管理	合作
29	洪都拉斯—秘鲁（2017.1.1）	第9.5条：保护生物多样性和其相关传统知识的措施 1. 缔约方认识到其生物多样性及其组成部分的重要性和价值。每个缔约方对其生物和遗传资源及其衍生产品行使主权，从而根据相关国家和国际标准中的原则和规定确定其获取的条件。 2. 缔约方认识到土著和地方社区的知识、创新和做法的重要性和价值，以及对保护和可持续利用生物和遗传资源及其衍生产品的过去、现在和将来的贡献。总的来说，这些社区的传统知识对国家的文化和经济及社会发展做出了贡献。 各缔约方根据其国家法律，重申其承诺尊重、保存和维护缔约方领土土著和地方社区的传统知识、创新和实践		3. 获取生物和遗传资源及其衍生物将取决于共同商定条件的原产国缔约方的事先知情同意。同样，获取与所述资源有关的土著和地方社区的传统知识将取决于所有知情人根据共同商定的条件获得持有人或持有者的事先知情同意。这两种情形都将受到每一个缔约方的立法规定的约束	4. 缔约方应采取措施，确保公平和公正地分配利用生物和遗传资源以及土著和地方社区的传统知识衍生产品所产生的惠益。 5. 缔约各方应促进政策、法律和行政措施，以确保充分遵守获取生物多样性生物和遗传资源的条件	6. 使用生物和遗传资源及其衍生产品和/或土著和当地社区的传统知识产生的任何知识产权，如果缔约方是原产国，应遵守该主题专用的国家和国际标准。 7. 在缔约方的国家立法要求的情况下获取的资源和/或传统知识，缔约方应要求从其作为原产国的生物，遗传和/或相关传统知识开发的专利申请表明对所述资源或知识的合法获取，以及披露专利的来源	8. 缔约方可通过其国家主管当局交流与生物多样性和/或传统知识有关的信息，并记录与生物和遗传资源及其衍生生物有关的信息，或者，如果适用，还有与其土著社区和当地有关的传统知识，以便他们作为专利评估的支持。 9. 在任何一方的请求下，同意合作提供可供其使用的公共信息，以调查和监测其境内非法获取遗传资源和/或知识、创新和传统实践的情况

续 表

		原则性条款	生物多样性公约	获取、知情同意	惠益分享	管　理	合　作
30	巴拿马—秘鲁 (2012.5.1)	第 9.5 条：传统知识 1. 缔约各方根据其法律承认土著和地方社区对其传统知识的权利，并重申其承诺尊重、保存和维持缔约方领土内土著和地方社区的传统知识、创新和实践。 2. 缔约方可根据其法律规定，保护本条所述的权利，防止构成不正当竞争的行为。 3. 巴拿马共和国宣布在其法律保护的传统知识范围为如下产品： (a) MOLA KUNA PANAMA； (b) NAHUA； (c) CHACARA； (d) CHAQUIRA (d)； (e) SOMBRERO NGOBE Y BUGLÉ； (f) TALLA DE MADERA； (g) TAGUA； (h) HOSIG DÍ o JIW'A (CESTA)； (i) HAMACA KUNAS PANAMÁ； (j) INSTRUMENTOS MUSICALES KUNAS PANAMÁ.	第 9.6 条：保护生物多样性和传统知识相关的措施 1. 缔约方认识到其生物多样性及其组成部分的重要性和价值。每个缔约方对其生物和遗传资源及其衍生产品行使主权，从而根据相关国家和国际标准中的原则和规定确定其获取的条件。 2. 缔约方认识到土著和地方社区的知识、创新和做法的重要性和价值，以及对保护和可持续利用生物和遗传资源及其衍生产品对过去、现在和将来的贡献。总的来说，这些社区的传统知识对国家的文化和经济及社会发展做出了贡献	3. 各缔约方根据其国家法律，重申其承诺尊重、保存和维护缔约方领土土著和地方社区的传统知识，创新和实践。 4. 获取生物和遗传资源及其衍生物将取决于共同商定条件的原产国缔约方的事先知情同意。同样，获取与所述资源有关的土著和地方社区的传统知识将取决于所有知情人根据共同商定的条件获得持有人或持有者的事先知情同意。这两种情形都将受到每一个缔约方的立法规定的约束	5. 缔约方应采取措施，确保公平和公正地分配利用生物和遗传资源以及土著和地方社区的传统知识衍生产品所产生的惠益。 6. 缔约各方应促进政策、法律和行政措施，以确保充分遵守获取生物多样性生物和遗传资源的条件。 7. 使用生物和遗传资源及其衍生产品和/或土著和当地社区的传统知识产生的任何知识产权，如果缔约方是原产国，应遵守该主题专用的国家和国际标准	8. 在缔约方的国家立法要求的情况下获取的资源和/或传统知识，缔约方应要求从其作为原产国的生物、遗传和/或相关传统知识开发的专利申请表明对所述资源或知识的合法获取，以及披露专利的来源	缔约方可通过其国家主管当局交流与生物多样性和/或传统知识有关的信息，并记录与生物和遗传资源及其衍生物有关的信息，或者，如果适用，还有与其土著社区和当地有关的传统知识，以便他们作为专利评估的支持。 10. 在任何一方的请求下，同意合作提供可供其使用的公共信息，以调查和监测其境内非法获取遗传资源和/或知识、创新和传统实践的情况

续 表

		原则性条款	生物多样性公约	获取、知情同意	惠益分享	管 理	合 作
		4. 缔约方表示有兴趣推动和促进WIPO知识产权与遗传资源、传统知识和民间文学艺术政府间委员会制定的关于保护遗传资源、传统知识和传统文化表现形式的讨论，WTO TRIPS理事会以及处理这些事项的任何其他相关论坛					
31	加拿大—秘鲁（2009. 8. 1）	第1702条：环境协议 在促进第1701条，缔约方在环境相关协定中已规定他们的义务，尤其是： （c）生物多样性的保存和可持续利用，以及传统知识的保护和保存					
32	Economic Cooperation Organization（ECO）Trade Agreement（Iran Pakistan Turkey, Afghanistan Tajikistan）（1992. 2. 17）	第十九条　保护知识产权 2. 就本协议而言，“知识产权”的保护尤其包括版权的保护，包括计算机程序和数据库以及相邻权利、考古遗产、商标、地理标志、工业设计、专利、植物品种以及传统知识、未公开信息和专有技术					

续 表

		原则性条款	生物多样性公约	获取、知情同意	惠益分享	管 理	合 作
33	CPTPP（2018.12.30）	重申促进企业社会责任、文化认同和多样性、环境保护和保护、性别平等、土著权利、劳工权利、包容性贸易、可持续发展和传统知识的重要性，以及维护其为公共利益进行监管的权利的重要性					
34	美国—秘鲁（2009.2.1）		生物多样性以及传统知识相关谅解书 2006.4.12 1. 缔约方认识到传统知识和生物多样性的重要性，以及传统知识、生物多样性对文化、经济以及社会发展的潜在贡献。 2. 缔约方认为其重要性如下：（1）获取遗传资源之前取得适当权利人的事前知情同意；（2）平等地分享产生自传统知识和遗传资源的利益；（3）为确保专利条件获得满足促进专利质量检查	3. 缔约方认识到遗传资源或传统知识的获取，以及资源或知识的使用结果所产生的利益的公平分享，可以通过使用方和提供者的多方同意的企业来适当得以解决。 4. 每个缔约方应努力寻找途径交流可能会影响基于传统知识或遗传资源的发明专利性，通过提供如下： （1）公开可获取的，涵盖相关信息的数据库； （2）可能影响专利性的，提供适当的书面事前权利审查的机会			

续 表

		原则性条款	生物多样性公约	获取、知情同意	惠益分享	管 理	合 作
35	美国—巴拿马（2012.10.31）		2007.6.28【巴拿马部长和美国贸易代表部部长信函】 1. 每个缔约方认识到传统知识和民间文学艺术对其人民的重要性。 2. 因此，缔约方将在解决传统知识和民间文学艺术等问题的 WIPO IGC 的知识产权与遗传资源、传统知识以及民间文学艺术领域，共同协商相关议题并采取立场。 3. 如果美国和其他国家政府签署含有传统知识或民间文学艺术解决相关条款的 FTA 时，美国和巴拿马将在协议进入有效期后，迅速进入协商，以便在两国之间讨论是否适用类似的条款				
36	美国—哥伦比亚（2012.5.15）	第 18.11 条　生物多样性 3. 缔约双方认识到尊重和保护土著和其他社区的传统知识及做法有助于保护和可持续利用生物多样性的重要性	4. 缔约各方还认识到，按照国内法的规定，公众参与和协商有关保护和可持续利用生物多样性问题的重要性。缔约各方可公开其承诺的与保护和可持续利用生物多样性有关的项目和活动的信息，包括合作项目				

参 考 文 献

[1] Bryan Bachner. 知识产权与中医药：传统知识的现代化[M]. 张美成，译. 北京：法律出版社，2010.

[2] 陈泉生. 可持续发展与法律变革：21 世纪法制研究[M]. 北京：法律出版社，2000.

[3] 李凤楼. 世界档案史简编[M]. 北京：档案出版社，1983.

[4] Patricia Birnie，Alan Boyle. 国际法与环境[M]. 那力，王彦志，王小钢，译. 2 版. 北京：高等教育出版社，2007.

[5] 秦天宝. 遗传资源获取与惠益分享的法律问题研究[M]. 武汉：武汉大学出版社，2006.

[6] 薛达元. 民族地区医药传统知识传承与惠益分享[M]. 北京：中国环境科学出版社，2009.

[7] 肖乾刚. 能源法[M]. 北京：法律出版社，1996.

[8] 朱一飞，冀瑜，范晓宇. 标准化法教程[M]. 厦门：厦门大学出版社，2011.

[9] 邵津. 国际法[M]. 北京：北京大学出版社；北京：高等教育出版社，2000.

[10] 汪劲武. 种子植物分类学[M]. 北京：高等教育出版社，1985.

[11] 王曦. 国际环境法[M]. 2 版. 北京：法律出版社，2005.

[12] 张文显. 法理学（第三版）[M]. 北京：高等教育出版社，2007.

[13] [英]詹宁斯. 奥本海国际法[M]. 北京：中国大百科全书出版社，1995.

[14] 周鲠生. 国际法—下册[M]. 武汉：武汉大学出版社，2007.

[15] 蔡守秋. 论可持续发展对我国法制建设的影响（上）[J]. 法学评论，1997，15（1）：10－15.

[16] 陈碧贤. 传统知识保护在现代知识产权制度下的困境及出路[J]. 广西政法管理干部学院学报，2011，26（1）：44－48.

[17] 陈海明. 国际软法论纲[J]. 学习与探索，2018（11）：87－93.

[18] 曹兴. 论跨界民族问题与跨境民族问题的区别[J]. 中南民族大学学报（人文社会科

学版），2004，24（2）：39－42.

［19］龚济达，成功，薛达元，等.云南省陇川县景颇族药用动物传统知识现状［J］.云南农业大学学报（自然科学版），2012（3）：308－314.

［20］戴瑛.国家管辖范围外海洋遗传资源获取与惠益分享的制度选择和发展前瞻［J］.海洋通报，2018，37（5）：515－521.

［21］邓烈.论“可持续发展”概念在国际法上的意涵［J］.中国法学，2009（4）：122－130.

［22］丁宁.“埃尔金大理石”事件：作为重要文化财产的艺术品的归属问题［J］.文艺研究，2002（3）：117－131.

［23］郭玉军，唐海清.文化遗产国际法保护的历史回顾与展望［J］.武大国际法评论，2010（A1）：1－27.

［24］何志鹏，孙璐.可持续发展的国际法保障［J］.当代法学，2005，19（1）：14－26.

［25］胡起望.跨境民族探讨［J］.中南民族学院学报（哲学社会科学版），1994，14（4）：49－53.

［26］金春子.中国的跨界民族［J］.民族团结，1995（5）：22－50.

［27］季安照，袁靖华.可持续发展立法研究［J］.浙江大学学报：人文社会科学版，2008，38（1）：67－73.

［28］龙春林，李恒，周翊兰，等.高黎贡山地区民族植物学的初步研究Ⅱ.独龙族［J］.云南植物研究，1999，21（S1）：137－144.

［29］罗嘉航，李化.论可持续发展的国际法律地位［J］.求索，2012（4）：241－243.

［30］雷勇.跨界民族问题研究：理论与现实［J］.贵州民族研究，2005，26（5）：14－19.

［31］闵昊.论民族的产生及民族概念［J］.黑龙江民族丛刊，1993（1）：34－38.

［32］任端平，吴鹏，陈光辉.标准问题的法律分析［J］.世界标准化与质量管理，2007（3）：10－13.

［33］石磊.可持续发展与现代国际法［J］.武汉大学学报（社会科学版），2002，55（4）：459－463.

［34］覃炜斐.传统知识蕴藏的神奇医药价值［J］.现代企业文化，2010（11）：1674－1145.

［35］唐广良.知识产权文丛（第8卷）［M］.北京：中国方正出版社，2002.

［36］汤跃.气候变化条件下民族地方社区生物多样性相关传统知识多元化保护刍议［J］.贵州师范大学学报（社会科学版），2014（1）：53－57.

［37］王平，徐银香.合格评定程序壁垒研究［J］.苏州科技学院学报（社会科学版），

2003，20（3）：41－46.

[38] 王学东.中药国际市场营销环境[J].南通大学学报（社会科学版），2009，25（3）：110－113.

[39] 王述民，张宗文.《粮食和农业植物遗传资源国际条约》实施进展[J].植物遗传资源学报，2011，12（4）：493－496.

[40] 卫欢.传统知识法律保护的正当性：以人权保护为视角[J].太原理工大学学报（社会科学版），2010，28（3）：32－35.

[41] 卫欢.传统知识法律保护的产权基础：洛克与休谟财产权理论评述[J].大连海事大学学报（社会科学版），2010，9（5）：59－62.

[42] 武建勇，李一丁.印度生物遗传资源和相关传统知识获取制度发展动态研究[J].植物遗传资源学报，2017，18（3）：503－508.

[43] 徐靖，李俊生，薛达元，等.《遗传资源获取与惠益分享的名古屋议定书》核心内容解读及其生效预测[J].植物遗传资源学报，2012，13（5）：720－725.

[44] 严永和.论传统知识知识产权保护的正当性：以人权为视角[J].知识产权，2005，15（2）：18－22.

[45] 严永和.目前遗传资源和传统知识法律保护机制国际探索的成就与不足：评CBD事先知情同意机制和FAO农民权机制[J].贵州大学学报（社会科学版），2006，24（3）：31－36.

[46] 杨树明，郭东."国际主义"与"国家主义"之争：文物返还问题探析[J].现代法学，2005，27（1）：91－97.

[47] 杨晓新.关于文化遗产的属性、价值及保护的文化思索[J].殷都学刊，2011，32（2）：115－119.

[48] 袁雪，廖宇程.国家管辖范围外区域海洋遗传资源获取和惠益分享的制度化建构[J].南昌大学学报（人文社会科学版），2019，50（5）：73－84.

[49] 张亮，赵亚娟."文化财产"与"文化遗产"辨：一种国际法的视角[J].学术研究，2012（4）：47－53.

[50] 张旭冉.利用传统知识应对气候变化的国际法保障机制研究[D].上海：华东理工大学，2013.

[51] 张湘兰，李洁.国家管辖外海域遗传资源惠益分享机制的构建：以知识产权保护为视角[J].武大国际法评论，2017，1（4）：62－75.

[52] 郑苗壮.国家管辖范围以外区域海洋生物多样性国际协定谈判与中国参与[J].环境

保护，2020，48（S2）：70－74.

[53] 钟乃仪. 自由贸易协定的理论与实践[J]. 国际观察，2002（2）：30－34.

[54] 朱雪忠. 传统知识的法律保护初探[J]. 华中师范大学学报（人文社会科学版），2004，43（3）：31－40.

[55] 周方. 中医药传统知识保护的法律制度构建[J]. 西安交通大学学报（社会科学版），2008，28（4）：92－96.

[56] 周怡瑶. 中印传统医药的知识产权保护比较研究[J]. 电子知识产权，2013（10）：80－85.

[57] Sofowora A. Medicinal plants and traditional medicine in africa[M]. State of New Jersey: John Wiley and Sons Limited, 1982.

[58] Oguamanam C. International law and indigenous knowledge[M]. Toronto: University of Toronto Press, 2006.

[59] Cheng T H. State succession and commercial obligations[M]. Leiden: Brill | Nijhoff, 2006.

[60] Forrest C. International law and the protection of cultural heritage[M]. New York: Routledge, 2012.

[61] Ernst E, Pittler M H, Stevinson C, et al. The desktop guide to complementary and alternative medicine: an evidence-based approach[M]. Edinburgh: Mosby International Ltd, 2001.

[62] Glahn G V. Law among nations[M]. 5th ed. New York: Macmillan Publishing Co., Inc., 1986.

[63] Schrems J. Understanding principles of politics and the state[M]. State of Washington: Rowman & Littlefield Pub Inc, 2004.

[64] Glowka L. 22. evolving perspectives on the international seabed area's genetic resources: Fifteen years after the 'deepest of ironies' [M] //Law, technology and science for oceans in globalisation. Leiden: Brill | Nijhoff, 2010: 397－419.

[65] Cordonier S M C, Khalfan A. Sustainable development law- principles, practice & prospects[M]. New York: Oxford University Press, 2004.

[66] Khalil M. Biodiversity and the conservation of medicinal plants: Issues from the perspective of the developing world[M] //Intellectual property rights and biodiversity conservation. Cambridge: Cambridge University Press, 1995: 232－253.

[67] Neacsu D. Protection of cultural property, international dimensions of humanitarian law [M]. Paris: UNESCO, 1988.

[68] Sands P, Galizzi P. Documents in international environmental Law[M]. Cambridge; New York: Cambridge University Press, 2004.

[69] Weiss R S. Recipes for immortality[M]. New York: Oxford University Press, 2009.

[70] Schermerhorn R. Ethnicity and minority groups, ethnicity [M]. New York: Oxford University Press, 1996.

[71] Byga S. Indigenous peoples and climate change [M]. Oxford: A Tyndall Centre Publication, 2007.

[72] Wright S, International human rights, decolonisation and globalisation becoming human [M]. London: Routledge, 2001.

[73] Pogge T. Group rights and ethnicity, in ethnicity and group rights[M]. New York: New York University Press, 1997.

[74] Brun V, Schumacher T. Traditional herbal medicine in northern thailand[M]. Cambridge; New York: Cambridge University Press, 1987.

[75] Madhavan V R. Medical education of the tamils, in heritage of the tamils: Education and vocation[M]. Spring Field: International Institute of Tamil Studies, 1986.

[76] Wendland W B. Intellectual property and the protection of traditional knowledge and cultural expressions, in art and cultural heritage: Law, policy and practice [M]. Cambridge; New York: Cambridge University Press, 2006.

[77] [韩] Kim, Hyung-man:. 文化财产的返还和国际法[M]. 首尔：三宇社，2001.

[78] [韩] 宋永植，李相廷. 知识产权法[M]. 6版. 首尔：世昌出版社，2000.

[79] Broggiato A, Arnaud-Haond S, Chiarolla C, et al. Fair and equitable sharing of benefits from the utilization of marine genetic resources in areas beyond national jurisdiction: Bridging the gaps between science and policy[J]. Marine Policy, 2014, 49: 176-185.

[80] Jakubowski A. Territoriality and state succession in cultural heritage [J]. International Journal of Cultural Property, 2014, 21 (4): 375-396.

[81] Davis A J. Beyond repatriation: A proposal for the equitable restitution of cultural property [J]. UCLA Law Review, 1985, 33: 642.

[82] Broggiato A, Vanagt T, Lallier L E, et al. Mare geneticum: balancing governance of marine genetic resources in international waters [J]. The International Journal of Marine

and Coastal Law, 2018, 33 (1): 3-33.

[83] 6 Stahn C. The agreement on succession issues of the former socialist federal republic of Yugoslavia[J]. American Journal of International Law, 2002, 96 (2): 379-397.

[84] Arnold C M. Protecting intellectual property in the developing world: Next stop-Thailand [J]. Duke Law & Technology Review, 2006, 5: 1.

[85] 8 Leary D. Agreeing to disagree on what we have or have not agreed on: The Current state of play of the BBNJ negotiations on the status of marine genetic resources in areas beyond national jurisdiction[J]. Marine Policy, 2019, 99: 21-29.

[86] Tladi D. The common heritage of mankind and the proposed treaty on biodiversity in areas beyond national jurisdiction: the choice between pragmatism and sustainability [J]. Yearbook of international environmental law, 2014, 25 (1): 113-132.

[87] Phillips F K. Intellectual property rights in traditional knowledge: Enabler of sustainable development[J]. Utrecht J. Int'l & Eur. L., 2016, 32: 1.

[88] Humphries F. A stewardship approach to'legitimate interests' in deep sea genetic resources for use in aquaculture[J]. University of New South Wales Law Journal, The, 2017, 40 (1): 27-56.

[89] Handl G. The legal mandate of multilateral development banks as agents for change toward sustainable development[J]. American Journal of International Law, 1998, 92 (4): 642-665.

[90] Girelli G. Exploring new territories: The adoption of human rights for the protection of indigenous knowledge and natural resources from biopiracy[J]. SOAS L. J., 2017, 4: 84.

[91] Dutfield G. TRIPS-related aspects of traditional knowledge[J]. Case W. Res. J. Int'l L., 2001, 33: 233.

[92] Harden-Davies H R, Gjerde K M. Building scientific and technological capacity: a role for benefit-sharing in the conservation and sustainable use of marine biodiversity beyond national jurisdiction[J]. Ocean Yearbook Online, 2019, 33 (1): 377-400.

[93] Collins J E, Harden-Davies H, Jaspars M, et al. Inclusive innovation: enhancing global participation in and benefit sharing linked to the utilization of marine genetic resources from areas beyond national jurisdiction[J]. Marine Policy, 2019, 109: 103696.

[94] 17 Razzaque J, Ssenyonjo M. Protection of traditional knowledge and human rights obligations: The status of discussion in international organisations [J]. Netherlands

Quarterly of Human Rights, 2007, 25 (3): 401-435.

[95] Gibson J. The UDHR and the group: individual and community rights to culture[J]. Hamline J. Pub. L. & Pol'y, 2008, 30: 285.

[96] Merryman J H. Two ways of thinking about cultural property[J]. American journal of international law, 1986, 80 (4): 831-853.

[97] Srinivas K R. Traditional knowledge and intellectual property rights: A note on issues, some solutions and some suggestions[J]. Asian J. WTO & Int'l Health L. & Pol'y, 2008, 3: 81.

[98] Parks L, Morgera E. The need for an interdisciplinary approach to norm diffusion: The case of fair and equitable benefit-sharing[J]. Review of European, Comparative & International Environmental Law, 2015, 24 (3): 353-367.

[99] Ruiz M, Lapeña I, Clark S E. The protection of traditional knowledge in Peru: a comparative perspective[J]. Wash. U. Global Stud. L. Rev., 2004, 3: 755.

[100] Barelli M. Free, prior and informed consent in the aftermath of the UN Declaration on the Rights of Indigenous Peoples: Developments and challenges ahead[J]. The International Journal of Human Rights, 2012, 16 (1): 1-24.

[101] Marchisotto A. The protection of art in transnational law[J]. Vanderbilt Journal of Transnational Law, 1973, 7: 689.

[102] Newcity M. Protecting the traditional knowledge and cultural expressions of Russia's numerically-small indigenous peoples: What has been done, What remains to be done[J]. Tex. Wesleyan L. Rev., 2008, 15: 357.

[103] Tvedt M W, Jørem A E. Bioprospecting in the high seas: Regulatory options for benefit sharing[J]. The Journal of World Intellectual Property, 2013, 16 (3/4): 150-167.

[104] Orlove B, Chiang J, Cane M. Ethnoclimatology in the *Andes*[J]. American Scientist, 2002, 90 (5): 428.

[105] Schoenberg P L. A polarizing dilemma: assessing potential regulatory gap filling measures for arctic and antarctic marine genetic resource access and benefit sharing[J]. Cornell International Law Journal, 2009, 42: 271.

[106] Kuruk P. The role of customary law under Sui generis frameworks of intellectual property rights in traditional and indigenous knowledge[J]. Indiana International & Comparative Law Review, 2007, 17 (1): 67-118.

[107] Drankier P, Oude Elferink A G, Visser B, et al. Marine genetic resources in areas beyond national jurisdiction: Access and benefit-sharing[J]. The International Journal of Marine and Coastal Law, 2012, 27 (2): 375-433.

[108] Anaya S J. International human rights and indigenous peoples: the move toward the multicultural state[J]. Ariz. J. Int'l & Comp. L., 2004, 21: 13.

[109] Neira S P. Sharing the benefits of marine genetic resources in the High Seas for conservation? [J]. Ocean & Coastal Management, 2017, 146: 129-134.

[110] Munzer S R, Raustiala K. The uneasy case for intellectual property rights in traditional knowledge[J]. Cardozo Arts & Ent. LJ, 2009, 27: 37.

[111] McGuire T. African antiquities removed during colonialism: restoring a stolen cultural legacy[J]. Det. CL Rev., 1990: 31.

[112] Yu C. Implications of the UNCLOS marine scientific research regime for the current negotiations on access and benefit sharing of marine genetic resources in areas beyond national jurisdiction [J]. Ocean Development & International Law, 2020, 51 (1): 2-18.

[113] 李相廷. 传统医药品领域的法律及制度的保障方案[J]. 创作与批评, 2002 (27): 79-90.